金融市场安全

THE SECURITY OF FINANCIAL MARKET

主　编　张炳辉

副主编　任春玲

中国金融出版社

责任编辑：王效端　王　君
责任校对：李俊英
责任印制：程　颖

图书在版编目（CIP）数据

金融市场安全/张炳辉主编．—北京：中国金融出版社，2020.7
金融安全系列教材
ISBN 978-7-5220-0559-1

Ⅰ．①金…　Ⅱ．①张…　Ⅲ．①金融市场—风险管理—高等学校—教材
Ⅳ．①F830.9

中国版本图书馆CIP数据核字（2020）第044386号

金融市场安全
JINRONG SHICHANG ANQUAN
出版
发行　中国金融出版社
社址　北京市丰台区益泽路2号
市场开发部　（010）66024766，63805472，63439533（传真）
网上书店　http：//www.chinafph.com
　　　　　（010）66024766，63372837（传真）
读者服务部　（010）66070833，62568380
邮编　100071
经销　新华书店
印刷　北京市松源印刷有限公司
尺寸　185毫米×260毫米
印张　13.25
字数　290千
版次　2020年7月第1版
印次　2020年7月第1次印刷
定价　40.00元
ISBN　978-7-5220-0559-1
如出现印装错误本社负责调换　联系电话（010）63263947
编辑部邮箱：jiaocaiyibu@126.com

“金融安全系列教材”编委会

总序言

金融是现代经济的核心，金融安全事关国家经济安全和社会稳定大局。进入经济新常态以来，我国面临着增长速度换挡期、结构调整阵痛期、前期刺激政策消化期“三期叠加”的严峻挑战，金融安全威胁和风险与日俱增，金融风险已成为当前最突出、最显著的重大风险。习近平总书记强调，金融安全是国家安全的重要组成部分，是经济平稳健康发展的重要基础。维护金融安全，是关系我国经济社会发展全局的一件带有战略性、根本性的大事。可见，维护金融安全已被提升到国家战略高度。

党的十九大报告进一步明确提出“要坚决打好防范化解重大风险、精准脱贫、污染防治的攻坚战”，2017 年中央经济工作会议要求打好防范化解重大风险攻坚战，重点是防控金融风险，体现了党中央维护金融安全的坚强决心。

如何全方位防范金融风险，守住金融安全底线引起了学术界和金融业界的广泛关注。长春金融高等专科学校作为一所具有 40 年建校历史和 22 年中国人民银行部属办学底蕴的金融高等院校，历来高度重视金融理论与实践问题的研究。2016 年 11 月，学校成立了吉林省社会科学重点领域研究基地——吉林省金融安全研究基地，2017 年 4 月，依托基地成立吉林省金融安全研究中心，张炳辉校长亲自担任研究中心主任，全面启动金融安全研究。

2017 年 10 月，吉林省金融安全研究中心组织学校科研处、高教研究所、金融学院、会计学院、经济管理学院及信息技术学院的教学科研团队，着手“金融安全系列教材”编写。

该丛书是国内第一套关于金融安全的系列教材，具有鲜明的独创性，体现了我们对于金融安全问题全面系统的理性思考，也是我校金融安全研究中心的重要研究成果。本丛书的内容植根于传统的金融安全理论，科学地吸收了金融脆弱性理论、系统性风险理论的精华，也加入了对于近年来金融业实践的反思，融合了当前经济金融态势对金融安全的新要求。在此基础上，丛书充分体现出教材的规范性，科学界定金融安全的内涵，对相关领域金融安全的重点问题、各类金融风险的本质和表现形式进行系统梳理，使读者了解金融安全的基本理论和防范金融风险的业务规范。丛书既可以作为高等职业院校金融安全教学的专业教材，也可以作为金融从业人员的岗位培训教材。

“金融安全系列教材”包括《金融安全概论》、《金融行业安全》、《金融市场安全》、《金融信息安全》、《互联网金融安全》、《国际金融安全》、《金融安全审计》和《金融法律法规》。张炳辉教授担任编委会主任，全面负责丛书的整体结构设计和各本教材的统稿工作。编委会副主任高同彪教授协助完成教材统稿及审稿工作。耿传辉教授、吕鹰飞教授、韩国薇教授、徐丽教授、邢敏教授、任春玲教授、张辛雨博士分别协助组织8本教材编写。丛书编写团队阵容强大，包括11位教授、13位博士和40余位优秀中青年骨干教师。“金融安全系列教材”作为金融安全研究领域的一项重大成果，在改革开放40周年和长春金融高等专科学校恢复建校40周年之际，献礼学界，以飨读者。

丛书编写过程中，我们参阅了大量国内外相关教材、著作和学术论文，参考了很多专家学者的观点，在此，对相关学者的研究成果深表敬意并由衷感谢！中国金融出版社的相关编审人员对本丛书提出了宝贵的修改完善意见，在此也对编审团队的辛勤工作表示衷心的感谢！

由于编者水平的限制，加之时间紧迫、相关参考资料难求，书中难免存在缺陷，恳请同行专家和读者不吝指正，以便再版时修改完善。

编　者

2018年10月

前言

2017 年以来，世界政治经济格局发生深度调整，国际政治经济形势变化多端，黑天鹅事件频发。而且，影响和威胁全球金融稳定的风险因素仍在增加，特别是全球贸易保护主义抬头，由美国挑起的经贸摩擦对全球及中国宏观经济和金融市场构成负面影响。同时，国内在推进供给侧结构性改革和防范化解重大风险的过程中，随着金融监管的加强，一些周期性的风险事件将逐渐暴露，金融市场乃至宏观经济会面临“阵痛”。

习近平总书记在党的十九大报告中提出“要坚决打好防范化解重大风险、精准脱贫、污染防治的攻坚战，使全面建设小康社会得到人民认可、经得起历史检验”，防范化解金融风险事关经济发展安全和国家安全。当前，我国正处于深入扩大金融市场对外开放进程中，包括进一步放宽境外投资者对证券、基金、保险公司等持股比例限制，取消其对中资银行和金融资产管理公司的持股比例限制，更大范围放开资本账户管制等。金融市场原本单一的产品和服务结构正向多元化发展，金融风险的防控和监管难度也将随之逐步增大。而且，未来我国经济将继续朝着全球化的方向发展，经济全球化所带来的金融自由化和金融风险都对中国经济发展产生显著影响，甚至可以说是引领中国未来金融市场的发展。因此，我们必须清醒地认识到，只有正确发现并有效管控金融市场风险，维护金融市场安全，才能实现我国金融业持续健康发展的目标。

本教材以维护金融市场安全为目标，根据金融市场的子市场确定编写主要内容，包括：金融市场安全概述、货币市场安全、债券市场安全、股票市场安全、证券投资基金市场安全、外汇市场安全、黄金市场安全、保险市场安全、金融衍生品市场安全和金融市场监管。为了便于学生学习，教材开辟了“案例导入”“知识链接”“本章小结”等专栏，对新知识、新观点、新动态予以适当拓展，以开阔学生视野，提高学习兴趣，提升理论与实际相结合的能力。本教材既可以作为金融类院校金融安全教学的专业教材，也可以作为金融市场从业人员及相关人员的培训教材。

本教材由张炳辉教授担任主编，负责全书的整体结构设计、统稿；任春玲教授担任副主编，协助主编完成统稿和审稿。本书共分为十章内容，具体分工：第一章和第十章由郑屹编写，第二章和第七章由王文昭编写，第三章由耿传辉编写，第四章、第五章和第九章由徐伟川编写，第六章由任春玲编写，第八章由韩胜男编写。本书在编写过程中，得到了金融领域专家和兄弟院校教授的专业指导，并参阅了大量国内外的相关教材、著作和论文，参考了很多专家学者的观点，在此表示衷心感谢！由于时间仓促和编者水平所限，加之直接相关的参考资料难求，书中难免存在错漏与不足之处，恳请同行专家和读者批评指正、提出宝贵意见。

最后对中国金融出版社的王效端主任和相关编审人员在本书出版过程中的辛勤工作和大力支持深表感谢！

编　者

2019 年 12 月

目录

第一章

金融市场安全概述

【教学目的和要求】

通过本章学习，能够正确理解金融市场的概念，了解金融市场的分类、参与者、投资工具以及发展趋势；明确金融市场风险的内涵、特征和分类；理解金融市场安全的内涵，能够正确认识金融市场风险与金融市场安全的关系，了解影响金融市场安全的因素。

第一节　金融市场概述

一、金融市场的定义

金融市场是指以金融资产为交易对象而形成的供求关系及其机制的总和。金融市场是资金融通的市场。所谓资金融通，是指在经济运行过程中，资金供求双方运用各种金融工具调节资金盈余的活动，是所有金融交易活动的总称。

金融市场有广义和狭义之分。广义的金融市场是指资金供给者和资金需求者双方通过信用工具交易而融通资金的场所，也就是金融市场是实现货币借贷和资金融通、从事各种票据和进行有价证券交易活动的场所。而狭义的金融市场往往特指证券发行与买卖的场所。

二、金融市场的分类

金融市场的构成十分复杂，它是由许多不同的市场组成的一个庞大体系。在金融市场上，各种金融交易的对象、方式、条件、期限都不尽相同，按不同的标准可以有不同的分类。一般根据金融市场上交易的标的物，即金融资产的形式，可以将金融市场划分为货币市场、资本市场、外汇市场、黄金市场、保险市场和金融衍生品市场（见图 1-1）。

（一）货币市场

货币市场是指以期限在一年及一年以下的金融资产为交易标的物的短期金融市场。

这个市场的主要功能是保持金融资产的流动性，以便随时转换成现实的货币。它满足了借款者的短期资金需求，也为暂时闲置的资金找到了出路。货币市场按照交易工具又可以细分为若干个子市场，如同业拆借市场、票据市场、短期政府债券市场、大额可转让定期存单市场、回购协议市场等。

（二）资本市场

资本市场是指融通期限在一年以上的中长期资金市场，其与货币市场在期限上、作用上及风险程度上都是不相同的。资本市场包括两大部分：银行中长期存贷款市场和有价证券市场。证券市场是资本市场最重要的组成部分。一般在谈论资本市场时，主要指的就是证券市场。证券市场包括债券市场、股票市场和证券投资基金市场。

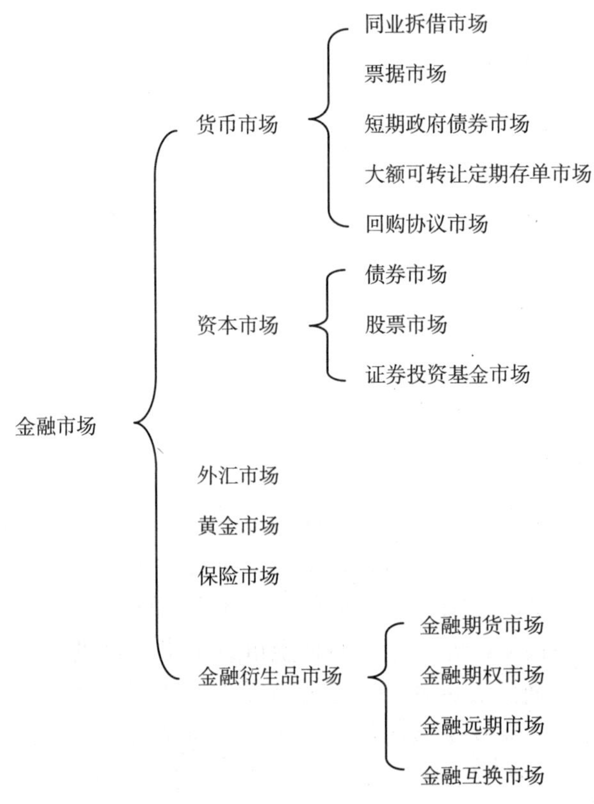

图1－1　一般金融市场分类图

（三）外汇市场

外汇市场是指从事外汇买卖或兑换的交易市场，或是各种不同货币彼此进行交换的场所，是金融市场的重要组成部分。

（四）黄金市场

黄金市场是专门经营黄金买卖的交易中心或场所。随着经济发展，黄金的非货币化趋势越来越明显，但黄金作为国际储备工具之一，仍然占有重要地位，黄金市场依旧被视为金融市场的组成部分。

（五）保险市场

保险市场是从事因意外灾害事故所造成的财产和人身损失的补偿业务，以保险年金单的发行和转让为交易对象的市场，是一种特殊形式的金融市场。

（六）金融衍生品市场

金融衍生品市场是各种衍生金融工具进行交易的市场。金融衍生品市场交易的不是衍生金融工具所载明的标的物，而是标准化合约本身。这些合约包括远期合约、期货合约、期权合约、互换合约等。

除了上述以金融市场交易的标的物进行划分外，金融市场还有许多其他划分方法。比如，按照金融资产进入市场的时间划分，金融市场分为发行市场（一级市场）和流通市场（二级市场）。按有无固定的交易场地划分，金融市场可以分为有形市场和无形市场。按交易方式划分，金融市场可以分为场内交易市场和场外交易市场。

三、金融市场的参与者

金融市场无论是有形市场还是无形市场，必须有供给和需求的参与者才能使整个金融市场正常运转并发挥其市场功能。金融市场的参与者主要是指参与金融市场的交易活动而形成证券买卖双方的单位。

（一）个人与家庭

个人与家庭是一切经济活动的基石，是金融市场的重要参加者。一方面，个人与家庭持有银行存款、股票、债券、基金等，他们为金融市场提供了大量的资金，因此是金融市场上最主要的资金供给者；另一方面，个人与家庭通过住房抵押贷款、消费信贷等方式获得资金融通，成为资金需求者。

（二）工商企业

工商企业是股票与债券市场的重要发行者。为了维系生产与扩大生产规模，增加固定资产，或缓解流通资金周转不畅，企业需及时补充资金，从而成为金融市场上的资金需求者。同时，由于企业的资金收入和资金支出在时间上往往并不对称，在再生产过程中有时会游离出部分闲置资金，为使之得到充分的利用，企业会以资金的供给者身份将这部分资金暂时让渡给金融市场上的需求者以获得投资收益。因此工商企业是金融市场上最活跃的主体。

（三）政府部门

在各国的金融市场上，中央政府和各级地方政府通常是金融市场上的资金需求者。它们主要通过发行财政部债券或地方政府债券来筹集资金，用于基础设施建设，弥补财政预算赤字，进行宏观经济调控，履行公共经济职能等。

（四）金融机构

在金融市场上，金融机构的作用较为特殊，主要提供以下服务：一是将最终借款者的债务转换成更容易为投资者所接受的资产，形成自己的负债；二是代理业务，代客户买卖金融资产；三是自营业务，为自己的账户买卖金融资产；四是发行业务，协助发行人创造金融资产，并将这些金融资产销售出去；五是为客户提供投资咨询；六是管理其他市场参与者的投资。

（五）中央银行

中央银行在金融市场上的地位极为重要且特殊。中央银行既是金融市场的主体交易者，又是金融市场的监管者。作为交易者，中央银行参与金融市场运作的目的和政府部门一样，都是为了实现政府的宏观经济目标，但参与方式不尽相同。中央银行要根据货币流通状况，在金融市场上进行公开市场业务操作，通过有价证券的买卖吞吐基础货币，以调节市场上的货币供应量。作为监管者，中央银行代表政府对金融机构的行为进行监督和管理，防范金融风险，确保金融市场的平稳运行。

四、金融市场工具

金融市场工具是指金融市场主体交易的对象，也就是金融资产。金融工具主要包括三类：一是债务性证券，如银行拥有的对个人及企业和政府机构的各种债权以及投资者拥有的公司债券、回购协议、商业票据等；二是权益性证券，如公司股票等；三是衍生性证券，如期货合约、期权合约、互换合约等。

除上述金融工具外，还有银行信贷市场、保险市场、外汇市场、黄金市场以及股权交易市场等金融市场提供的各种投资工具。

金融市场早期的金融工具主要是股票与债券，随着金融市场的发展以及融资者和投资者需求的变化，股票和债券两种投资工具本身也在不断发展。投资者对股票和债券的相关条款需要做相应修改，股票就出现了优先股和普通股之分，优先股又发展出累计优先股等，普通股则发展成为流通股和非流通股；债券出现了固定利率和浮动利率计算的区分，根据债券发行的市场和主体又可以分为很多种类。本来金融市场有股票和债券这两种基本的投资工具基本就可以满足融资者和投资者的需求了，但金融市场的发展推动了金融市场投资工具不断增长和演化。20 世纪 70 年代，受期货市场发展的影响，衍生金融技术出现，股票和债券的金融衍生品也开始迅猛发展。场外的金融机构和其他企业组织进入市场的内在动力推动了金融工具进一步创新，这种创新包括证券化、信用衍生品和互联网金融三个主要方向。

金融市场不断创新，形成了丰富多样的投资工具。金融市场工具的数量和质量是决定金融市场效率和活力的关键因素。首先，从数量上看，金融市场主体之间的交易必须借助以货币表示的各种投资工具来实现，否则，资金的融通就无法进行，因此金融工具的种类、数量越多，就越能向不同偏好的投资人和筹资人提供选择的机会，满足他们的不同需求，从而充分发挥金融市场的资金融通功能，对活跃经济、优化资金配置起到积极促进作用。其次，从质量上看，一种类型的金融工具必须满足资金供给者的需要，又满足资金需求者的需要，同时还必须符合中央银行金融监管的要求。

通常衡量金融工具质量高低主要从流动性、收益性和风险性三个方面进行考虑。流动性是指金融工具变现的时间长短、成本高低和便利程度。收益性是指因持有某种金融工具所能获得的货币收益高低。风险性指由于某些不确定因素导致的金融工具价值损失的可能性。每一种金融工具都是流动性、收益性和风险性三者的有机统一。同

时，这三者又是相互矛盾、不可兼得的。流动性较高的金融工具，收益性一般较低，如银行存款、国债；收益性较高的金融工具，风险性通常也较高，如美国的“垃圾债券”。

五、金融市场的发展趋势

随着各国经济发展和科学技术进步，国际金融市场发生了重大变化，并呈现出金融自由化、金融全球化、资产证券化、金融工程化四个发展趋势。

（一）金融自由化

金融自由化（Financial Liberalization）趋势是指20世纪70年代中期以来，在西方国家特别是发达国家出现的一种逐渐放松甚至取消对金融活动的管制措施的过程。金融自由化的目的是改革金融制度，阻止政府对金融过度干扰，主张放松对金融机构的限制，以使利率反映资金供求，汇率反映外汇供求，最终实现内外部平衡和经济稳定增长。

金融自由化导致金融竞争日趋激烈，在一定程度上促进了金融业经营效率的提高。在金融自由化过程中，产生了许多新型的信用工具及交易手段，极大地方便了市场参与者的投融资活动，降低了交易成本。金融自由化也极大地促进了资本的国际自由流动，有利于资源在国际间的合理配置，在一定程度上促进了国际贸易的活跃和世界经济的发展。

然而金融自由化也带来诸多问题。国际资本的自由流动既带来了机遇，也带来了风险。金融市场上管制的放松，对金融机构的稳健经营提出了较高的要求，一旦处理不好，有可能危及金融体系的稳定，并导致金融动荡和经济危机。金融自由化同时也给货币政策的实施及金融监管带来了困难。

（二）金融全球化

金融全球化（Financial Globalization）已成为当今金融市场发展的一个重要趋势。20世纪70年代末期以来，西方国家兴起金融自由化浪潮，各国放松对金融业活动的管制。随着外汇、信贷及利率等方面管制的放松，资本在国际间能够自由流动，国际利率开始趋同。目前，国际金融市场正向一个密切联系的整体市场发展。在全球各地任何一个主要市场上都可以进行相同品种的金融交易。同时，世界上任何一个局部市场的波动也都有可能马上传递到全球的其他市场。因此，金融全球化不仅是金融活动越过国家界限的过程，也是风险发生机制相互联系、进而趋同的过程。

金融全球化是与金融自由化、金融国际化和金融一体化紧密相关的，金融自由化、金融国际化和金融一体化从不同侧面推动了金融全球化。金融全球化是经济全球化的内在要求，同时又成为经济全球化的重要动力，将经济全球化推向前所未有的广度和深度。但是，现代国际金融危机的爆发和传导与金融全球化背景有着极为密切的关系，在金融全球化的发展过程中，其蔓延效应使金融危机迅速扩散，产生巨大的波动和放大效应。金融全球化就像一把“双刃剑”，对世界经济的影响利弊参半。一方面，金融全球化促进国际资金流动，有利于稀缺资源在国际范围内进行合理配置，促进世界经济的共同增长。金融市场的全球化也为投资者在国际金融市场上寻找投资机会、合理配置资产、分散风险提供了更多选择。另一方面，不利的影响主要表现在对金融风险的控制变得更加复杂，增加了政府在执行货币政策与金融监管政策方面的困难。

（三）资产证券化

资产证券化（Asset Securitization）是指把流动性较差的资产，如金融机构的一些长期固定利率放款或企业的应收账款等通过商业银行或投资银行进行集中及重新组合，以这些资产作抵押来发行证券，实现相关债权的流动化。资产证券化最早起源于1968年美国住房抵押贷款的证券化。之后各大银行纷纷效仿，对其债权实行证券化，以增强资产的流动性和交易性。从20世纪80年代后期开始，证券化已成为国际金融市场的一个显著特点，传统的以银行为中心的融资借贷活动开始发生新的变化。

资产证券化发展迅速，成为国际金融市场的一个显著趋势。资产证券化能够建立连接不同金融市场的通道，将短期存款资金转化为长期资本，从而实现资源和风险的最优配置。从宏观角度来看，资产证券化有助于完善现有融资体制，提高资源利用效率，改善金融结构和缓解金融风险。对于中央银行来说，资产证券化不仅有利于疏通货币政策传导渠道，提高货币政策的传导效率，而且可以拓展公开市场操作的工具。但是，在看到资产证券化有利一面的同时，也应看到，资产证券化中的许多资产实际是一些长期贷款和应收账款的集合，因此其风险也表现出一定的复杂性，一旦处理不当，就会影响整个金融体系的稳定。政府和金融监管当局在信贷扩张和货币供应量的估计上也会面临更多的问题，金融调控监管的难度也在加大。

（四）金融工程化

金融工程化（Financial Engineering）是指将工程方法引入金融领域，综合采用各种工程技术方法（主要有数学建模、数值计算、网络图解、仿真模拟等），设计、开发新型金融产品，创造性地解决金融问题。这里的新型和创造性指的是金融领域中思想的跃进、对已有观念的重新理解和运用，或者是对已有的金融产品进行分解和重新组合。

金融工程是伴随着近20多年来世界经济发展环境的深刻变化以及风靡全球的金融创新发展起来的。同时，信息技术的进步对金融工程的发展起到了物质上的支撑作用，为金融工程的研究和产品开发提供了强有力的工具和手段。金融工程的产生反映了市场追求效率的内在要求。

金融工程化的趋势为人们创造性地规避金融风险提供了空间。金融工程的出现标志着高科技在金融领域内的应用大大提高了金融市场的效率。金融工程同时也是一把“双刃剑”：1997年东南亚金融危机中，国际炒家正是利用它来设计精巧的套利投机策略，从而直接导致这一地区的金融、经济动荡；反之，在金融市场日益开放的背景下，各国政府和货币当局要保卫自己经济和金融的稳定，也必须求助于这种高科技手段。

第二节　金融市场风险

一、金融市场风险的概念

金融市场风险是指金融市场由于外部因素的冲击或内部因素的牵连而发生剧烈波动、危机或瘫痪，使单个金融机构不能幸免，从而遭受经济损失的可能性。如经济周期的变化、证券价格的变动、政府的经济政策和管理措施的变化、交易对手操作不当等原因造成金融市场的参与者遭受损失。

二、金融市场风险的特征

金融市场风险具有不确定性、普遍性、可控性、扩散性、加速性和突发性等特征。

（一）不确定性

金融市场风险的不确定性主要体现在金融风险在何时、何地以何种形式出现以及其危害程度、影响范围都是不确定的。尽管金融风险存在不确定性，但在一定条件下金融风险表现出较规则的变化，这就为预测金融风险提供了可能。投资者们都是尽可能收集信息，并在此基础上进行科学预测与分析，以把握各种不确定性因素，尤其是对风险程度分析，从而提高对未来损失或收益预计的准确性。在分析时常常用概率来表示风险的大小，从而预计投资活动的结果。

（二）普遍性

金融市场风险的普遍性是指在整个金融领域中金融风险无时不有，无处不在，它不因人们的主观意愿而发生改变，是一种客观存在。只要金融市场存在，金融风险就存在。参与者面临的金融市场瞬息万变，金融市场中的各种变量，如利率、汇率、股票价格等发生变动是绝对的、无条件的。由于信息的不对称性以及获得信息方面存在各种困难，任何人都不可能完全掌握市场的运动，金融市场风险普遍存在，它不可能被消除，只能对其积极防范和管理。

（三）可控性

尽管金融风险是客观存在的，但是金融风险在一定程度上是可控的。金融市场风险的可控性是指市场经济主体可以运用一定方法、制度实现对风险的识别、预测、防范和化解，其依据是：一些金融风险是可以识别、分析和预测的。人们可以根据金融风险的性质、产生条件，辨别导致金融市场风险的因素，再通过概率统计、现代化技术手段进行风险防范。最后通过金融监管部门制定一系列金融制度来约束和调节金融关系，进而把金融风险纳入可控的组织保证之中。

（四）扩散性

金融市场风险的扩散性是指金融风险在金融市场主体之间具有传播和扩散的特征。金融机构是整个社会金融活动的中介，是多边信用网络上的节点。金融机构的参与，使原始的信用关系变成相互交织、相互联动的网络。金融活动不是完全独立的，其外部效应广泛存在。任何一个节点出现断裂都有可能产生连锁反应，引起其他节点波动，进而导致金融体系局部甚至整体发生动荡和崩溃。这种多米诺骨牌效应在美国次贷危机中表现得淋漓尽致。

（五）加速性

金融市场以信用为基础，金融机构作为融资中介，实际上是一个由多边信用共同建立起来的信用网络。信用关系进入这个网络之后，不再具有一一对应的关系，而是相互交织、相互联动，任何一个环节出现风险损失都有可能通过这个网络对其他环节产生影响，甚至引发金融危机。金融风险一旦爆发，则会加速引爆信用风险。因为，一旦某些情况出现导致某笔或某几笔存款不能兑付时，存款越是兑付不了，越是没有客户去存款，反而越多人去挤兑；越是挤兑和存款减少，越是周转困难，从而形成“马太效应”。同时，贷款难以收回，就越是贷款周转困难，越是周转困难，就越是贷款难以收回，就越是信用萎缩，形成恶性循环。一旦风险爆发，往往都具有突发性、加速性，直到金融危机发生。

（六）突发性

金融机构处在金融市场中心，与其他经济主体相比，金融机构特别容易受到由于信息不完全引起的风险因素的影响。由于管理薄弱、内外控制失误以及面对外在冲击的敏感性，致使金融机构流动性不足、资产质量下降、盈利下降，甚至挤兑蔓延、发生金融恐慌，进而使局部的金融风险演变为金融危机。尽管市场参与者对金融危机已经有了一定的认识，但往往存有侥幸心理，尽力掩盖风险，期待市场出现转机。特别是在金融创新层出不穷、金融市场迅速发展的背景下，金融风险往往被市场繁荣的表象掩盖，潜在的风险不断积聚，最终会以爆发的形式表现出来，往往形成巨大的金融危机，难以防范，给国民经济带来严重的打击。

三、金融市场风险的分类

金融市场风险有很多种，按照不同的标准有不同的划分。按照驱动因素，金融市场风险可以分为市场风险、信用风险、操作风险、流动性风险等类型。按照会计标准，可以分为会计风险和经济风险。按照金融风险是否能分散，可以分为系统性风险和非系统性风险，这也是比较常见的一种分法。

（一）系统性风险

系统性风险是指由于整体政治、经济、社会等环境因素的影响和变化，导致投资者风险增大，从而给投资者带来损失的可能性。系统性风险对市场的打击是极其严重的，其造成的后果带有普遍性。系统性风险不能通过分散投资的方式降低，因此也被称为不可分散的风险。系统性风险包括利率风险、汇率风险、购买力风险、政策性风险等。

1. 利率风险。利率风险是指各种利率水平的不确定性变动所带来的风险。当今世界许多国家都已实行了利率市场化，这就导致利率水平容易受到本国资金供求状况、国际金融市场资金供求状况、货币政策、经济活动水平、市场主体心理预期以及其他

国家或地区利率水平等多种因素影响。

2. 汇率风险。汇率风险是指经济实体或个人在从事国际经济、贸易、金融等活动中，以外币计价的资产或负债因外汇汇率变动而引起价值上升或下跌所造成损益的可能性。经济主体外汇资产和负债之间的差额称为外汇敞口头寸，外汇风险导致外汇敞口头寸价值的不确定。

3. 购买力风险。购买力风险也称通货膨胀风险，是通货膨胀、货币贬值给投资人带来实际收益水平下降的风险。在通货膨胀条件下，随着商品价格的上升，证券价格在一段时期内也是不断上涨的。表面上投资人的货币收入变化比以往更多，而实际上由于货币的贬值，投资人收益没有增加，反而下降了。

4. 政策性风险。政策性风险是指政府的经济政策和管理措施的变化，可以影响到企业利润、投资收益的变化；证券交易政策的变化，可以直接影响到证券的价格。而一些看似无关的政策变化，比如对于私人购房的政策，也可能影响到证券市场的资金供求关系。

（二）非系统性风险

非系统性风险一般是与特定市场主体相关的风险，是指由于内外部因素的一些影响，使个别金融机构遭受严重损失的可能性。非系统性风险可以通过分散投资降低甚至消除，因此也称为可分散风险。非系统性风险包括信用风险、流动性风险、法律风险、操作风险等。

1. 信用风险。信用风险又称为违约风险，是指金融市场主体未能履行契约中的义务而造成经济损失的风险，即受信人不能履行还本付息的责任而使授信人的预期收益与实际收益发生偏离的可能性，它是金融风险的主要风险之一。信用风险区别于其他类型金融风险的一个显著特征是，信用风险在任何情况下都不可能发生意外的收益，它只能造成损失。信用风险的大小主要取决于交易对手的财务状况和风险状况。

2. 流动性风险。流动性风险是指由于金融市场流动性不足或金融交易者的资金流动性不足而产生的风险。金融机构的流动性风险主要包括两种形式：资产流动性风险和负债流动性风险。前者是指无法在通常条件下对所持有金融资产进行变现以及对金融交易的余额进行清算的风险。后者是指现金流不能满足债务支出的需求，往往迫使机构提前清算，从而使账面上的潜在损失转化为实际损失，甚至导致机构破产的风险。

3. 法律风险。法律风险是指在金融交易中，因合同不健全、法律解释的差异以及交易对象不具备正当的法律行为能力等法律方面因素所形成的风险，包括合约的签署不具有可执行性和不能将自己的法律和监管责任以适当的方式转移出去的风险。简单说来，法律风险就是由于法律或法规方面的原因而使企业的某些市场行为受到限制或合同不能正常执行而导致损失的风险。

4. 操作风险。操作风险是指金融机构由于管理和内部控制制度不健全或制度不落实，违规经营甚至诈骗等人为错误而造成意外损失的风险。金融机构经营管理过程中，由于相关信息没有及时传达给操作人员，或在信息传递过程中出现偏差，或操作人员业务技能不高或出现偶然失误、道德风险等情况，都可能导致发生损失。

第三节 金融市场安全

一、金融市场安全的概念

金融市场安全是指金融市场能够持续、稳定、健康、规范地运行，在为国家经济提供充足的经济支持的同时，能够承受境内和境外的冲击而不会爆发金融危机。

一国金融市场运行的健康程度往往决定了一国经济的健康程度，一国金融安全的直接威胁往往来自被忽视掉的金融市场风险。因此，在一定程度上防范和化解各类金融市场风险，是保障金融市场安全最根本的举措。

二、金融市场风险与金融市场安全

金融市场风险是指金融市场主体遭受损失的潜在可能，当金融市场风险累积到一定程度就可能诱发金融市场的安全问题。特别是金融市场风险具有扩散性和加速性的特征，金融市场体系中任何一个节点断裂都有可能产生连锁反应，迅速引起其他节点的波动，打破整个金融市场体系的均衡、稳定状态。

现实中，金融市场风险往往具有迷惑性和隐蔽性，尽管市场参与者对金融风险有一定的认识，但往往存有侥幸心理，尽力掩盖风险，期待市场出现转机。当风险积聚到超过金融市场所能承受的范围就会爆发金融危机，金融危机则是现实的巨大损失。每当金融危机爆发，人们才意识到市场已经在风险超负荷的状态下运转许久了。因此，金融市场安全研究就是研究金融市场如何在承担一定风险的同时，有效回避金融危机发生的风险。

值得注意的是，金融风险是客观存在的，是内生于金融市场之中的，金融风险的存在并不必然意味着金融处于不安全状态，其关键就在于对金融风险的控制能力和对金融风险的承受能力。如果一国的金融风险控制能力足够应付“很大”的金融风险，那么其金融市场自然是安全的。因此，维护金融市场安全，需要了解金融风险形成的因素有哪些，降低这些因素引发金融风险的可能性，防范潜在金融风险，化解已有金融风险，切断风险转化成危机的途径。

三、影响金融市场安全的因素[①]

通常，一些潜在因素会引起金融市场异常波动，从而导致金融市场安全受到威胁。这些因素包括：金融市场的不确定性、金融市场信息的不确定性、投资者行为的不确定性、金融市场价格的不确定性以及金融风险管理手段的不确定性。

（一）金融市场的不确定性

在金融市场领域中，不确定性是市场的本质，也是市场利润的来源。从英国著名

① 张维．金融安全论［M］．北京：中国金融出版社，2016：20－63.

科学家牛顿投资南海公司股票的失败经历到英国经济学家凯恩斯的“选美”理论，这些科学家和经济学家的经验结论可以证明金融市场的不确定性跟人的行为有关，而人的行为本身由于认知、心理、直觉和经验的差异，对金融市场的投资决策具有较大的不确定影响。

面对金融市场的不确定性，金融市场的参与者或相关者都可能面临较大的风险。尽管学者进行了大量研究，研究金融风险的方法越来越科学，但遗憾的是，仍然无法解决金融市场的不确定性问题。

因此，金融市场的不确定性成为参与者的决策扰动因素。对投资者来说，由于这种不确定性的客观存在，如果发生金融市场波动风险，投资者一般只能自我承担，或者采取套期保值的方式来对冲风险。对于投机者来说，他们通常会通过交易技术的改进来应对这种不确定性带来的波动风险，比如通过高频交易和程序化交易，或者通过影响市场价格方向来规避风险，但是这些技术一旦失败，投机者也只能自我承担波动风险。

对政府来说，即便是在宏观经济没有恶化的情况下，金融市场的不确定性仍是金融危机爆发的基础因素，并可能威胁一国金融安全。金融市场不确定性的客观存在会纵容参与者的投机行为，助长市场价格泡沫和加剧市场价格误判。因此，在市场参与者非理性行为的推动下，这种由不确定性推动的金融市场异常波动就可能成为金融危机的诱发因素。

（二）金融市场信息的不确定性

金融市场信息是金融市场决策的主要依据，因此，金融市场价格的变化也就跟信息有着高度的相关性。融资者想要进入市场就需要提供其项目信息，投资者进入市场必须依靠这些信息和市场其他相关信息进行决策。即便是这些项目信息已经完全披露，但是，投资者本身的认知水平、技术水平、行为控制能力、投资资金规模以及运气都决定了其投资决策依然存在不确定性。

除了投资者对信息处理的差异这一自身原因可能导致投资决策的不确定性外，还有融资者与投资者之间存在信息不对称的客观环境。在融资者卖出证券过程中，融资者为了获得有利价格，存在故意隐瞒真实不利信息的动机，而投资者处于不利的信息接收地位。为了保证公平，各国政府都制定了相关法规。但是，由于信息不对称导致的道德风险会产生超额利润，这为金融市场信息存在不确定性提供了客观条件。直到今天，金融市场的内幕交易仍是屡禁不止。

然而，金融市场信息只是判断依据，金融市场价格的波动最终取决于资金的推动，这种推动最终是参与者的行为，也就是说投资者需要有资金去支持根据这些信息所作出的决策。因此，金融市场信息的收集和处理结果并不一定与市场价格相关，比如，很多股票的理论价值被严重低估，但它的价格仍没有上涨。所以市场参与者不仅以自己掌握的信息作为决策依据，还需对其他参与者的反应程度进行分析，这往往是最难的。

20 世纪 90 年代，我们进入了互联网时代，互联网改变了金融市场的各种特征。尽管金融市场基本实现了网络化，但是金融市场信息的本质没有发生改变。在互联网时代，金融市场的流动性功能仍是基本功能，大数据的应用会受到政府管制，因此互联网时代的金融市场也不可能实现完全信息目标，并且互联网技术并没有提高信息的透明度。

因此，在互联网时代，由于金融市场信息的本质没有改变，金融市场参与者的本性没有改变，金融市场流动性需求没有改变，这都将进一步增加金融市场信息的不确定性，金融市场信息将是金融市场异常波动的主要诱导因素，从而增大金融市场危机的可能，是一国金融安全的严重威胁，这是人类在互联网时代意想不到的一种结局。

（三）投资者行为的不确定性

在现实生活中，投资者智力的差异是客观存在的，尽管每个投资者都不愿意承认。因此，金融市场上除了理性的投资者还有部分非理性的投资者，投资者不能全部被看作是经济人，整个市场上的投资决策不能达到一致。这也就是为什么金融市场上证券跌得那么多，按说应该不会有人买，但事实上还是有人买的原因。人与人之间的决策差异导致金融市场波动的客观存在。假定市场上的投资人都是经济人，都追逐利益最大化，都作出相同的决策，那么这个“一致性市场”的波动就会消除，不波动的市场结果就是这个市场不存在了。

在金融市场上，由于影响其运行的相关因素较为复杂，投资者没有办法去对股票或者其他金融资产所谓的“价值”进行准确度量，因此在决策过程中，他们的很多决策是由心理因素决定的，这就导致投资者在金融市场的决策很难达成一致，这就是金融市场波动的真正原因。

正是由于投资者行为直接导致了金融市场的波动，因此，控制投资者行为就能影响金融市场。在金融市场的运行过程中，我们可以发现价格操纵等影响投资者决策的行为常常发生。在资金和信息方面拥有优势的投资者可以利用信息传递甚至欺诈等方式来引导投资者决策，从而影响金融市场的波动方向。

（四）金融市场价格的不确定性

每一天金融市场上都在产生数以万亿计的交易量，金融市场上的金融资产价格时刻都在发生变化。作为金融市场的参与者，金融资产的价值是他们最为关心的内容。主流的确定金融资产价值的理论主要有三种：资产定价理论、金融市场价格确定模型和金融市场价格分析方法。

1. 资产定价理论。无论是最早本杰明·格雷厄姆提出的价值投资理论还是后来发展出的 MM 理论，作为市场交易者的价值参照基准，都有其局限性。资产定价理论本身具有内在不确定性，从折现定价模型公式就可以看出其相关变量的不确定性决定了最终结果的不确定性。

折现定价模型公式：$P_0 = \sum_{t=1}^{n} \frac{CF_t}{(1+r)^t}$。

式中，P_0——证券的内在价值；CF_t——未来 t 期内的现金流；r——折现率；n——证

券的期限。在上述公式中，如现金流和折现率等变量都需要进行预测和评估，因此不存在唯一的标准。因此，这种价值分析工具计算出来的只是理论价值，仅能作为一种参考，不可能成为市场交易的最终标准。

现有学术界和实务界公认度较高的资本资产定价模型（CAPM），是在假定完美金融市场无套利的前提下，推导出来的理论定价模型。由于现实金融市场无法满足其假定前提，因此，计算出来的价格也只是理论参考指标，有其局限性。

2. 金融市场价格确定模型。金融市场基于交易规则的运行模式决定了资产财务因素之外的交易者行为，也是价格的重要决定因素，金融市场价格确定模型应当是：

$$P_0 = \frac{E}{k} + \Delta$$

式中，P_0——证券的内在价值；E——在未来无限时期支付的每股股利；k——到期收益率；Δ——增加值。

上述模型实际上就是零增长折现定价模型加上一个增加值 Δ，其中零增长折现定价部分是基于财务数据的理论定价，问题是 Δ 这个增加值是什么因素决定的呢？有人认为，这一部分增加值是增长机会价值，也有人认为是特许权增加值，也有人认为是市场交易增加值，但迄今找不到确定的答案。

因此，无论是金融资产的理论价值还是金融资产的市场价格，参与者只能依靠估计。不管使用的估计方法如何，投资者都会自动选择成本最小化的估计值，而不同的参与者在这一选择上往往会出现巨大的差异，所以，金融市场价格本身仍具有不确定性。

3. 金融市场价格分析方法。无论金融资产是否存在内在价值，金融市场价格是长期存在的。个人、家庭和国家财富的统计都离不开金融市场价格这一重要指标，金融市场价格对资源配置发挥重要作用更是金融市场存在的基础，因此，分析这一价格就成了必要的工作。

金融市场价格分析本身就是一门复杂的学问，影响因素有很多。基本分析是历史最悠久的金融市场价格分析方法，其包括分析决定内在价值的宏观经济、行业趋势、公司治理、国际经济环境等因素。但基本分析不能完全解释公司的内在价值，所以又形成了全球公认的技术分析方法。通过技术分析，虽然在一定程度上弥补基本分析的不确定性偏差，但技术分析也有它的弊端，由于它采取历史数据进行分析，对市场本身力量的揭示具有滞后性。

综上所述，无论是资产定价理论，还是金融市场价格确定模型，又或是金融市场价格分析方法，在确定金融资产价值时都有其局限性。因此，金融市场参与者很难确定金融市场资产价值，金融市场价格的不确定性是客观存在的事实。

（五）金融风险管理手段的不确定性

金融风险管理手段主要有三种：第一种是风险自留，第二种是保险，第三种是金融市场。风险自留就是自己承担损失，比如车被撞了，没有买保险，就只能自己承担。但从过去的两百多年来看，已经产生了比较先进的风险管理手段，其中之一就是保险。

保险是一种合同，一旦出了事就按合同规定给你保障。还有一个手段就是通过金融市场进行风险转移。但是无论宏观上还是微观上，人们通常认定金融市场最主要的功能是筹资功能，而忽视金融市场的风险交易是金融市场存在的根本原因。如果投资一家公司能保证盈利不赔，也能保证债券不会有风险，那就不需要金融市场，一直持有就可以实现有效投资，但事实是投资者的最初决策有可能是错的，这时投资者从逐利本性出发也需要一个退出机制，而金融市场就提供了这种机制。

在长期的金融风险管理探索中，人类创造出一系列金融衍生品，为金融风险管理提供理论和方法的支持。但金融衍生品的定价以及交易比一般金融资产更加复杂。人们发现金融衍生品除了可以进行套期保值还可以对冲套利，而对冲套利的成功也需要建立在其他参与者承担风险的基础上，也就是说金融市场的风险没有得到根本解决。

另外，金融风险管理技术也存在一定缺陷。在经验管理模式中，金融机构更多是通过管理者过去的经验或者别人的经验来实现风险管理，这种模式的缺陷本质上在于人的行为具有不确定性。随着金融市场运行复杂度的不断提高，经验管理无法满足风险管理的需要。除了经验管理，还有更为精准的技术来实现金融风险管理。但这些技术在风险管理中的作用依赖于相关变量的假定和数据的完整性，而这些在现实中难以实现。

【本章小结】

1. 金融市场是指以金融商品为交易对象而形成的供求关系及其机制的总和。一般根据金融市场中交易的标的物，可以将金融市场划分为货币市场、资本市场、外汇市场、黄金市场、保险市场和金融衍生品市场。

2. 金融市场风险是指由于外部因素的冲击或内部因素的牵连而发生剧烈波动、危机或瘫痪，使单个金融机构不能幸免，从而遭受经济损失的可能性。金融市场风险具有不确定性、普遍性、可控性、扩散性、加速性和突发性等特征。

3. 金融市场安全是指金融市场能够持续、稳定、健康、规范地运行，在为国家经济提供充足的经济支持的同时，能够承受境内和境外的冲击而不会爆发金融危机。

4. 金融风险是客观存在的，是内生于金融市场之中的，但金融风险的存在并不必然意味着金融处于不安全状态，其关键就在于对金融风险的控制能力和对金融风险的承受能力。

5. 一些潜在因素会引起金融市场异常波动，从而导致金融市场安全受到威胁。这些因素包括：金融市场的不确定性、金融市场信息的不确定性、投资者行为的不确定性、金融市场价格的不确定性以及金融风险管理手段的不确定性。

【复习思考题】

一、名词解释

货币市场　金融市场风险　信用风险　金融工程化　金融市场安全

二、选择题

1. 把流动性较差的资产，如金融机构的一些长期固定利率放款或企业的应收账款等通过商业银行或投资银行的集中及重新组合，以这些资产作抵押来发行证券，实现相关债权的流动化被称为（　　）。

A. 资产流动化　B. 金融工程化　C. 资产证券化　D. 投资组合化

2. 下列选项中属于资本市场交易工具的有（　　）。

A. 商业票据　B. 股票　C. 银行活期存款　D. 债券

3. 以下选项中属于金融市场风险特征的有（　　）。

A. 不确定性　B. 特殊性　C. 集中性　D. 扩散性

4. 金融市场风险中，系统性风险又可以划分为（　　）。

A. 购买力风险　B. 利率风险　C. 资产风险　D. 汇率风险

5. 由于金融市场流动性不足或金融交易者的资金流动性不足而产生的风险被称为（　　）。

A. 市场风险　B. 流动性风险　C. 操作风险　D. 政策风险

三、问答题

1. 金融市场的参与者有哪些？
2. 金融市场的发展趋势是什么？
3. 金融市场风险的特征有哪些？
4. 金融市场风险与金融市场安全的联系是什么？
5. 影响金融市场安全的因素有哪些？

选择题答案

1. C　2. BD　3. AD　4. ABD　5. B

第二章

货币市场安全

【教学目的和要求】

通过本章学习，使学生掌握货币市场的概念、特点和主要参与者，理解货币市场的分类和功能，了解目前世界货币市场的概况。掌握货币市场风险以及维护货币市场安全的预警机制和风险管理措施，树立正确的价值导向和风险意识。

第一节　货币市场概述

一、货币市场的定义和特点

（一）货币市场的定义

货币市场是指期限在一年或一年以内的金融资产交易的市场。该市场的主要功能是保持金融资产的流动性，以便随时转换成可以流通的货币。它的存在，一方面满足了借款者的短期资金需求，另一方面为暂时闲置的资金找到出路。货币市场一般是指国库券、商业票据、银行承兑汇票、大额可转让定期存单、回购协议等短期信用工具买卖的市场。

需要指出的是，虽然所有金融市场的目的都是为金融产品和货币的交换提供一种渠道，但货币市场不同于金融体系中的其他市场，它强调的是短期。

（二）货币市场的特点

相对于其他类型的金融市场，货币市场主要有以下五个特点：

1. 融资期限短。货币市场的融资期最短只有半天或一天，最长不超过一年。

2. 货币市场主要是无形市场。货币市场没有固定、统一的集中交易场所，交易方式通常为场外交易及分散柜台交易，通过电话、计算机、互联网即可进行交易。

3. 交易的目的主要是短期资金周转的供求需要，一般的去向是弥补流动资金的临时不足。

4. 交易量大。货币市场的参与者主要是商业银行和其他金融中介机构投资者。由于短期资金市场的融资期限短，交易额较大，一般投资者难以涉足，所以货币市场中

的大多数交易都是在机构之间进行，动辄就会有数百万上千万元的交易产生，因此货币市场经常被称为货币“批发市场”。

5. 金融工具具有较强的流动性和变现性。货币市场的金融产品流动性强、风险小、收益低。金融产品的流动性是指金融产品以合理的价格在市场上流通转让及变现的能力。货币市场中的金融产品一般都存在于较发达的二级市场，投资者可以通过二级市场进行迅速快捷的交易，有些金融产品甚至可以在其未到期之前通过贴现等方式实现提前兑现。与此同时，由于货币市场产品都是短期的，影响货币市场产品价格发生变化的因素在短期内一般不会发生太大的波动，因此短期金融产品价格波动的风险非常小；另外，参与货币市场交易的大多都是信誉较高的机构，违约风险也较低。但也正是由于货币市场期限短、风险低，随时可在市场上变换成现金，因此货币市场的收益率也相对较低。

（三）货币市场参与者

货币市场的参与者主要包括机构和专门从事货币市场业务的专业人员，他们参与货币市场的目的各不相同。

1. 机构类参与者。

（1）中央银行。中央银行参与货币市场的目的是通过公开市场业务，实现货币政策目标。

（2）商业银行。商业银行参与货币市场的主要目的是为了调剂资金头寸、进行短期资金融通。

（3）非银行类金融机构。非银行类金融机构主要包括投资银行、保险公司、养老基金和其他各类证券投资基金。它们参与货币市场的主要目的一是获取该市场上安全的投资品种，实现合理的投资组合；二是取得投资利润；三是进行短期融资。

（4）政府。政府参与货币市场的主要目的是筹集短期资金，以解决财政收支过程中短期资金不足的困难。

（5）企业。企业参与货币市场的主要目的是调整流动性资产比重，取得短期投资收益。

2. 货币市场专业人员。货币市场专业人员包括经纪人、交易商、承销商。他们参与货币市场是为了取得佣金收入或价差收入。

一般情况下，个人投资者无法直接参与到货币市场的交易中，但却可以通过购买货币市场基金等渠道间接进行货币市场产品的交易。

二、货币市场的分类

货币市场按照不同的交易方式和业务可以分为同业拆借市场、票据市场、短期政府债券市场、大额可转让定期存单市场和回购市场五个子市场。

1. 同业拆借市场：是指由各类金融机构之间短期互相借用资金所形成的市场。

2. 票据市场：包括票据承兑市场、票据贴现市场和本票市场。

3. 短期政府债券市场：是指发行和买卖一年期以内的短期政府债券的市场。短期政府债券是政府部门以债务人身份承担到期偿付本息责任的期限在一年以内的债务凭证。

4. 大额可转让定期存单市场：是指交易大额可转让定期存单的市场。大额可转让定期存单（NCDS），指商业银行发行的具有固定金额、固定期限、可以在金融市场上流通转让的大额存款凭证。

5. 回购市场：又称为回购协议市场，是指通过回购协议进行短期资金融通交易的市场。

（一）同业拆借市场

1. 同业拆借市场的定义。同业拆借市场，又称同业拆放市场，是指金融机构之间以货币借贷方式进行短期资金融通活动的市场。同业拆借的作用在于弥补短期资金的不足、平衡票据清算的差额以及解决临时性的资金需要。

世界上著名的同业拆借市场主要有伦敦同业拆借市场、纽约同业拆借市场、香港同业拆借市场等。

2. 同业拆借市场的特点。

（1）资金借贷程序简单快捷。借贷双方可以通过电话直接联系，或与市场中介人联系，在借贷双方就贷款条件达成协议后，贷款方可直接经中央银行的电子资金转账系统将资金转入借款方的资金账户，数秒钟即可完成转账程序。

（2）融资资金的期限短、风险小。同业拆借市场拆借期限通常以1~2天为限，最短时间为今借明还，隔夜拆放，多则1~2周，少数的资金拆借也可以是1个月、2个月、3个月等。同业拆借的利息按日计算，拆借利息占拆借本金的比例为“拆息率”。拆息率的高低灵敏地反映着货币市场资金的供求状况。

（3）融资资金流动性强。同业拆借市场交易量大，及时反映资金供求关系，有助于商业银行及时调整超额存款准备金。

（4）同业拆借基本上是信用拆借。我国拆借市场的主要参与者是金融机构，它们在中央银行开立存款账户，而且必须经中国人民银行批准方可入场，并按照统一的规则进行拆借活动，信誉有保障，因此同业拆借基本上是信用拆借。

3. 同业拆借市场的类型。同业拆借的种类主要分为日拆借款和短期通知放款两种。日拆借款是以一天为期限的放款，但如果双方同意也可以按日转期。如果遇清算之日是节假日，则顺延至下一个营业日清算。短期通知放款则是以7天为限的短期拆借。

4. 同业拆借市场的利率。同业拆借市场的利率是由供求双方议定的，可以随行就市，讨价还价。可以说，同业拆借市场的利率是一种完全由市场决定的利率，是市场化程度最高的利率，能够充分灵敏地反映市场资金供求状况及变化。

在国际货币市场上，有代表性的同业拆借利率有三个：伦敦银行同业拆借利率（London Inter - bank Offered Rate，LIBOR）、新加坡银行同业拆借利率（Singapore Inter - bank Offered Rate，SIBOR）和香港银行同业拆借利率（Hong Kong Inter - bank Offered Rate，HIBOR）。伦敦银行同业拆借利率，是伦敦金融市场银行间相互拆借英

镑、欧洲美元及其他欧洲货币时的利率。20 世纪 60 年代初，该利率成为伦敦金融市场借贷活动中的基准利率，目前，LIBOR 已成为国际金融市场的一种关键利率，一些浮动利率的融资产品在发行时，也以该利率作为浮动的依据和参照物。新加坡银行同业拆借利率和香港银行同业拆借利率也是广为引用的同业拆借利率，不过与 LIBOR 相比，影响范围有限得多，只限于各自所在的亚洲地区。

（二）票据市场

1. 票据市场的定义。票据市场是指在商品交易和资金往来过程中，所产生的以汇票、本票和支票的发行、担保、承兑、贴现、转贴现、再贴现来实现短期资金融通的市场。票据市场以票据作为信用工具，通过票据承兑与票据贴现进行融资活动。

2. 票据市场的种类。票据市场可分为票据承兑市场和票据贴现市场。

（1）票据承兑市场。票据承兑市场是接受承兑信用，创造承兑汇票的市场。票据承兑汇票市场上办理汇票承兑业务的机构通常是商业银行，或者是专门的承兑机构如承兑公司等。票据承兑市场的主要功能是为国际进出口贸易融通资金，也可为国内贸易融通资金。

（2）票据贴现市场。票据贴现市场是对未到期票据进行贴现，为客户提供短期资金融通的市场。票据贴现是对未到期票据的提前兑现。票据的持票人以贴付一定的利息为代价，在票据未到期前向银行兑现的一种票据转让市场即为票据贴现市场。票据贴现市场具体包括贴现、再贴现和转贴现。可贴现的票据主要有商业本票、商业承兑汇票、银行承兑汇票、政府债券和金融债券等。

3. 票据市场的利率。我国的商业汇票利率体系主要由承兑费率、贴现利率、转贴现利率和再贴现利率构成，其中作为银行间市场业务的票据转贴现，其利率已实现市场化，具体又包括买断式转贴现业务和回购式转贴现业务两种。在监管部门加大力度规范会计科目核算、严查逃避信贷规模的票据业务后，买断式转贴现业务的信贷特性日趋明显，其利率更多受到信贷规模影响，与其他银行间货币市场利率产生了一定的背离；回购式转贴现业务则逐步脱离规模互转方式，利率水平逐步接轨其他银行间货币市场。

（三）短期政府债券市场

1. 短期政府债券市场的定义。短期政府债券市场又被称为国库券市场，是指政府部门发行的短期有价证券市场。短期国库券是政府的直接债务凭证，一般期限在一年以内。国库券的发行一般不记名，不附有息票，不载明利率，而以低于票面金额的价格折价出售，到期按票面金额还本，贴现率即为收益率。

2. 短期政府债券市场的特点。

（1）安全性高。由于国库券是国家债务，因而它被认为是没有违约风险的，是一种较安全的投资。

（2）流动性强。国库券交易成本较低、价格风险较低，可以迅速变现。

（3）面额小。国库券最小面额 100 元，其面额远远低于其他货币市场票据的面额。对许多小投资者来说，国库券是他们能直接从货币市场购买的唯一有价证券。

（4）收入免税。国库券是政府自己的债务，为了鼓励人们投资，大多数国家规定对于购买国库券所获得的收益，可以享受税收上的免税待遇。

3. 短期政府债券市场的利率。

$$\text{短期政府债券发行价格} = \text{面值} \times \left(1 - \text{年贴现率} \times \frac{\text{距到期日天数}}{360}\right)$$

短期政府债券名义收益率计算公式为

$$\text{名义收益率} = \frac{\text{面值} - \text{发行价格}}{\text{面值}} \times \frac{360}{\text{期限}} \times 100\%$$

短期政府债券的真实收益率计算公式为

$$\text{真实收益率} = \frac{\text{面值} - \text{发行价格}}{\text{发行价格}} \times \frac{365}{\text{期限}} \times 100\%$$

通过计算可以得出短期政府债券的真实收益率要略高于名义收益率。

（四）大额可转让定期存单市场

1. 大额可转让定期存单的概念。大额可转让定期存单（NCDs，Negotiable Certificate of Deposits）是商业银行发行的具有固定面额、可转让流通的存款凭证。

2. 大额可转让定期存单的特点。大额可转让定期存单具有以下4个特点：

（1）不记名，可以流通转让。

（2）金额较大，在美国大额可转让定期存单最少为10万美元，二级市场上的交易单位为100万美元。在中国香港最小面额为10万美元。

（3）利率既有固定的，也有浮动的，且一般来说比同期限的定期存款利率高。

（4）不能提前支取，但可在二级市场流通转让。

（五）回购市场

1. 回购市场的定义。回购全称为证券回购，是指资金的需求方暂时将其持有的证券（主要是国债）卖出，同时签订协议于议定的期限按议定的价格购回证券的一种短期资金融通行为。

回购分正向回购（正回购）和逆向回购（逆回购）。先卖出证券，约定购回的回购为正向回购，即融入资金的回购；先买入证券，约定售出的回购为逆向回购，即融出资金的回购。

回购市场又称为回购协议市场，是指通过回购协议进行短期资金融通交易的市场。

2. 回购市场的利率。回购市场的利率一般取决于资金面和政策面两方面因素：从资金面来说，决定回购利率的主要因素是货币市场的资金面松紧和商业银行内部的行为取向。商业银行的资金来源主要是存款和中央银行对外汇占款的对冲，资金投向主要是贷款准备金和债券投资。二者之差可作为衡量商业银行参与货币市场回购交易资金面松紧的指标。

从政策面来说，回购利率也受到中央银行政策取向的影响。宏观经济的基本面指标会通过中央银行的政策取向来间接影响利率的波动。节假日期间，商业银行为了保证内部流动性，也会短期提高回购利率。另外，超额准备金利率也会对回购利率产生影响。

三、货币市场产品类型比较

货币市场常见的产品主要包括短期国债、央行票据、短期融资券，银行承兑汇票、回购、拆借等。在国际成熟的货币市场中，商业票据、大额可转让定期存单也是规模比较大的货币市场产品，而我国货币市场产品主要有同业拆借、央行票据、商业汇票、回购协议、短期国债和大额可转让定期存单等，其中短期国债和大额可转让定期存单规模较小（见表2－1）。

表2－1　　货币市场产品类型及定义

产品类型	产品定义
同业拆借	商业银行等金融机构以无担保的信用方式进行的短期融资交易，是金融机构之间为了平衡其业务活动中资金来源与运用而发生的一种短期资金借贷行为
央行票据	中国人民银行在银行间市场通过其债券发行系统，面向公开市场业务一级交易商发行的短期债务凭证
商业汇票	由出票人签发的，委托付款人在指定日期无条件支付确定的金额给收款人或者持票人的票据
短期国债	财政部代表中央政府，为弥补当期的政府赤字和偿还到期的政府债务而发行的，期限在一年及一年以内的短期债务凭证
短期融资券	具有法人资格，信用评级较高的非金融企业在银行间债券市场发行和交易并约定在一定期限内还本付息的有价证券
大额可转让定期存单	银行发行的、带有固定利率和到期日的可转让（即可以在二级市场出售）的存单
回购协议	交易的一方在向另一方出售证券时，承诺在一定期限后按约定价格购回所卖证券，从而获取即时可用资金的一种交易协议

从产品结构来看，我国货币市场的发展很不均衡，目前发展较好的只有同业拆借市场、回购市场和票据市场。相比于发达国家，我国货币市场产品存在品种较少、创新不足、流动性差和缺少有效的货币政策工具等问题。

从利率来看，货币市场产品的利率都比较相近。虽然这些货币市场产品都是短期的且流动性较强，但它们的流动性还是有较大不同的：我国中央银行票据市场拥有广泛的二级市场，因此，央行票据、短期国债等产品能够在几乎不遭受价值损失的情况下迅速转变为现金；而商业票据市场没有一个有组织的二级市场，这些券票如果不能转售给最初的交易商或承销商的话，将很难被迅速转换成现金。

四、货币市场的功能

作为金融市场的重要组成部分，货币市场在金融体系中起着举足轻重的作用。它在满足暂时资金盈余者与资金短缺者需求的同时，其发展规模与水平也会影响市场融资、政策传导等功能的发挥。货币市场的作用主要表现在以下几方面。

（一）调节短期资金余缺，优化资金配置，促进资金流动

货币市场为短期资金融通提供了机会，为国民经济各部门调节资金的流动性创造了便利。企业、银行和政府等机构、部门既可以从货币市场获得临时性资金，也可以将暂时多余与闲置的资金进行短期投资，获取利息收益。通过市场机制，既能使资金盈余者的短期资金收益最大化，又能使资金需求者以较低的成本融入所需资金，在优化资金配置的基础上，促进了资金的合理流动。

（二）为各种信用形式的发展创造条件

现代信用的基础是商业信用，其主要表现形式为银行信用。货币市场中的票据市场、同业拆借市场及回购市场为信用形式的规范和发展创造了条件，并将整个金融机构系统有机地连接在一起，使它们的清偿能力最大化，提高了资金的利用效率。短期国债的买卖与流通，为国家信用的发展提供了重要基础。随着经济全球化的推进，外国资金与外国投资者加入货币市场，也有利于国际信用的发展。

（三）传导货币政策，为政府的宏观调控提供条件和场所

货币市场在货币政策的传导机制中起着重要的作用。在货币市场上，一定时期的资金供求及流动情况，是反映该时期金融市场银根松紧的指示器，也为政府的宏观经济决策提供了重要的依据。同时，既作为货币市场上重要的资金需求者和交易主体，又以市场监管者与调节者双重身份出现的政府，常常通过参与货币市场的运作，直接或间接地对经济进行宏观调控，如中央银行货币政策的“三大法宝”都是通过货币市场实施的。法定存款准备金率、再贴现率的高低直接影响货币市场的资金供给与商业银行的贷款规模，而公开市场业务操作则直接作为货币市场的金融工具，通过买进卖出等金融交易活动直接增加或减少市场短期资金的供求数量。

（四）是市场利率生成的场所

货币市场资金的供需状况决定市场利率水平，货币市场交易的高安全性决定了其利率水平可以反映市场基准利率，因此货币市场的利率具有基准利率的性质。货币市场利率是一个国家利率体系中的基准指标，是影响其他金融和经济指标的基础性变量。

当然，货币市场作用发挥是否有效，还涉及市场发展过程是否完善、顺畅等方面的因素。衡量货币市场的效率有三个指标，即货币市场的广度、深度和弹性。货币市场的广度是指市场参与主体的多样性，使交易活动不致“一边倒”；深度则指市场交易的活跃程度，体现在金融商品的开价与最后成交价之间的差额很小；弹性是指市场在应付各种突发事件后证券价格的迅速调整能力。在一个具有广度、深度和弹性的市场上，众多的参与者、交易对象、运行机制及巨额的资金流，是货币市场作用得以发挥并行之有效的必要条件。

五、国内外货币市场

（一）美国货币市场

美国货币市场发展迅速，在市场规模、市场结构、市场自由度、信用工具创新、货币政策传导等方面都较其他国家成熟和完善，因而美国货币市场是目前世界上最发达的货币市场。美国货币市场包括国库券市场、联邦基金市场、商业票据市场、银行承兑票据市场、大额可转让定期存单市场、回购协议市场、联邦政府机构短期证券市场和市政短期证券市场等。

1. 国库券市场。美国的国库券市场十分发达，交易量也很大。国库券的期限有 3 个月、6 个月、1 年三种，前两种每周发行一次，1 年期的每月发行一次。

2. 联邦基金市场。联邦基金市场是存款机构为了补足每天的准备金而进行短期资金借贷活动的市场，交易的金额通常在百万美元以上，期限为 1 天到 1 周，如有必要还可以延长，联邦基金利率的波动十分剧烈，是美联储推行货币政策的重要参考指标。

3. 商业票据市场。美国的商业票据是由信誉良好的公司签发的短期、无担保票据，期限通常为 30 ~ 270 天，最常见的是 60 ~ 180 天。由于超过 270 天的证券必须向美国证券交易委员会登记注册，费用较高，因而 270 天以上的商业票据发行很少。商业票据的面值一般为 10 万美元。商业票据的发行是采用贴现方式进行的，发行方式有两种，一种是直接发行，这种方式多由设有分支网络的金融公司或设有自己附属金融机构的公司采用，以节省费用；另一种是间接发行，即通过交易商进行转售，发行者须向交易商支付手续费。商业票据的发行程序比较简便，发行者可以在需要资金的当天早晨通知商业票据交易商发行，在当天下午即可完成发行和交割，其清算和支付也在同一天完成。商业票据的购买者多是机构投资者，而且在投资者要求转让时，发行者一般都在到期前赎回票据，因此商业票据的二级市场很少。

4. 银行承兑票据市场。美国的银行承兑汇票主要有四种：①银行承兑的进出口贸易汇票；②银行承兑的国内运输汇票；③银行承兑的国内外仓储汇票；④银行承兑的外国银行签发的美元汇票。美国银行承兑汇票的期限一般为 30 天到 90 天，最多不超过 270 天。

5. 大额可转让定期存单市场。在大额可转让定期存单（CDs）市场中，CDs 的期限一般为 1 个月、2 个月、3 个月和 6 个月，期限最短仅为 14 天，但以 3 个月和 6 个月期为主。面额最小为 10 万美元，通常为上百万美元，CDs 有活跃的二级市场，流动性较高。

6. 回购协议市场。回购协议实际是一种以证券做担保的资金融通，即出售一种短期证券（通常是国库券）为担保，然后在一天或几天后再以协议中规定的价格将证券买回。回购协议的期限最短只有 1 天，长者可达 6 个月。

7. 联邦政府机构短期证券市场。联邦政府机构短期证券市场主要交易一些联邦政府机构定期发行的短期证券。这些短期证券的期限多为 30 ~ 60 天，最短的只有 5 天，由于其发行者是联邦政府机构，因而其信誉仅次于国库券，流动性也很强。州及地方政府通常发行一年及一年以下的市政债券筹措短期资金，这类短期证券主要包括税金预缴债券和项目债券，二者的利息收入都免缴联邦所得税，项目债券还免缴州所得税。市政短期证券的发行也多采用竞争性投标方式，持有人多为商业银行、保险公司和高收入的个人。它们一般都将债券持有至到期，目的是调整应税收入。因此市政短期证券的二级市场不发达。

（二）欧洲货币市场

欧洲货币市场又称离岸金融市场，是指货币在原发行国领土以外流通、借贷、投资，以非居民为主要参与者的国际金融市场。欧洲货币市场是当前国际金融市场的核心。欧洲货币市场经营的货币为欧洲货币，是指在货币发行国境外流通的货币，又称为离岸货币。

欧洲货币市场是一个有很大吸引力的市场，这个市场与西方国家的国内金融市场以及传统的国际金融市场有很大的不同，关键在于这是一个完全自由的国际金融市场，主要有如下特点：

1. 经营自由。由于欧洲货币市场是一个不受任何国家政府管制和税收限制的市场，所以经营非常自由。借款条件灵活，借款不限制用途等，不仅符合跨国公司和进出口商的需要，也符合许多西方国家和发展中国家的需要。

2. 资金规模庞大。欧洲货币市场的资金来自世界各地，数额极其庞大，各种主要可兑换货币应有尽有，能满足各种不同类型的国家及其银行、企业不同期限、不同用途的资金需要。

3. 资金调度灵活、手续简便。因为资金不受任何管辖，因此欧洲货币市场资金周转极快，调度十分灵便。欧洲货币市场与西方国家的国内市场及传统的国际金融市场相比，有很强的竞争力。

4. 独特的利率体系。因为不受法定准备金和存款利率最高额限制，欧洲货币市场存款利率相对较高，放款利率相对较低，存放款利率的差额很小。因此，欧洲货币市场对存款人和借款人都更具吸引力。

5. 经营以银行间交易为主。欧洲货币市场的经营以银行间交易为主，银行同业间的资金拆借占欧洲货币市场业务总量的比重很大；它也是一个批发市场，由于大部分借款人和存款人都是一些大客户，所以每笔交易数额很大，一般少则数万美元，多则可达到数亿甚至数十亿美元。

欧洲货币市场是由一个世界性的广泛的国际银行网所组成。这些银行被泛称为“欧洲银行”。“欧洲银行”以伦敦为中心，散布在世界各大金融中心，它们之间通过信函、电话、电报和电传联系。这些机构由三类银行组成：一是英国商业银行在伦敦开设的总分行；二是其他各国商业银行和金融机构在伦敦开设的分行、金融公司或投资银行；三是由不同国家大型商业银行组成的联合银行集团。欧洲货币市场的业务由银行同业拆借业务和非银行间交易两部分组成。

（三）我国货币市场

1. 同业拆借市场。我国同业拆借市场始于1984年。1986年，国务院颁布《中华人民共和国银行管理暂行条例》，规定专业银行之间资金可以相互拆借。随后，同业拆

借市场开始发展起来，并在广州、武汉、上海等大中城市成立了资金市场、融资公司等同业拆借中介机构。1990 年，中国人民银行下发《同业拆借管理试行办法》，第一次以专门的法规形式对同业拆借市场管理做了比较系统的规定，同业拆借市场有了一定的规范和发展。

1996 年 1 月，中国人民银行建立了全国统一的银行间同业拆借市场，同年 6 月放开了对同业拆借利率的管制，拆借利率由拆借双方根据市场资金供求状况自行决定，以各银行同业拆借实际交易利率加权平均初步形成了全国统一的同业拆借利率（Chibor）。1999 年中国人民银行下发了《证券公司进入银行间同业市场管理规定》（银发〔1999〕288 号），鼓励证券公司进入全国银行间同业拆借市场。

2002 年 6 月，中国外币交易中心开始为金融机构办理外币拆借业务，统一的国内外币同业拆借市场正式启动。2007 年，中国人民银行正式推出了上海银行间同业拆放利率（Shibor），是由信用等级较高的银行自主报出的单利、无担保、批发性利率的算术平均利率，是由隔夜、一周到一年的各期限构成的完整利率体系和曲线，成为我国货币市场基准利率之一。目前 Shibor 已被应用于货币、债券、衍生品等各个层次的金融产品定价，部分商业银行也依托 Shibor 建立了较完善的内部转移定价（FTP）机制，金融体系内以 Shibor 为基准的定价模式已较为普遍，详见 www. shibor. org。

我国银行间同业拆借市场有以下几个特点：

一是同业拆借市场运作体系基本确立。我国的同业拆借市场根据金融机构的规模和信誉分为两个层次：第一个层次是中国人民银行总行管理的全国银行间同业拆借市场，市场成员有较大的规模和实力；第二个层次是非全国银行间同业拆借市场成员金融机构，可以与任何一个有资格的金融机构进行同业拆借交易。

二是全国银行间同业拆借市场成员不断增加。从 1997 年下半年开始，中国人民银行有计划地扩大金融机构进入全国银行间同业拆借市场。到 2000 年底，全国银行间同业拆借市场成员由最初的 17 家大型商业银行增加到 661 家金融机构，包括国有独资商业银行和股份制商业银行及其授权分行、城市商业银行、经营人民币业务的外资银行、农村信用社、证券公司、财务公司。不同类型的金融机构进入全国银行间同业拆借市场，拓宽了金融机构之间相互融通资金的渠道，活跃了交易，方便了金融机构间的资金调剂。全国银行间同业拆借市场对整个金融运作发挥了越来越重要的作用。

三是市场化程度较高，上海银行间同业拆放利率（Shibor）逐步成为我国同业拆借市场的重要利率指标体系。随着拆借市场放开，银行间同业拆借利率越来越真实地反映市场资金的供求状况，成为金融市场、货币政策乃至全社会经济活动关注的最有影响力的一个指标。Shibor 已经成为我国认可度较高、应用较广泛的货币市场基准利率之一。

四是同业拆借已成为商业银行短期资金管理的首选方式。商业银行在短期资金短缺或宽松时，首先考虑的是在同业拆借市场上融入或融出资金，改变了以往依赖中国人民银行的做法，在同业拆借市场积极运作。同业拆借市场的发展，为商业银行的流动性管理和商业化经营提供了良好的外部条件，加快了商业银行商业化改革进程，提高了商业银行资金的运营效益。

2. 票据市场。票据承兑贴现是我国票据市场开办最早的业务，上海市是最早开始商业信用票据化的试点，1985 年在全国开始推广。1986 年中国人民银行正式开办对专业银行已贴现的商业票据进行再贴现的业务，到 1990 年全国各地签发商业票据近 300 亿元，承兑贴现 238 亿元，中央银行再贴现 85 亿元。

1995 年，人民银行再度倡导发展票据市场，继《票据法》颁布以后，中国人民银行又先后发布了《商业票据承兑、贴现与再贴现管理暂行办法》《票据管理实施办法》等一系列规章制度。经过几年的努力，票据融资逐步升温，各商业银行也争相开办票据贴现业务，不少大中型企业从中体验到了票据融资的优点，票据业务受到普遍欢迎，市场交易量有明显的进展，票据市场步入规范发展阶段。

2000 年 11 月 9 日，全国第一个票据专营机构——工商银行总行票据营业部在上海成立。2001 年，各家、各地商业银行也纷纷成立了自己的票据专营机构，使票据业务逐步走上专业化、规模化、规范化运作的轨道。票据的流通与融资作用已为各金融机构和企业普遍接受，通过票据的签发、承兑、贴现、转贴现和再贴现等业务把企业、商业银行、中央银行有机联系在一起。再贴现已成为中国人民银行重要的货币政策工具，在推动货币政策传导顺畅和调控宏观金融方面发挥了重要的作用。

3. 短期政府债券市场。1981 年，我国财政部首次向个人和企事业单位发行国库券。1994 年国库券市场化，增加了 1 年期短期国债，形成了大宗国债对机构发行，再由机构向个人投资者分销的体系。1996 年国债发行市场日益完善，除 3 年期国债仍然采用国家定制票面利率平价发行外，已发行的 1 年期、3 个月、6 个月的短期国库券均为财政部与承销商在承销包销方式的基础上，采用价格招标贴现发行国债，改变了以往由国家确定发行价格的局面。

近年来，我国政府债券市场得到长足发展，在期限结构上主要以 3 年期、5 年期、7 年期和 10 年期为主，一年及一年以内的短期政府债券发行量极少。目前我国短期政府债券主要有两类：短期国债和中央银行票据。短期国债是指中央政府发行的短期债券。央行票据是指由中国人民银行发行的短期债券。短期政府债券是政府部门以债务人身份承担到期偿付本息责任的期限在一年以内的存单，短期政府债券以贴现方式发行。发行政府债券的目的主要用于满足政府部门的短期财政赤字。

4. 大额可转让定期存单市场。我国的大额可转让定期存单业务随着相关政策的变化经历了曲折的发展历程。早在 1986 年交通银行就首先发行了大额可转让定期存单，1987 年中国银行和中国工商银行也相继发行了大额可转让定期存单。当时大额可转让定期存单作为一种新兴金融工具，利率比同期存款利率上浮 10%，同时又具有可流通转让的特点，集活期存款流动性和定期存款盈利性的优点于一身，大额存单因而深受欢迎。然而，由于全国缺乏统一的管理办法，市场曾一度出现混乱，中央银行于 1989 年 5 月下发了《大额可转让定期存单管理办法》，对大额可转让定期存单市场的管理进行完善和规范。但是，鉴于当时对高息揽存的担心，1990 年 5 月央行下达通知规定，向事业单位发行的大额可转让定期存单，其利率与同期存款利率持平；向个人发行的大额可转让定期存单利率比同期存款利率上浮 5%。大额可转让定期存单的利率优势尽

失，市场开始陷入停滞状态，并于 1997 年 4 月暂停发行。

2015 年，中国人民银行发布《大额存单管理暂行办法》重新启动了大额可转让定期存单的发行。《大额存单管理暂行办法》规定大额存单采用标准期限的产品形式。个人投资人认购大额存单起点金额不低于 30 万元，机构投资人认购大额存单起点金额不低于 1000 万元。大额存单期限包括 1 个月、3 个月、6 个月、9 个月、1 年、18 个月、2 年、3 年和 5 年共 9 个品种，发行利率以市场化方式确定。

5. 回购市场。我国的国债回购业务开始于 1991 年，主要采取场外交易的方式。1997 年，人民银行为了防范金融风险，规范和引导银行资金流向，将回购协议市场分为证券回购市场和银行间债券回购市场。

（1）证券回购市场。我国证券回购的交易主体主要有商业银行、城市商业银行以及信托投资公司、证券公司等非银行金融机构，回购交易品种主要是国库券、国家重点建设债券和金融债券，回购期一般在一年以下。回购交易采用两种交易方式，即在证券交易中心和交易所内会员单位之间进行的场内交易和金融机构、非金融机构在证券市场之外进行的场外交易（柜台交易），业务很不规范，监管难度大。从回购资金的基本流向看，是从银行系统和证券公司流入非银行金融机构。

（2）银行间债券回购市场。全国银行间债券市场是依托于中国外汇交易中心暨全国银行间同业拆借中心（简称交易中心）交易和中央国债登记结算有限责任公司（简称中债登）托管而成立的，成立于 1997 年 6 月 6 日，面向商业银行、城市商业银行、保险公司、证券公司等金融机构进行债券买卖及其回购的市场。

债券回购交易包括债券质押式回购交易和债券买断式回购交易。债券质押式回购交易是指正回购方（卖出回购方、资金融入方）在将债券出质给逆回购方（买入返售方、资金融出方）融入资金的同时，双方约定在将来某一指定日期，由正回购方按约定回购利率计算利息的资金本息额向逆回购方返回资金，逆回购方向正回购方返回原出质债券的融资行为。债券买断式回购交易（亦称“开放式回购”）是指债券持有方（正回购方）在将一笔债券卖给债券购买方（逆回购方）的同时，交易双方约定在未来某一日期，再由卖方（正回购方）以约定价格从买方（逆回购方）购回相等数量同种债券的交易行为。

【知识链接 2－1】

2013 年 6 月 20 日银行“钱荒”事件

2013 年 6 月 6 日，受银行间市场资金面紧张影响，上午招标的第 10 期农发债未能招满，成为 2013 年以来首只流标的利率债。

2013 年 6 月 7 日，千亿元交割违约传闻袭来，光大、兴业双双紧急辟谣，银行间市场罕见的“黑天鹅”事件出现。上海银行间同业拆放利率（Shibor）包括隔夜、7 天期、14 天期、1 个月和 3 个月折放利率全线飙升，资金交易系统出现历史最长延时，市场大面积出现违约。

2013 年 6 月 14 日，第四期记账式贴现国债再现流标，该债券期限为 9 个月，计划募集 150 亿元，却仅获得 95.3 亿元的有效认购，再次流标。

2013 年 6 月 20 日，Shibor 几近全线上涨，仅两周利率小幅下跌，其中隔夜利率大幅飙升超过 500 个基点，利率首次超过 10%，达 13.44%，创下历史新高。

2013 年 6 月 20 日晚间，有媒体曝中国银行下午资金违约，交易时间过了半个小时还找不到资金，媒体还称，该消息人士透露，30 分钟前人民银行投放 4000 亿元货币。不久后，中国银行官方微博发布声明，称“中国银行有关负责人今晚表示，中国银行从未发生资金违约事件，6 月 20 日按时完成全部对外支付。有关市场传闻不属实”。另据中国银行内部人士透露，中国银行已经向公安部门报案，称由于该不实报道可能扰乱中国金融市场秩序，影响金融稳定和安全。

2013 年 6 月 21 日凌晨，上述媒体发布致歉声明，称“中国银行资金违约”的报道经核实为不实新闻，并向中国银行、广大读者以及各方机构表达歉意。

2013 年 6 月 21 日，银行间市场资金利率明显回落。其中隔夜拆借利率回落 495 个基点至 8.492%，7 天拆借利率下跌 246.1 个基点至 8.543%。

2013 年 6 月 25 日，上海银行间同业拆放利率（Shibor）涨跌互现，但波动幅度明显缩小。其中，隔夜利率跌 75.30 个基点至 5.7360%，较 6 月 20 日回落了近 600 个基点；7 天利率涨 33.30 个基点至 7.6440%，大幅回落 330 多个基点。

2013 年 6 月 25 日，中国人民银行称，已向一些符合要求的金融机构提供流动性支持，并称将适时调节银行体系流动性，平抑短期异常波动，稳定市场预期，保持货币市场稳定。同时表示，目前货币市场利率已经趋向回稳。

资料来源：银行大闹“钱荒”［EB/OL］. https：//baike. baidu. com/item/% E9% 93% B6% E8% A1% 8C% E5% A4% A7% E9% 97% B9% E9% 92% B1% E8% 8D% 92/9059115？fr = aladdin.

第二节　货币市场风险

一、货币市场风险概述

货币市场由多种交易主体、多种交易工具、多种交易活动和多种经济关系所组成。货币市场越发达，各种参与要素越多，市场关系就越复杂，这时，如果市场各类经济主体受自身利益的驱动，出现偏离正常规则的行为，就会产生货币市场风险，造成市场秩序混乱。

尽管与资本市场相比，货币市场风险相对较低，但是货币市场风险也是存在的，并且在一定条件下，货币市场风险会显性化并引起货币市场乃至整个金融市场的混乱。

1970 年美国宾州中央铁路公司因拥有大量未清偿商业票据而遭破产，这成为商业票据市场风险的典型案例。20 世纪 70 年代初，英国出现房地产热，银行资金也大量投入其中，两年中房地产贷款增加了四倍，而其中相当一部分资金是以货币市场作为支持的，1974 年随着房地产市场萎靡，银行业出现了支付危机，并由货币市场传导到整个金融市场。银行是货币市场上最重要的参与主体，银行支付危机的发生不仅会影响到银行同业拆借市场、银行承兑汇票市场等货币市场的子市场，而且会在金融市场中引发连锁反应，破坏整个社会经济的运行秩序，甚至引发经济危机。

二、货币市场风险分类

货币市场运行中存在的风险主要体现在以下几个方面：一是信用风险，即交易对手因各种原因不履行或无法履行交易合同而导致的风险；二是利率风险，即由于货币市场利率变动对资产和负债的价值所产生的风险；三是投资风险，即货币市场金融工具无法变现或流通使投资遭受损失的风险；四是市场风险，即市场行情或自身运行出现问题可能给参与者带来损失；五是道德风险，也被称为诈骗舞弊风险，即恶意的欺骗性交易行为所带来的损失或风险。货币市场因各自市场业务不同、市场特点不同，因此有着不同的风险点和形成机理。

（一）同业拆借市场风险

1. 信用风险。信用风险主要指由于交易对手不履行契约、合同而造成的风险。对于同业拆借市场来说，面临此种风险的主要是资金的拆出方。出现违约时根据对手违约时的态度可分为故意违约和被迫违约，前者是对方有能力履约却故意不履约，后者是对方的确没有能力履约。一般来讲，随着市场发育程度的不断健全和信息透明度的不断增强，各同业拆借市场成员的信用状况良好，信用违约率较低。但市场操作千变万化，部分市场成员拆借资金到期后由于临时性的头寸不足，可能出现违约行为，从而使对手方承担一定的信用风险。

2. 清算风险。清算风险是指在资金清算过程中，由于种种原因，未能及时收到资金而给银行带来的损失。对于同业拆借市场来说，清算以“T + 0”或者“T + 1”方式，如果资金可以及时到账并确认，此种风险并不存在。但如果电子联行系统出现问题时，可能会出现资金延迟收到的问题，这会对交易双方计算利息造成麻烦。

3. 价格风险。价格风险是指由于资产价格的波动超出所预计的范围，而给金融机构造成损失的可能性。对于同业拆借市场来说主要是利率风险，即由于利率出乎意料波动，而使银行的敞口拆借头寸暴露于风险之中。随着金融体制逐渐市场化，央行货币工具逐步转向利率等间接调控手段，利率变动比较频繁。而且同业拆借市场是我国最早放开利率的一个市场，利率完全由市场供需决定。1997 年以来的数次降息使银行的收益因利息收入的减少多于利息支出的减少而降低，从而带来风险。

4. 法律风险。法律风险主要指因政策性因素、政府行为因素、法律因素和司法行为等变化而可能直接给银行带来损失的风险。由于我国同业拆借市场发展尚不完善，经济处于转型阶段，法律机制不健全，法律之间、法律与政策之间出现不一致使银行权益得不到保护，造成我国同业市场存在一定的法律风险。

5. 操作风险。操作风险主要是指银行的内部控制制度不健全而引起的风险。具体指在银行运作的过程中因账务设置不合理，组织分工不当，制度和操作规程不严谨及操作手段落后等内部控制和管理不严而可能给银行带来的损失。在拆借交易中，可能因交易员的操作失误引起损失，或者从事了没有得到授权以及超出授信范围的拆借交易。综观近年来全球发生的各类资本市场金融风险，操作员的违规操作导致的操作风险占比超过六成，当前货币市场业务中的操作风险主要源于交易员对同业拆借业务流程的逆操作。

6. 流动性风险。流动性风险主要指市场交易不活跃，当金融机构的流动资金匮乏需要将资产变现时，不能以合理价格进行交易而造成损失的可能。

其中，法律风险、流动性风险和清算风险属于同业拆借的系统性风险，而信用风险、利率风险和操作风险属于非系统性风险。非系统性风险是金融机构防范和管理的重点。

【案例导入】

天津银行曝7.86亿元票据大案

天津银行2016年4月8日公告称，天津银行上海分行票据买入返售业务发生一起风险事件，涉及金额7.86亿元。公安机关已立案侦查。

根据业内有关方面的说法，该案可能是票据逆回购方在交易中被取走担保物票据，而回购款未能到账所引发的。该消息进一步指称，天津银行与中介汇涛金融控制的某银行西安分行同业户达成票据回购交易，交易金额为9亿元，天津银行作为票据的逆回购方出资金，汇涛金融控制的同业户作为正回购方借钱。据悉，该9亿元回购到期后，中介控制的中小金融机构取走票据后，只付了2亿元，尚有7亿元及利息未支付。银行票据风险事件接连曝光。2016年4月6日，银监会通报了一起不法分子冒用龙江银行名义办理商业承兑汇票贴现、转贴现的风险事件。涉及商业承兑汇票9张，金额合计6亿元。此前，还有两家银行票据买入返售业务发生重大风险事件，共涉金额近50亿元。这两起案件都已由公安机关立案侦查。

资料来源：佚名．天津银行曝7.86亿元票据大案［EB/OL］．［2016-04-09］．http：//finance. sina. com. cn/sf/news/2016-04-11/110826739. html.

（二）票据市场风险

票据市场的风险点主要表现为信用风险、操作风险、法律风险和政策风险。

1. 信用风险。票据市场的信用风险主要是因为近年来我国经济增速放缓，很多行业都进入了疲软期，一些企业在去产能、去杠杆等供给侧结构性改革过程中出现了经

营困难、业绩亏损等问题，一些产业群或区域性的系统性融资风险逐渐暴露，这些企业、公司的票据很多都流入了银行体系，导致企业的信用风险传导到银行业。

2. 操作风险。操作风险主要体现在以下两个方面。

一方面是票据中介经营不审慎。由于近几年票据市场融资需求增加，一些中介机构嗅到商机大规模进入票据市场。起初这些中介以撮合民间交易为主，后来一些票据中介开始直接参与到票据业务中，从租借金融机构账户、开设虚假同业账户，发展到期限错配投资、一票多用，甚至套取资金另作高风险投资。而今经济增速放缓，中介的很多高风险投资失败，无力填补资金窟窿，原票据业务到期无法偿还，风险事件爆发，并转嫁至银行。除此之外，由于市场竞争激烈，一些票据中介或经营机构出现了抢客户、抢票源、争资金、争规模等现象，风险意识淡薄，未经风险评估和充分论证即尝试各种新产品、新模式，制度执行变形，业务流程违规现象增多，监督检查力度下降，放松了对风险的防范和把控。

另一方面是商业银行内部管理不到位。票据业务通常办理流程长、环节多、专业性较强、涉及人员多，风险防控难度大。一些银行对票据业务的操作和管理缺乏一系列行之有效的管理制度，没有建立起完善的风险防控体系。还有一些机构内控薄弱、有章不循、制度形同虚设，特别是在票据保管出入库被挪用，票据交易中资金划付与票据交割不同步，流转过程中票据或资金被挪用，非法机构冒用银行的名义以同业账户开展票据业务等环节。同时，存在对员工的道德风险缺乏有效的控制手段，违规办理票据业务，为票据中介等提供便利，个人从中谋取利益。

3. 法律风险。法律风险产生的原因主要是因为贴现行受利益机制驱动，对缺少票据要素或真实贸易背景（一般缺少增值税发票）的票据给予贴现造成法律纠纷。

4. 政策风险。政策风险是指贴现行对不符合国家产业政策的票据进行贴现而可能干扰其业务发展。

（三）短期债券市场风险

短期债券市场的风险点主要有市场风险、利率风险和信用风险。

1. 市场风险。市场风险主要表现为持有的债券受市场、国家宏观政策、发债主体等因素影响价格变化而导致的风险。

2. 利率风险。利率风险是指预期利率水平和到期时的实际市场利率水平产生差异而造成损失的可能性。一般而言，市场利率的升降与债券价格呈反向变动。当市场利率上升时，债券价格下跌；反之则相反。如果交易员对未来市场利率预期判断失误，持有的债券可能会面临一定的利率风险。

3. 信用风险。债券买卖的信用风险主要来自投资者持有的各种信用类债券（包括企业债券和短期融资券）受多种因素影响，债券价格下跌或到期不能按时偿付所遭受的损失。目前，由于我国的信用评级体系不健全，权威的信用评级机构较少，导致不同评级机构对不同企业的信用评级结果出现差异，个别评级机构甚至受利益驱动，任意夸大评级结果，误导投资者投资决策，最终产生债券投资信用风险。近年发生的“福禧事件”即是债券市场典型的信用风险案例。

（四）大额可转让定期存单市场风险

大额可转让定期存单的风险主要体现在信用风险和法律风险上。

1. 信用风险。目前我国的次级证券市场还没有完全形成，一些经济发达地区已开办的证券交易业务，也由于种种原因而日趋萎缩，经济落后地区以及县、乡两级地区根本谈不上开办证券交易业务。另外，人们对次级证券市场的投资意识不强，在证券交易所买进有价证券者寥寥无几，因此造成可“转让”存单难以转让的状况。由于存单难以转让，又不得提前支取，一些人便利用持单人遇有特殊情况急需兑现的心理，乘机低价买进，有的甚至进行倒买倒卖活动，诱发了非法投资行为，而这些行为都可能造成信用风险。

2. 法律风险。我国在法制上，尤其是对大额可转让定期存单的法律规范还不够完善。目前，我国有关大额可转让定期存单的法律法规只有两部，一部是《票据法》，另一部是《大额可转让定期存单管理办法》。这两部法律法规的颁布虽然弥补了我国票据市场上的法律空缺，但这两部法律法规只是从宏观上指导大额可转让定期存单的发行，对具体的交易细节未作相关规定。相关法律不健全，法律风险较大，这也导致了大额可转让定期存单市场发展缓慢。

（五）债券回购市场风险

债券回购市场的风险点主要表现为操作风险、市场风险、信用风险和法律风险。

1. 操作风险。操作风险一般表现为交易员进行逆回购操作业务时对对手方的债券质押率设置不充分，导致对手方不能按期还款处置质押债券而承担的违约差价损失以及操作人员因为判断失误造成的风险。

2. 市场风险。市场风险主要表现为在期限较长（3 个月以上）的债券回购中设置质押的债券由于市场变化价格下跌而形成的风险。

3. 信用风险。信用风险是由于开放式回购引入不履约制度，允许融券方与融资方以放弃履约金的方式摆脱到期还券或收券义务，具有锁定还券价格上限和收券价格下限的期权性质。交易双方在衡量后可以选择放弃履约金而违约，例如，逆回购方手中仓位价值大大超出远期价格，或正回购方市场价格大大低于远期价格，可能导致恶性违约。当然也存在由于流动性不足导致的被迫违约。

潜在的信用风险暴露在回购的抵押品——国债的市场价格波动上。在银行间市场，交易者必须和对方签署协议，才能获准进行回购交易，如果发生无法偿还贷款的情况，那么该违约交易者就会被驱逐出市场。但如果有太多的交易者无法偿还回购贷款，国债价格会受到冲击，因为届时必须把抵押的国债在市场上出售以偿还贷款，这会增加市场上的国债供应，使国债收益率上升，对整个市场产生负面影响。使用杠杆交易放大了乘数效应，将增加信用风险和流动性风险。这对于市场参与者来说可能至关重要，因为国债回购被视为杠杆交易的一个低成本有效工具。杠杆交易对于市场参与者在金融市场上的活动来说是必要的，某种程度上，它提高了资本这一稀缺资源的利用效率。然而，杠杆交易也会带来风险，国债回购套利策略通过杠杆效应放大了投资者的资本数量，改变了国债投资低风险低收益的特征。在金融机构通过运用杠杆放大回购套利

的资金量时，风险将会在金融机构之间传递。中国目前的国债期货市场刚刚起步，还无法有效对冲风险，这意味着如果市场走势和预期相反，交易者就将承担损失的风险。

4. 法律风险。从本质上看，回购交易是以债券为质押物的短期资金融通业务，然而现行回购交易做法中并没有对质物进行任何托管或过户操作来体现权利凭证交给质权人的重要环节，使得质权人地位非常不明确。中国证券登记结算有限责任公司（以下简称中国结算）承担着担保交收的重任，并经由债务变更成为每笔交易的中央对手方（CCP）。具体到回购交易而言，每笔交易由两部分组成：融资方从中国结算获得资金，同时将债券质押给中国结算；回购到期后融资方将资金还给中国结算，中国结算将债券还给融资方，将资金还给融券方。中国结算不能因融资方没有返还资金而拒绝履行对融券方的交收义务，因此其质权人的地位必须得到承认和保护，否则中国结算将难以对国债回购业务实行担保交收。但是，在实际的回购业务中，中国结算的质权人地位非常不明确。当发生回购违约交收时，中国结算常常难以享有对质物的优先受偿权而对质物进行处置，而在无法收回垫付资本金的情况下还要承担非法扣押客户国债的法律风险。

第三节　维护货币市场安全

一、货币市场风险预警机制

管理货币市场风险，首先要构建货币市场风险预警机制。货币市场风险预警机制体现在建立长效监测机制、风险联动机制、应急预案机制和现场检查机制四个方面。

（一）构建市场预警长效监测机制

为有效防范市场风险，提高人民银行非现场风险预警水平，迫切需要构建货币市场长效监测机制。首先，建立货币市场业务定期监测制度。要求辖区各货币市场成员每月将同业拆借、回购、票据和债券买卖业务等货币市场监测指标报送人民银行，人民银行市场管理人员对市场成员的各类市场业务监测指标要认真审核，科学分析，密切关注市场业务的风险状况。其次，要建立重大事项备案制度。要求各市场成员将市场成员各类业务授权审批书、操作流程、拆出资金对手方信用授权额度等内容每半年向人民银行进行一次备案，向全国银行间同业拆借市场披露的信息内容要于次年一月前报当地人民银行备案，如有变化随时报备。

（二）构建市场预警风险联动机制

为增强监管合力，提高风险防范整体联动能力，各地人民银行、银保监局和市场成员风险管理控制部门应共同建立风险预警联动机制，共同参与、防范货币市场风险。首先，建立货币市场风险管理联席会议制度。每季度由各地人民银行、银保监局、各市场成员风险防控部门召开由各市场成员参加的货币市场业务风险分析例会，通报全辖区货币市场业务运行情况，分析货币市场风险现状，提出防范货币市场风险的对策及建议，季度风险管理联席会要形成规范的书面会议纪要。其次，建立风险防范信息沟通机制。各地人民银行与银保监局及市场成员风险管理部门要定期就各自掌握的市场风险状况进行相互沟通，增强市场管理的透明度和效力。最后，建立风险防范信息资料共享机制。按照《中国人民银行法》规定，人民银行应当与国务院银行业监督管理机构建立监督管理信息共享机制。两部门要定期交流市场监管信息，包括货币市场现场检查情况、非现场监管风险资料和上级部门发布的有关市场风险管理的政策文件等。

（三）构建市场预警应急预案机制

人民银行市场管理人员要根据辖区货币市场业务具体情况制定切实可行的货币市场风险预警应急预案。预案应包括预警内容、预警措施和预警快速反应机制等内容。根据监管需要，将对市场成员的风险监管分为黄色预警、橙色预警和红色预警。当货币市场成员业务出现风险苗头时，人民银行监管部门要及时向其发出黄色预警，通过“风险提示书”提示其要适度控制拆借比例和不合规贴现比例，及时将风险锁定在可控范围内；当市场成员业务出现明显风险时，人民银行要及时向其发出橙色预警，通过“风险告知书”告知其某类市场业务将要或已经出现风险，要立即采取措施，加强风险防范；当市场成员业务出现较大风险或违规经营时，人民银行要快速向其发出红色预警，通过“风险预警书”警告其市场业务已经出现严重风险或违规。此时要马上启动货币市场风险应急预案，根据风险处置权限将风险情况及时向各级权利人报告，并按应急程序督促风险机构尽快采取得力措施，将风险控制在最低限度内。对可能出现的支付风险，人民银行将启用紧急再贷款予以支持。风险处置完毕，人民银行对货币市场业务违规行为要依照有关金融法规给予处罚。

（四）构建市场预警现场检查机制

要充分运用现场检查手段，对货币市场成员各类市场业务授权、流程、内控制度、风险防控及货币市场业务情况定期进行现场检查。现场检查要按照《商业银行业务检查手册》中规定的各项检查流程进行。对货币市场成员市场业务运行中存在的问题，要按照规范的检查处理程序，依法进行处理。通过现场检查，及时有效地将各种风险隐患消灭在萌芽状态。

二、维护货币市场安全的措施

货币市场安全是指货币市场资金融通安全、货币市场制度与货币市场体系正常运转。危害货币市场安全，突出表现在各子市场出现各种危机和风险，因此维护货币市场安全的关键在于防范货币市场的风险。我国短期债券市场和大额可转让定期存单市场发展相对滞后，市场较小，风险性较低。这里我们着重介绍一下同业拆借市场、票据市场以及回购市场的风险防范措施。

（一）同业拆借市场风险防范措施

1. 完善同业拆借市场规章制度。我国目前的信用基础薄弱、信用体系欠发达，除了必要的市场监管，还应该完善金融市场基础设施，建立健全信息披露制度，使整个市场具有更高的透明度，便于监管机构的监管和整个市场的井然有序。加强对金融市场的参与主体监管，对当前我国不成熟的金融市场发展大有裨益。与此同时，监管机

构也应该努力发挥其监督作用。作为市场监管主体的“一行两会”，应行使广泛的监督职能，保障基础信用的健康发展，促进整个社会信用体系的构建。

2. 增加同业拆借市场参与主体。我国同业拆借市场最初的参与主体只包括银行类金融机构，经过政策调整后，我国同业拆借市场的主要参与者由原来的银行类金融机构扩大到全部银行类和绝大部分非银行类金融机构，扩容后的参与主体依旧限定在金融机构这个范围内。虽然从成员类型和适量上看，市场成员多元化取得了一定成效，但从交易规模、议价能力等角度看，全国性国有商业银行在我国银行间同业拆借市场甚至货币市场中仍具备寡头垄断的特性，为了配合支持实体经济发展，应当适当引进外资金融机构，丰富市场参与主体的多样性，减少市场参与主体的集中度风险。

3. 完善市场利率，坚持实行利率市场化。中央银行应该根据市场的资金供求情况来调控同业拆借利率，同时加强市场监管和法制建设，扩大市场规模，合理调控场外交易，这样能促进我国拆借市场利率的灵活调整，也是加快我国利率市场化进程的重要举措。

（二）票据市场风险防范措施

1. 建立健全票据市场风险防控体系与制度。一是牢固树立风险意识。多年来我国经济始终保持高速增长的态势，经济金融环境向好，加上票据业务一直被认为是低风险业务，风险防控意识有所弱化。随着经济增速放缓以及各类风险因素交织，资产质量出现一定程度下滑，票据风险逐步暴露，因此银行需要高度重视票据业务风险，坚持审慎经营理念，增强全面风险意识。同时，建立科学的考核机制，结合自身特点和实际情况确定票据业务发展的目标和规划，不要盲目追求发展速度和规模扩张。

二是建立健全适应票交所时代特点的票据风险防控体系和制度。要从大处着眼、从细节入手，强化票据风险集约化经营管理，建立从票据风险识别、提示、预警到风险监测、分析、评价、化解等全面风险管理框架，实现对票据业务全面风险管理；健全事前风险审查与评估、事中风险审核与控制、事后风险检查与跟踪等全方位、全流程管理，对票交所时代交易员流程化操作管理至关重要。

2. 认识票据风险的新变化，掌握票据风险特点。一是票据业务战略风险凸显。票交所时代票据市场参与主体和票据业务模式将发生天翻地覆的变化，银行等原有的分散式、线下式经营框架将随之改变，机构的票据条线集中经营与管理已达成共识，谁能快速制定并实施适应市场新变化的票据条线战略，尤其是以票据产品链为抓手，以产业链、供应链票据融资为突破口打造票据业务新定位，谁就有可能成为票交所时代市场的先行者和引领者。

二是票据风险更趋复杂。票交所时代市场交易将呈交易主体多元化、介质电子化、流程一体化等特征，交易更加便捷、高效和频繁。这也导致风险更加复杂，因此要重点抓实质风险，严格客户资质审查与准入管理，加强对库存票据的监测管理，强化同业业务的专营管理和流程管理，积极把握市场和关注创新，研究电子票据发展带来的新变化以及风险特征的新形式，尤其是票据创新发展的风险转化，提升人员专业能力和合规意识。

3. 防范票据信用风险，搭建信息共享平台。一是对区域性、系统性票据市场信用风险严加防范。经济增速放缓和结构调整加快，使票据业务的信用风险加大，提醒我们需警惕上下游企业之间的风险串联、下游小微企业资金链集中断裂风险，产能过剩行业和区域性企业破产风险，加强对交易对手的尽职调查和准入管理，确保保证金来源合规和票据的贸易背景真实，避免票据风险通过交易渗透扩散。

二是建立统一票据信息平台。信息不对称是票据风险频发的主要成因，建立公开、透明、可信度高的统一票据信息平台，将票据出票、承兑、背书、贴现、创新等信息以及票据公示催告信息纳入该平台，建立完善的信用登记、查询体系和严格的监督、执行体系，实现票据信息共享、透明，可有效减少交易风险、降低交易成本，提高交易效率；同时研究建立票据统计制度，规范统计口径，防范统计失真，全面提升票据市场信用环境和经营环境。

4. 加强市场分析和研判，防范市场风险。一是提升市场风险的经营管理能力。票交所时代票据交易信息更为透明，原有的地域性、交易对手价差不复存在，而随着经济资本约束、流动性管理、跨市场波动传导影响增强，票据利率波动频率和幅度将增强，只有通过提升对于宏观经济金融政策效果评估、票据利率运行研判以及票据资产和资金掌控的能力，在合理分析和有效把握市场形势的基础上做好波段操作，防范市场风险，才能赚取额外收益。

二是要保持流动性警惕。传统意义上，一向认为流动性最好的票据资产是银行月末、季末信贷调控的主要工具之一，但随着金融去杠杆政策的不断推进，银行机构同周期性问题比较严重，票据流动性受到较大影响，期限错配和杠杆经营的市场风险有所上升，须对资产负债结构和期限匹配进行合理安排。同时，建立相关应急处置机制和业务应变措施，积极应对市场资金面异常变化等非预期因素导致的票据市场利率短期大幅波动而带来的阶段性票据利率风险。

5. 推进实质性创新，掌控合规风险。票交所时代票据业务必将更多地出现跨专业、跨产品、跨市场的组合产品、联动业务以及资产业务与中间业务相融合的综合服务产品，但同时要注重加大对票据业务创新整体性、全局性和系统性风险防控的工作力度。

一是避免脱离实体经济的金融自我循环、自我膨胀和为逃避监管而创新，而应本着有利于节约客户财务成本，提高客户资产收益，提高服务效率；有利于降低银行运营成本和简便操作，增强盈利能力；有利于减少资本消耗，降低资本占用压力的原则研究创新。

二是要密切关注新业务新模式的发展趋势和风险动向。在重点创新领域和环节，要更加注重客户准入、信息披露、业务合规。要适应创新带来的交易扩大、频度加快、环节增多的业务趋势，更加关注客户交易授权的真实性与有效性，资金划付的安全性与规范性，防止逆流程、假授权、超授权以及资金体外循环、资金挪用、资金掮客欺诈的违规事件和案件风险发生。

6. 强化流程管理，防范操作风险。票交所时代交易更为集中便捷、交易权限更

大，操作风险不容小觑。

一是要建立流程化操作、风险点控制。票交所时代主要是电子化交易，承兑贴现时首先要加强对企业发展前景、资信状况、盈利能力等的调查和分析，进行有效风险预控，建立完善的业务操作流程，认真审查票据业务是否对应真实的贸易背景，对于增值税发票、合同内容以及票据的合法合规性要密切关注。

二是要加强业务流程的系统控制。随着票交所功能不断完善，要加大内部管理系统的升级改造，不断优化内部票据操作流程，通过完善的内部系统和 IT 刚性控制来防范人员操作风险，通过优良的流程设计防控系统操作风险。

7. 加快制定经纪管理办法，促进票据市场稳健发展。票据经纪是票据市场重要参与者，也是一些风险事件的始作俑者，规范票据经纪既可以促进票据市场稳健发展，也能降低票据风险整体水平。

一是制定经纪管理办法。设立统一的行业准入门槛，如最低注册资本金、股东合法性、公司治理结构、高管行业从业经验等；明确票据经纪机构的经营范围，除允许其为票据市场参与者提供传统的票据信息、咨询、见证、培训等各类经纪服务外，还应该允许票据经纪机构在法律法规允许的范围内开展业务，包括鼓励票据经纪参与业务交易经纪服务以及票据信用评级、票据软件开发、票据信息数据库等体系建设；构建统一的市场退出机制，形成对票据市场进入与退出的动态管理。

二是规范票据经纪监管制度。要建立票据经纪监管制度，明确企业内控、行业自律、外部监管“三道防线”，加强对票据经纪的管理和引导，提高票据经纪机构对其票据交易经纪服务的风险判断，既可降低票据投资者的风险，又有利于维护票据经纪机构的自身权益，同时保障票据市场的稳定。

8. 加强交易员培训，防范道德风险。票据业务的风险复杂多样，但归根结底还是人的风险。

一是加强票据风险教育和相关培训，提高交易员的风险意识。商业银行应该把员工的职业道德和风险意识放在重要位置，在加强业务培训的同时强化对风险意识的培养，实时了解和分享市场风险信息，提升交易员风险敏感性，及时对已经发生的重大风险案件进行深入剖析，从中吸取教训，通过不断强化提升风险意识。

二是建立合理的人员管理制度。要密切关注交易员和票据从业人员的思想和行为动向，实施定期、不定期的抽查检查、轮岗、交流、考核激励等制度，同时要建立和完善与票据业务相联系、发展相适应的纪律处分和经济处罚条例，以此来规范和约束员工的行为，防止个别员工因思想不端而形成行为上的偏差。

（三）回购市场风险防范措施

1. 完善回购市场交易制度。完善回购市场交易制度，对于回购的资金来源、交易主体、交易程序以及违约处罚等作出明确规定，使回购交易有法可依，这样才能从根本上消除弊端，维持证券市场秩序。交易所和登记结算机构应改变现有国债及国债回购的存管交易模式，实行与股票一样的一级账户管理，国债及国债回购交易以客户证券账户号进行交易。同时对证券公司擅自挪用客户债券回购加大惩处力度，提高其违规成本，从而杜绝客户资产被挪用的现象。将原有“席位联合制”交易和清算模式改变为由单一席位各子账户分别进行交易和清算。改原来的国债二级托管为一级托管，建立资金拆出方和拆入方一一对应回购的关系。同时规定凡进行债券回购融资，均应该按标准券折算率计算的等值现券提交登记结算机构，实施转移占有，堵住制度上的最大漏洞，从理论上和实务上杜绝证券公司挪用客户国债的可能。并且要完善交易所债券业务规则体系，加强债券现货及回购交易的实时监控，建立起交易异常席位的预警机制。相应措施可通过电话提醒与约见谈话、向券商总公司反映营业部回购业务、及时调整回购质押倍数等方式推出。

2. 建立银行间债券市场和交易所债券市场的银联网交易机制。在银联网交易机制下，会员可以在两个市场内自由进行交易，这样可以稀释一对一清算制对交易所债券回购及股票市场造成的冲击，同时避免不断调整折算率可能导致的交易所市场债券的融资功能弱化。加快在交易所国债回购市场引入开放式回购的步伐，使券商既可通过做多盈利，也可通过做空盈利，从而增加对冲、化解价格风险的途径。

3. 建立全国统一的国债回购市场。经济发展需要市场的统一，市场的统一可以使生产资料在全社会范围内统一分配、流动，它具有价格统一、资金流动性高的特征。西方国家的货币市场发展都经过了一个由零散到统一，由自发无序到规范组织的过程。因此，可以考虑将功能相同的银行间国债回购市场进行整合，合并为一个统一的国债回购市场。依靠上海证券交易所技术、管理等方面的优势，以及在国债回购市场上活跃的交易记录和成功经验，可考虑将全国国债回购市场建立在上海。在操作上将进入国债回购市场的国债统一托管到中央国债登记结算公司，通过上海证券交易系统进行撮合成交和清算。

4. 强调国债回购主体的公司治理和资本结构治理。一方面，随着金融中介组织越来越多元化，金融创新业务日益丰富，金融机构的风险越来越大，直接监管也越来越复杂并难以实现，因此迫切需要金融机构建立内部自我监管模式。鉴于独立董事在代表投资人利益、参与管理公司事务、改善公司的风险管理等方面的优势，可以对金融中介机构监管制度设计进行改进和创新，充分发挥独立董事的作用。证券公司、保险机构、投资基金、机构投资者等金融中介作为特殊的金融实体，独立董事应处理好三方面的关系：一是公司治理关系，即处理与股东的关系，这与一般公司没有什么不同；二是管理治理关系，即处理与证券监管部门的关系——独立董事可作为证券监管部门的延伸，负有一定的管理责任；三是契约治理关系，即处理与投资顾问的关系——在此关系中，独立董事代表股东对一个一定期限的合同进行管理。所以，独立董事身份特殊，不能仅仅把独立董事定位为其中的一个关系或两个关系。同时，还需要合理确定决策层中独立董事的数量，赋予独立董事明确的责任和权利，独立董事的选举等程序要有严格的制度保证。另一方面，国债回购的主体要严格遵守《公司法》《会计法》等法律及财务规章制度，严格控制公司资本结构中股权融资和债券融资的比例，使企业处于良好的财务运行状况，杜绝非法融资和担保，保持企业的负债比例在一个合理的范围内，提高逆回购的协议履行率。

5. 拓宽券商融资渠道。监管层在加大对违规融资查处力度的同时，应进一步拓宽券商的融资渠道。证券公司有时受困于行情的低迷，自身的造血功能弱化，增资扩股遭遇寒流，抗风险能力弱小。2004 年 11 月人民银行、银监会和证监会联合发布《证券公司股票质押贷款管理办法》规定符合条件的证券公司经批准可以自营的股票、证券投资基金券和上市公司可转换债券作抵押向商业银行借款，拓展了证券公司融资渠道。一些证券公司达不到要求，则通过国债回购、委托理财等变通手法进行融资，甚至不惜挪用客户的保证金等违法违规行为隐含风险。因此，要真正解决券商回购风险的问题，有必要进一步研究拓宽证券公司资本金的融资渠道问题，放宽证券公司的有关限制。

【本章小结】

1. 货币市场是指期限在一年或一年以内的短期金融市场。货币市场主要是无形市场，参与者主要是商业银行和其他金融机构投资者，融资的目的主要是为满足短期资金周转需要，货币市场具有融资期限短、流通性强、变现性强等特点。

2. 货币市场按照不同的交易方式和业务可以分为同业拆借市场、票据市场、短期政府债券市场、大额可转让定期存单市场和回购市场五个子市场。

3. 货币市场的功能：调节短期资金余缺，优化资金配置，促进资金流动；为各种信用形式的发展创造条件；传导货币政策，为政府的宏观调控提供条件和场所；是市场利率生成的场所。

4. 货币市场的风险主要有信用风险、利率风险、投资风险、市场风险和道德风险等。

5. 维护货币市场安全，要建立完善货币市场的风险预警机制，采取必要的措施防范货币市场风险。

【复习思考题】

一、名词解释

同业拆借市场　信用风险　回购市场　储蓄机构存单

二、选择题

1. Hibor 是指（　　）。

A. 美国中央政府债券利率

B. 美国商业银行同业拆借利率

C. 英国伦敦商业银行同业拆借利率

D. 中国香港银行同业拆借利率

2. 通常被作为国际金融市场最关键的一种基准利率的是（　　）。

A. 美国中央政府债券利率

B. 美国商业银行同业拆借利率

C. 伦敦银行同业拆借利率

D. 香港商业银行同业拆借利率

3. 以下不参与同业拆借市场的机构是（　　）。

A. 商业银行　　B. 证券公司　　C. 信托公司　　D. 中央银行

4. 以下关于回购协议市场中的回购交易，说法正确的是（　　）。

A. 回购协议的执行双方必须在回购协议到期时按照协议中约定的条件执行交易。

B. 回购协议中正回购方在回购协议到期时，有权放弃购回所抵押的证券。

C. 回购协议中的逆回购方在回购协议到期时，有权不回售所融得的证券。

D. 回购协议市场签订的回购协议是有一定市场价格的。

5. 在传统的金融市场中，所交易的金融工具具有“准货币”特征的市场有(　　)。

A. 同业拆借市场　　B. 回购协议市场　　C. 股票市场　D. 债券市场

E. 票据市场

6. 货币市场的特点有（　　）。

A. 股权类工具交易的市场　　B. 融资期限在一年以内

C. 流动性高、风险小　　D. 预期收益较高

7. 以下属于货币市场的有（　　）。

A. 回购市场　　B. 票据市场

C. 大额可转让定期存单市场　　D. 证券市场

8. 下面各项与正回购方所代表的意思一致的是（　　）。

A. 资金需求方　　B. 资金供给方　　C. 融出证券方　　D. 融入证券方

三、问答题

1. 如何建立货币市场风险预警机制?

2. 货币市场的功能有哪些?

3. 回购市场风险有哪些?

4. 维护同业拆借市场安全的措施有哪些?

5. 我国货币市场的分类是什么?

选择题答案

1. D　2. C　3. D　4. A　5. ABE　6. BC　7. ABC　8. AC

第三章

债券市场安全

【教学目的和要求】

通过本章学习，使学生掌握债券市场的概念、分类、功能，了解我国债券市场的基本现状；使学生掌握债券市场风险的概念、表现和管理，进而了解我国债券市场安全的状况、发展趋势和维护债券市场安全的措施。

第一节　债券市场概述

一、债券市场的概念

债券是一种金融契约，是政府、金融机构、工商企业等直接向社会筹措资金时向投资者发行，同时承诺按一定利率支付利息并按约定条件偿还本金的债权债务凭证。债券的本质是债的证明书，是一种有价证券，具有法律效力。债券购买者或投资者与发行者之间是一种债权债务关系，债券发行人即债务人，投资者（债券购买者）即债权人。市场中的债券按发行人类别可分为政府债券、金融债券和公司债券等。债券市场是投资者通过购买各种债券进行投资的重要载体，它是证券市场的重要组成部分。

由于债券的利息通常是事先确定的，所以债券是固定利息证券（定息证券）的一种。在金融市场发达的国家和地区，债券可以上市流通。

债券市场是发行和买卖债券的场所，是金融市场的重要组成部分。债券市场是一国金融体系不可或缺的部分。一个统一、成熟的债券市场可以为全社会的投资者和筹资者提供低风险的投融资工具；债券的收益率曲线是一切金融商品收益水平的基准，因此债券市场也是传导中央银行货币政策的重要载体。可以说，统一、成熟的债券市场构成了一个国家金融市场的基础。

二、债券市场的分类

债券市场是发行和买卖债券的场所，是金融市场重要组成部分。根据不同的分类标准，债券市场可分为不同的类别，最常见的分类有以下几种。

1. 根据债券的发行过程和市场的基本功能，可将债券市场分为发行市场和流通市场。

债券发行市场，又称一级市场，是债券发行人初次出售新债券的市场。债券发行市场的作用是将政府、金融机构以及工商企业等为筹集资金向社会发行的债券，分散发行到投资者手中。

债券流通市场，又称二级市场，指已发行债券买卖转让的市场。债券一经认购，即确立了一定期限的债权债务关系，但通过债券流通市场，投资者可以转让债权，把债券变现。

债券发行市场和流通市场相辅相成，是互相依存的整体。发行市场是整个债券市场的源头，是流通市场的前提和基础。发达的流通市场是发行市场的重要支撑，是发行市场扩大的必要条件。

2. 根据市场组织形式不同，债券流通市场又可进一步分为场内交易市场和场外交易市场。

证券交易所是专门进行证券买卖的场所，如我国的上海证券交易所和深圳证券交易所。在证券交易所内买卖债券所形成的市场，就是场内交易市场。这种市场组织形式是债券流通市场较为规范的形式，交易所作为债券交易的组织者，本身不参加债券的买卖和价格的决定，只是为债券买卖双方创造条件，提供服务，并进行监管。

场外交易市场是在证券交易所以外进行证券交易的市场，柜台市场是场外交易市场的主体。许多证券经营机构都设有专门的证券柜台，通过柜台进行债券买卖。在柜台交易市场中，证券经营机构既是交易的组织者，又是交易的参与者，此外，场外交易市场还包括银行间交易市场以及一些机构投资者通过电话、电脑等通讯手段交易形成的市场等。目前，我国债券流通市场由三部分组成，即沪深证券交易所市场、银行间交易市场和金融机构柜台市场。

3. 根据债券发行地点的不同，债券市场可以划分为国内债券市场和国际债券市场。国内债券市场的发行者和发行地点同属一个国家，而国际债券市场的发行者和发行地点不属于同一个国家。

三、债券市场的功能

综观世界各个成熟的金融市场，无不有一个发达的债券市场。债券市场在社会经济中占有非常重要的地位，其功能有以下几个方面。

（一）融资功能

债券市场作为金融市场的一个重要组成部分，具有使资金从资金剩余者流向资金需求者，为资金不足者筹集资金的功能。我国政府和企业先后发行多批债券，为弥补国家财政赤字和国家的许多重点建设项目筹集了大量资金。在“八五”期间，我国企业通过发行债券共筹资820亿元，重点支持了三峡工程、上海浦东新区、京九铁路、沪宁高速公路、吉林化工、北京地铁、北京西客站等能源、交通、重要原材料等重点建设项目以及城市公用设施建设。

（二）资金流动导向功能

效益好的企业发行的债券通常较受投资者欢迎，因而发行时利率低，筹资成本小；相反，效益差的企业发行的债券风险相对较大，受投资者欢迎的程度较低，筹资成本较大。因此，通过债券市场，资金得以向优势企业集中，从而有利于资源的优化配置。

（三）宏观调控功能

一国中央银行作为国家货币政策的制定与实施部门，主要依靠存款准备金率、公开市场业务、再贴现和利率等政策工具进行宏观经济调控。其中，公开市场业务就是中央银行通过在证券市场上买卖国债等有价证券，从而调节货币供应量，是实现宏观调控的重要手段。在经济过热、需要减少货币供应时，中央银行卖出债券、收回金融机构或公众持有的一部分货币，从而抑制经济过热运行；当经济萧条、需要增加货币供应量时，中央银行便买入债券，增加货币投放。

四、中国债券市场的发展状况

近年来，中国经济在世界经济中的比重持续上升，国际投资者对人民币资产的配置需求不断增长。我国金融市场对外开放不断推进，为国际投资者投资境内人民币市场提供了更多的便利途径，特别是"沪港通""深港通""债券通"等一系列投资渠道开通，让越来越多的国际投资者从"感兴趣"直接转到"动起来"。

2019 年 4 月 1 日，中国债券正式纳入彭博巴克莱债券指数。这是继 A 股纳入明晟（MSCI）新兴市场指数之后，我国金融市场又一次被国际主要金融指数所接纳。据国家外汇管理局发布的《2018 年中国国际收支报告》，2018 年，我国证券投资项下净流入 1067 亿美元，较上年多流入 2.6 倍。从交易项目看，2018 年，股权投资净流入 430 亿美元，较上年多流入 12 倍，债券投资净流入 637 亿美元，较上年多流入 1.4 倍，是我国资本市场有序开放、市场基础设施日臻完善和境内外金融资产价格相对变化等共同作用的结果。截至 2018 年末，中国债券市场存量规模达 86 万亿元人民币，其中国际投资者持债规模近 1.8 万亿元人民币，同比增长 46%。

目前，境外机构参与中国债券市场表现更加活跃。截至 2019 年 6 月底，共有 1961 家境外机构投资者进入银行间债券市场。其中，923 家通过结算代理模式入市，较 2018 年末增长了 149 家；1038 家通过"债券通"模式入市，较 2018 年末增长了 535 家。境外非法人产品仍为主要入市机构类型，2019 年上半年通过结算代理模式和"债券通"模式入市的非法人产品分别为 142 家和 522 家。数据显示，2019 年上半年，境外机构投资者共达成交易 2.1 万亿元，交易量环比增长 36%，同比增长 31%，占同期现券市场总成交量的 2%；其中，买入债券 1.3 万亿元，卖出 0.8 万亿元，净买入 0.5 万亿元。通过结算代理模式达成 1.3 万亿元，通过"债券通"模式达成 0.8 万亿元，分别净买入 3605 亿元和 1853 亿元。

中国金融市场开放的新政策不断推出，境外投资者进入市场的力度越来越大。2018 年境外机构进入中国市场，主要是购买中国国债，但 2019 年以来，购买政策性银行债的比重加大。这是一个非常健康的发展，从配置国债到配置政策性银行债券，是境外投资者对中国市场的进一步肯定。

【知识链接3-1】

中国债券有望被纳入更多全球指数

继纳入彭博巴克莱全球综合指数（Global AGG）后，中国债券还有望被纳入富时罗素公司旗下的富时世界国债指数（WGBI），以及摩根大通旗下的全球新兴市场多元化债券指数（GBI-EM GD）。接下来，除了中国国债和政策性银行债券之外，其他包括信用债、地方债在内的债券品种也有望被陆续纳入全球指数。

目前，境外投资者对中国债券的关注度明显上升。但在他们看来，中国金融市场对接国际市场的基础设施建设仍有待进一步加强，推动境内基础设施与其他国家、地区互联互通仍然任重道远。

"对接"工作准备就绪

2019年1月，彭博巴克莱全球综合指数宣布将于4月开始纳入中国债券后，相关对接工作立即紧锣密鼓地展开。

在充分与境外投资者沟通后，人民银行也进一步做好了债市基础设施"对接"工作，提升境外投资者的投资便捷度。

人民银行有关负责人表示，境外投资者普遍比较关心外汇风险对冲、债券信用评级等问题。近两个月来，人民银行也围绕这些有共性的问题开展了灵活安排。

人民银行有关负责人表示，目前全球托管行已经可为境外投资者提供外汇风险对冲服务，满足其风险对冲需求。同时，境内相关基础设施已经完成系统改造，即将支持境外投资者的特殊结算周期需求。此外，目前境外投资者入市备案操作流程和开户时长也大幅压缩，入市将更便捷。

渣打中国金融市场部总经理杨京表示，全球托管行获批进入中国在岸债券市场，并为境外投资者提供外汇风险对冲相关服务，这将有效解决海外投资者一直关注的债券汇率对冲问题。当然，要充分实现这一点，全球托管行还需要在人员配置、系统搭建、交易细节培训等方面持续完善。

有望纳入更多全球指数

各方预计，中国债券未来也有望纳入富时罗素公司旗下的富时世界国债指数（WGBI），以及摩根大通旗下的全球新兴市场多元化债券指数（GBI-EM GD）。

资料来源：央广网，中国债券有望被纳入更多全球指数［EB/OL］．［2019-04-01］．https：//baijiahao. baidu. com/s？id=1629578576673857287&wfr=spider&for=pc.

第二节 债券市场风险

一、债券市场风险的形式与表现

债券市场风险是指债券市场预期收益变动的可能性及变动幅度，其存在具有普遍性。债券市场风险的形式有：利率风险、通货膨胀风险、政策风险、违约风险、流动性风险。前三者属于系统性风险，而后两种属于非系统性风险。债券市场风险的形式、特征在不同国家、不同发债主体、不同市场环境中的表现是千差万别的，本节主要总结中国债券市场风险的形式与表现、发债主体及其债券违约事件的特征。

（一）债券市场风险的形式

1. 利率风险。利率风险是指市场利率变动导致债券价格与收益发生变动的风险。

2. 通货膨胀风险。通货膨胀风险又称购买力风险，是指由于通货膨胀而使债券到期或出售时所获得现金的购买力减少，从而使投资者的实际收益低于名义收益的风险。

3. 政策风险。政策风险是指由于国家或地方政府的经济政策变化导致债券价格发生波动而产生的风险。

4. 违约风险。违约风险也称信用风险，是指债券发行人不能履行合约规定的义务，无法按期支付利息和偿还本金而产生的风险。

5. 流动性风险。流动性风险是指债券持有人打算出售债券获取现金时，其所持有债券不能按目前合理的市场价格在短期内出售而形成的风险，又称为变现能力风险。

（二）债券市场风险的表现

债券市场风险表现形式多种多样，本节主要从债券发行主体、债券市场、评级机构三个主要方面梳理债券市场风险的表现。

1. 下调信用评级的发债主体数量增加。从发债主体数量来看，债券市场评级下调债券涉及的发行人数量明显增长。金融市场监管不断加强，监管层对债券市场发行债券的信用评级愈加重视，关注发行主体的经营状况、负债水平和偿债能力各个因素，对实际情况与预期评级不符的主体跟踪监测，若差异较大，便会下调债券评级，及时将信息传递至债券市场，预防投资者损失增大，这就是债券市场信用风险高发的征兆。2018 年以来，中国债券市场下调评级的主体数量在增加，说明现实与预估发债主体的偿债能力有出入，初始评级无法反映债券风险，主体违约可能性大，收益保障较低，债券市场的信用风险事件密集爆发。

2. 债券市场违约频发。随着我国债券市场“刚兑”信仰的打破，债券市场违约事件由最初的单一行业逐渐向重工业等行业扩散，违约主体数量和违约金额都逐渐增多。受全球经济环境低迷、国内宏观经济增速放缓等因素影响，以及在经济去杠杆、行业结构和周期性调整的作用下，2018 年货币流动性趋紧，债券市场违约事件频发。

3. 评级机构问题频发。一般来说，对于发债主体的评级要从多方面进行考量。一个主体债券未来收益是否乐观、风险是否可控等，全浓缩在评级机构的评级等级中，信息的不对称致使正确的评级成为投资者的重要参考。然而，伴随着金融领域的强监管，近年来评级机构问题频发，不论是评级等级还是评级跟踪，均出现了与实际不符的情况。2018 年 3 月，证监会网站集中公布了涉及中诚信、联合资信、鹏元资信和上海新世纪等评级机构的监管决议书，具体提出警示与相关细则要求。从 2017 年下半年开始，大公国际、东方金诚均收到责令整改决定，且违规问题主要集中在评级质量控制、内部管理等方面。国内债券市场信用评级业务的发展本身就比国外滞后，现有主体存在评级机构内部制度不健全、评级水平参差不齐等问题，打击了投资者的信心，债券市场的秩序也无法保证。

二、中国债券市场风险的特征

随着宏观经济持续下行，中国产能过剩行业、强周期行业企业以及抗风险能力较弱的中小企业经营压力及再融资压力加大，债券市场风险不断暴露，将发生债券违约及信用风险事件。信用债违约由私募债向公募债扩展，违约主体由私营企业向国企和大型企业扩展。债券市场违约事件主要有以下特征。

（一）违约企业主要集中于强周期和产能过剩行业

建材、钢铁、机械、生铁和光伏均为强周期行业和产能过剩行业。其中，光伏行业发电成本依然较高，对国家政策扶持的依赖性较强，行业自主发展的稳定性不够。在发债规模方面，债券违约企业所涉及的建材、钢铁和生铁行业均为钢铁的上下游行业，行业内发债企业众多，此外机械行业发债数额也较大。建材、钢铁和机械行业面临产能过剩、产品升级改造压力增大的状况，这些行业也是未来违约的高风险领域，加之行业发债企业数量和发债金额庞大，容易产生多米诺骨牌效应。

（二）违约债券整体回收情况较好，刚性兑付无实质性突破，系统性风险暴露的可能性较小

从发生实质性违约企业的后期债务回收情况来看，投资人本金多能回收，有部分利息损失。在债券抵押方面，在未完成全额回收的违约债券中，除个别进入破产重组以外，其余均有股权抵押、土地使用权和引入第三方代偿等后续兑付措施，使用股权抵押来偿还债务的比率达 50%，股权流动性较好，变现能力较强，能够对后期债务的偿还提供较好的保障。在偿债意愿方面，债券发生违约以后，违约企业均与债权人进行积极沟通，及时披露偿债的最新进展情况，积极配合债权人探讨多种偿债措施，偿债意愿较强。违约事件出现后，均有较好的回收保障措施，刚性兑付未形成实质性突破，债市风险总体可控，引发系统性风险的可能性较小。

（三）债券违约主体由民企扩展至国企和央企，政府对国企和央企兜底的意愿在下降

信用债的违约主体已经由民企扩展至国企和央企，反映了政府对于产能过剩行业的国企和央企兜底的意愿在下降。在淘汰落后产能的政策背景下，国有企业丢卒保车，允许下属产能过剩领域经营困难的子公司破产的可能性上升。随着债券市场市场化程度的提高，刚性兑付已被逐步打破，违约将步入常态化。一些处于产能过剩行业、经营不善和集团支持力度较弱的国企和央企的风险在累积，即使是央企下属企业，当出

现严重的经营困境且难以逆转时，外部支持也存在显著下降的可能。未来不排除会有更多的国企和央企违约，一旦国有企业出现比较严重的信用事件，可能会对市场风险偏好产生很大影响。

（四）信用风险从产业债向城投债扩散

城投债负面评级调整明显增多，城投公司因为对外尤其是对一些民营企业的担保导致其负债规模或有普遍提升并且出现风险暴露。虽然城投债自身违约风险不高，但在淘汰落后产能的过程中，部分地区政府财政收入有所下降，其对城投公司的支持能力将会下降。对于未纳入政府债务的城投债，在去掉政府信用背书的情况下，偿债资金主要来源于自身资源及外部融资，面临的流动性压力更大。

三、中国债券市场风险的成因

债券市场风险的成因是多方面的，与一个经济体的经济结构、产能情况、企业状况等都有密切关系。本节的成因分析主要针对上文债券市场风险的表现和特征。

（一）经济结构调整、产能过剩引发债券市场信用风险

行业企业因产能过剩导致盈利大幅下滑、现金流偏紧，盈利和经常性收入大幅减少，偿债来源的规模和稳定性显著弱化，表现在财务指标上为毛利率下降、利润亏损、经营性净现金流减少，易诱发债务市场风险事件。根据盈利减少的原因可以将发债主体分为两类。

第一类是周期性行业企业。宏观经济结构调整导致市场需求减少、产品价格下跌，市场竞争加剧使其成本转嫁能力下降，因而主要企业盈利能力显著下降。同时，下游需求减少、产品价格下跌使应收账款、存货等多类资产减值准备计提增加，亏损扩大。

第二类是市场需求风险高、产能过剩的行业企业。表现最明显的是光伏、有色、化工等行业。随着市场需求大幅萎缩，产品价格暴跌，生产线开工率降低，营业收入大幅下降，成本和价格倒挂。同时，大额计提坏账准备和生产线减值准备导致亏损进一步扩大。市场需求大幅下降最终导致资产大幅减值，盈利能力大幅下降，经营亏损。

由此可见，在实体经济增速低位徘徊的过程中，强周期的发债主体一旦出现流动性和盈利水平恶化，再叠加新增债务空间受限或者非债务融资渠道受限情况，将很难从泥沼中快速脱身，导致风险敞口短期难以收窄。

（二）战略及管理决策失误引发企业财富创造力大幅下降

公司战略及管理能力都会对企业偿债能力、未来经营和融资能力起到至关重要的影响。从债券市场上信用风险事件的成因来看，企业自身业务结构单一且客户集中度较高、盲目跨领域投资、关联方占款等是引发债券违约的重要因素。在经济下行期，业务结构单一且在行业中竞争力较弱的企业对抗经济周期波动影响的能力通常也较弱。有些企业虽为行业龙头，但下游需求增速放缓对其业绩负面影响明显。违约的另一类企业为运营风险较高的行业企业，过于快速的规模扩张，分散的生产基地加大了供应

链、物流、资金、人员、安全等方面的管理难度，易诱发安全事故，经营压力较大。

（三）股权结构不稳定、公司治理能力不高的企业易发生短期流动性困难

在股权结构方面，实际控制人变更将限制公司融资能力，加剧公司的周转压力。当控股股东持股比例不高，实际控制人为财务投资者，在连续亏损的情况下，实际控制人大幅减持股权，使其获得外部支持的可能性较小。除关注行业风险带来企业基本面的变化以外，还需要关注企业经营和财务基本面恶化所带来的流动性风险甚至违约风险。

【知识链接3－2】

债券市场违约与信用风险事件月度概况（2018年10月）

2018年10月债券市场共有7家发行人首次发生违约，分别为盛运环保、大连金玛、华业资本、宁夏上陵、中弘股份、同益实业和金立通信，均为民营企业。含已违约债券在内，上述发行人违约时待偿付债券共22只，待偿付余额共113.11亿元。

除债券违约外，2018年10月三鼎控股未能按时完成付息；大东南集团破产重整申请被当地法院受理；天神娱乐、天翔环境发生债务逾期；北讯集团级别下调，债务逾期规模增加。

资料来源：新世纪评级．债券市场违约与信用风险事件月度概况（2018年10月）[EB/OL]．[2018－11－13]．https：//baijiahao. baidu. com/s？id＝1616996684355690410&wfr＝spider&for＝pc.

第三节　债券市场安全

前面对债券市场风险进行了一般性分析，当前世界债券市场也呈现出不稳定的趋势，本节将在此基础上重点针对中国债券市场的安全问题进行分析论述。近年来，受国内外多种因素影响，中国股市、债市、汇市等金融市场产生不同程度的波动。债券市场具体表现为债券违约数量和违约规模均呈上升态势、一些高信用等级公司信用债出现违约，债券市场安全面临一些新的挑战。债券市场监管部门应通过加强工作协调和信息共享，进一步完善风险处置制度，守住债券市场不发生系统性风险的底线。

一、中国债券市场安全状况

近年来，我国债券市场风险逐步显性化，债券市场安全问题日益严峻。尤其是2014年爆发“11超日债”事件后，债券违约数量和规模大幅增加，涉及债券品种和发行主体的范围也逐步扩大，使得我国债券市场逐步进入债券违约常态化阶段。债券市场安全主要呈现以下特征。

（一）债券违约事件常态化，但债券市场安全状况总体可控

在全球经济增长疲软、国内外经济下行压力加大等因素共同作用下，我国债券市场信用风险逐步暴露，债券违约事件逐渐增多。2014 年，“11 超日债”违约打破了中国信用债市场“刚性兑付”法则。从债券违约的规模来看，2016 年，我国债券市场违约债券数量为 79 只，是 2014 年的 15.80 倍；涉及违约资金规模为 403.24 亿元，是 2014 年的 6.95 倍，违约债券数量和金额都呈现大幅增长趋势。进入 2017 年后，受监管力度加大以及经济企稳、发债企业效益好转等因素的影响，违约债券数量和金额均有所减少。

2017 年，我国债券市场共发生信用债违约事件 49 起，涉及 20 家企业共 292.90 亿元，分别比上年减少 30 起和 110.34 亿元。从具体违约主体来看，新增违约主体大幅减少。2017 年共新增 10 个违约债券发行主体，占全年违约债券数量的 50%，金额占比仅为 20%（见表 3－1）。

整体来看，我国债券市场违约率仍处于较低水平。截至 2017 年末，我国按违约债券数量统计的违约率为 0.18%，按票面金额统计的违约率为 0.13%，远低于穆迪公司公布的 2016 年全球非金融企业违约率（1.80%），也低于 2017 年 9 月末我国商业银行不良贷款率（1.74%）。

债券市场风险仍处于整体可控的状态，不存在发生系统性金融风险的条件。

表 3－1　　2014—2017 年我国信用债市场违约情况

项目名称	2014 年	2015 年	2016 年	2017 年
期间违约债券（只）	6	23	79	49
期间违约发行人（家）	5	20	34	20
期间违约债券票面金额（亿元）	57.98	126.10	403.24	292.95
期初存续债券（只）	6572	10675	18106	27595
期初存续票面金额（万亿元）	11.26	15.12	21.86	29.50
按违约债券只数统计的违约率（%）	0.09	0.22	0.44	0.18
按票面金额统计的违约率（%）	0.05	0.08	0.18	0.13

资料来源：Wind 数据库。

注：（1）债券违约率＝当年发生违约的债券期数/期初与期末债券期数的均值；（2）本书债券统计样本为当年年初存续的信用债，包括非政策性金融债、企业债、公司债、中期票据、短期融资券、定向债务融资工具、国际机构债、政府支持证券、资产支持证券、可转债、可交换债以及同业存单等。

（二）违约主体性质多元化，民营发债企业占比较高

2014 年，我国债券市场风险开始暴露，民营企业、外资企业债券出现违约。2015 年 4 月，“11 天威 MTN2”未按期兑付本年利息，标志着我国债券违约主体从民营企业扩大到央企，“国有企业刚兑”的市场预期被打破。进入 2016 年之后，经济下行和去产能压力加大，地方国有企业和中央企业子公司信用风险水平进一步上升，公众企业、集体企业先后发生信用违约事件。目前，我国债券市场信用风险违约主体呈现出性质

多元化的趋势，已经覆盖民营企业、集体企业、公众企业、外资企业、中央国有企业和地方国有企业等性质的市场主体。

从违约主体的所有制构成来看，民营企业不管在数量还是金额上都是最主要的违约主体。截至2017年末，债券违约的民营发债企业数量超过总发债企业数的一半，占比达到69.23%；而地方国有企业和中央国有企业占比则分别为10.77%和6.15%。从违约金额来看，因为国有企业普遍融资规模较大，并且存在同一主体连环违约的情况，国有企业债券违约金额占比有所上升，民营企业占比相对有所下降。截至2017年末，我国信用债市场中民营企业债券违约金额为488.99亿元，占比为52.26%；而地方国有企业违约金额为210.90亿元，占比为22.54%；中央国有企业债券违约金额为96.00亿元，占比为10.26%（见表3-2）。值得关注的是，随着地方国有企业债券违约风险事件增多，地方国有企业债券已经成为债券市场风险爆发的重要领域，尤其是东北特钢集团、上海云峰集团等地方国有企业所发行的多只债券连续违约情况的出现，更强化了上述趋势。

表3-2　2017年末我国违约信用债券发行主体分类

企业类型	涉事企业数		涉及金额	
	数量（家）	占比（%）	金额（亿元）	占比（%）
公众企业	1	1.54	24	2.56
集体企业	1	1.54	16	1.71
民营企业	45	69.23	488.99	52.26
外资企业	7	10.77	99.80	10.67
地方国有企业	7	10.77	210.90	22.54
中央国有企业	4	6.15	96	10.26

资料来源：Wind数据库。

注：外资企业为广义概念，包括所有含有外资成分的企业，具体指外商独资企业、中外合资企业、中外合作企业。公众企业是指向不特定对象公开转让股票，或向特定对象发行或转让股票使股东人数超过200人的股份有限公司。集体企业是指生产资料和产品由社会主义劳动群众集体占有的企业。

（三）违约债券品种多样化，主要集中在中长期债券

2014年，我国信用债市场违约债券品种主要集中在私募债和一般公司债。2015年，我国信用债市场违约风险持续扩散，中期票据、短期融资券、企业债、超短期融资债券、定向债务融资工具等主流债券品种均出现违约。自2016年以来，除了定向债务融资工具、一般中期票据违约规模进一步扩大外，资产支持证券（ABS）也开始出现违约。目前，我国债券市场违约品种已覆盖主要信用类债券。

从违约债券的品种结构来看，违约债券已由以抗风险能力较弱的私募债为主转变为以公募债为主，并且主要集中在一般中期票据和定向债务融资工具两类。截至2017年末，一般中期票据违约共计27只，涉及金额315.40亿元；定向债务融资工具违约26只，涉及金额272.40亿元，两者合计587.80亿元，占全部违约债券规模的62.82%。此外，一般企业债共计违约12只，涉及金额95.80亿元；一般短期融资券

16 只，涉及金额 73.50 亿元；超短期融资券 8 只，涉及金额 72 亿元；私募债 61 只，涉及金额 71.59 亿元；一般公司债 5 只，涉及金额 34.30 亿元；资产支持证券（ABS）1 只，涉及金额 0.70 亿元。从期限结构来看，违约债券集中在 5 年以上、7 年以下（包括 7 年）的中长期债券，共计规模达 428.60 亿元，占比 45.81%。此外，1 年期（含）以内的短期债券为 176.06 亿元，占比 18.82%；2 年期至 4 年期（含）以内的中短期债券为 331.03 亿元，占比 35.38%。目前，尚未有超过 7 年期以上的长期债券违约事件发生。

（四）违约债券发行企业所属行业分布扩散化，强周期行业为债券违约高发行业

随着供给侧结构性改革深入推进，周期性行业和产能过剩行业受到较大冲击。2014—2015 年，产能过剩行业信用风险暴露大幅增加，与光伏、钢铁、建筑相关行业成为债券违约密集发生领域。此后，债券违约波及面进一步扩大，债券违约行业从强周期行业向弱周期行业蔓延。按 Wind 数据库行业分类标准，2016 年以来，机动车零配件与设备、石油天然气设备与服务、航空货运与物流、工业气体、公路与铁路、农产品、西药、商业印刷、通信设备等行业出现债券违约。截至 2017 年末，我国债券违约主体涉及行业达 32 个，占全部 69 个三级行业的 46.38%，风险呈扩散化特点。

从违约债券发行企业所属行业结构来看，违约债券发行企业主要集中在周期性较强、产能过剩特征明显的行业。根据 Wind 统计数据发现，截至 2019 年上半年，所属多元化工行业的违约债券数量最高，为 12 只，占比 12.5%；其次为房地产行业、综合类行业、基础化工行业，违约债券数量分别为 10 只、9 只、9 只，占比分别为 10.41%、9.38%、9.38%。

（五）违约债券发行地域分布分散化，经济发达地区成为重灾区

2014 年，在经济增速下行压力增大的冲击下，东南沿海地区民营企业出现流动资金紧张和兑付困难的状况，上海、江苏、浙江、福建四个省（直辖市）先后出现债券违约的情况。2015 年，涉及地区范围扩大到北京、安徽、广东、河北、吉林、内蒙古、山东、四川、重庆九个省（自治区、直辖市），并在 2016 年进一步向中、西部地区扩散，甘肃、广西、贵州、河南、湖北、辽宁、山西等省（自治区）也出现了债券违约现象。目前，我国违约债券发行企业涉及范围较广，已经遍布东、中、西部地区的 22 个省（自治区、直辖市）。

从 2019 年上半年债券违约企业所属地域分布看，违约的 96 只债券中，发生在山东和北京的违约只数分别为 19 只和 13 只，占比分别为 19.79%、13.54%；安徽、上海、江苏省违约只数分别为 9 只、8 只、7 只，占比分别为 9.38%、8.33%、7.29%。相比之下，2018 年初到同年 6 月 27 日，发生在辽宁省的违约债券只数占比高达 33.33%，发生在黑龙江的违约债券占比为 10%。而 2019 年上半年，发生在辽宁省和黑龙江的违约只数分别为 4 只和 6 只，占比分别为 4.17%、6.25%，明显低于 2018 年。对于华东地区分布违约债券较多的原因，主要是该地区经济发展水平较高，民营企业多且以贸易、制造业和出口加工型为主，易受到宏观经济环境变化的冲击，陷入利润下滑、流动资金紧张的局面，信用风险较高。

二、中国债券市场安全的影响因素

风险防范和规模扩大是我国债券市场发展中齐步并行、同等重要的两个方面。总结已发生的债券违约风险事件，债券违约的诱因涉及宏观经济结构转型、行业因素、公司内部治理、突发事件等诸多方面，但最终都会表现为微观企业由于财务指标恶化所导致债务无法偿还。因此，债券违约的本质决定了财务因素是信用债风险分析的最重要环节。在未来一段时间内，我国发债企业债务到期压力依然很大，盈利能力和偿债能力整体处于较低水平，运营压力将有增无减，债券市场风险事件仍将持续发酵，债券市场安全问题不容忽视。

（一）债券市场到期规模逐渐扩大，发债企业偿债压力较大

债券到期是债券风险暴露的导火索。当债券市场中即将到期债券的数量增多时，企业再融资和偿债压力将会增大，风险暴露的概率也将明显上升。在目前我国已发生的债券信用风险事件中，有 86 只债券违约是在临近债券到期前，占违约债券总数量的 55. 77%。自 2014 年以来，国内企业加大了信用债的发行力度，债券发行规模逐年扩大。随着债券市场连续扩容，前期发行的大量债券不断到期，逐步进入兑付高峰期。2018 年上半年，我国信用债市场将有 12196 只已发行信用类债券到期，涉及资金规模 12 万亿元，加上大量新增的短期债券，我国信用债市场仍将保持较大的到期兑付压力。

从目前宏观经济形势来看，经济增长指标有所改善，出现大规模信用风险事件的可能性较低。但是，在金融监管加强、去杠杆力度加大、再融资环境趋紧的背景下，随着大批债券到期和回售，债券发行企业到期兑付和再融资压力可能会进一步加大，违约风险可能会持续暴露，从而提高债券市场违约事件发生的概率。

（二）企业盈利能力尚未明显改善，债券市场信用风险呈加速分化态势

盈利能力是评价企业经营好坏和价值大小的重要指标，也是企业获得足够资金以偿还到期债务的重要保障。纵观国内已发生债券市场信用风险的各类案例，发债主体在风险事件爆发之前，大多出现了营业利润大幅减少、盈利能力明显下降的情况。

整体来看，受国内外宏观经济变动的影响，我国发债企业整体盈利水平并未出现明显改善。根据已公布的财务数据，2017 年末，在处于存续期间的发债企业中，有 510 家企业在 2017 年第二季度净利润总额为负，亏损面为 12. 41%，保持较高水平。其中，截至 2017 年 6 月末，有 34 家尚未发生风险事件的发债企业连续三年净利润为负，持续经营能力显示出较高的不确定性。从年化总资产报酬率和年化净资产回报率来看，近年来，发债企业经营效益也呈现持续下滑的趋势。2017 年 6 月末，我国发债企业的年化净资产报酬率和年化总资产回报率中位数分别为 2. 67% 和 2. 17%，与 2016 年同期相比，分别下降了 0. 08 个和 0. 03 个百分点。

从发债企业性质和所处行业结构来看，近年来，发债企业的盈利水平出现明显分化。一是从发债企业所有制性质来看，集体企业经济效益有所好转，而地方国有企业、民营企业和外资企业呈现进一步下滑的趋势。其中，地方国有企业整体盈利能力下降

幅度最大。2017 年 6 月末，年化净资产报酬率和年化总资产收益率分别为 1.49% 和 1.32%，同比分别下降了 0.16 个和 0.10 个百分点。从发债企业盈利水平来看，地方国有企业也远低于其他性质的发债企业。对比 2017 年 6 月末各类型发债企业年化净资产报酬率的中位数，地方国有企业盈利能力仅相当于集体企业的 22.30%、民营企业的 16.49%、外资企业的 13.76% 以及中央国有企业的 17.18%。二是从发债企业所属行业来看，伴随着经济结构性改革不断深化，上中下游行业经营效益分化加剧。2017 年，受“去产能”效应持续释放、原材料价格上涨等因素的影响，化工、金属、非金属与采矿等上游行业发债企业盈利增长明显，信用风险事件发生的概率降低，而电气设备、电子设备、仪器和元件、房地产管理和开发等中下游行业盈利能力明显下滑，企业信用风险水平上升较快。随着我国经济步入新常态，未来外部环境复杂多变，经济增速放缓对各行业中发债企业的冲击并不均衡，发债企业的风险水平将进一步呈现明显分化的趋势。

（三）企业短期变现能力较弱，建筑、房地产行业偿债压力较大

偿债能力强弱是反映企业财务状况并且保证债务能够得到有效偿付的重要指标。通过对已违约发债企业的财务分析可发现，违约企业通常资产负债率高，而货币资金对短期债务覆盖率低，并且随着时间的推移，违约主体出现明显的债务负担不断加重、短期偿债能力持续恶化的趋势，甚至一些违约发债企业的资产负债率高达 90% 以上。

从短期偿债能力来看，我国发债企业流动性总体上保持在较低的水平。截至 2017 年 6 月末，我国发债企业流动比率和速动比率中位数分别为 1.92 和 1.20，同比分别提高 0.09 和 0.05。但从具体企业来看，企业通过资产变现负担短期债务的压力总体上比较大。截至 2017 年 6 月末，我国发债企业流动比率低于 2 的企业有 2017 家，速动比率低于 1 的企业有 1541 家，分别占已公布财务数据企业数的 51.43% 和 39.86%，一半左右的发债企业资产变现能力处于较低水平。

从长期偿债能力来看，近年来，我国发债企业持续加杠杆，资产负债率不断上升。2017 年 6 月末，我国发债企业资产负债率中位数达到 60.10%，同比提高了 0.35 个百分点，已获利息倍数中位数则由 2014 年的 4.06 下降到 3.01，下降幅度达 25.96%。基于发债企业财务数据分析，半数的企业资产负债率高于 60%，债务负担水平总体较高，并且按照已获利息倍数低于 1 来衡量，12.70% 的企业经营现金流难以支付利息，表明利息支付缺乏保障，需要依靠借新还旧来支持。在 204 家资产负债率高于 60% 且利息倍数低于 1 的发债企业中，企业所属行业主要集中在建筑与工程、房地产管理和开发以及电力等高杠杆行业。从企业性质来看，以地方国有企业为主，占比超过 80%。

（四）企业面临的运营压力较大，地方国有企业风险水平渐升

营运能力是反映企业资金利用效率、评价企业经营能否支撑债务、经营收入或者短期流动性能否覆盖债务本息的重要指标。从发债企业财务数据来看，企业即使出现财务困境，只要经营状况和营运能力较强，企业就仍然能够保持较低的违约风险水平。

从营运能力的绝对数据来看，近年来，我国发债企业总体运营压力进一步加大，企业资金周转速度有所放慢，应收账款周转率及存货周转率处于较低水平，企业偿债

能力呈弱化趋势。2017 年上半年，发债企业的应收账款周转率、流动资产周转率、存货周转率、总资产周转率仍在延续 2014 年以来的下降趋势。

三、维护债券市场安全的措施

为维护金融安全、建设更加规范化的债券市场，针对债券市场风险呈现的新特征、新趋势，在今后一个时期需要将防范风险放在更加突出的位置，重点从强化风险识别、风险分担、风险处置三个维度，进一步加强信用债市场风险防控的制度建设，提升防范和化解信用债风险的能力，从而增强信用债市场的稳定性，防止系统性金融风险的发生。

（一）维护信用债市场的安全措施

1. 发行主体加强内部经营管理和风险控制，健全债券违约处理机制。发债主体一是应认真排查到期债务，检查自身偿付能力是否匹配，积极筹措资金，确保有足够的现金流进行偿付债务，降低违约风险；二是根据国家宏观调控政策和企业自身实际，主动调整产业结构，适当压缩业务扩张规模，集中主业，有效降低企业杠杆率，加强流动性资产负债管理。

相关部门应尽快完善债券违约处置的相关法规制度，强化对不同主体的约束。研究制定债券违约处置机制以及退出机制。通过协商解决、向保证人求偿、利用 AMC 处置债权、变现抵（质）押物、法律诉讼、破产申请等多种方式妥善处理已发生的违约事件，积极防止违约外溢和传染。同时还应建立和完善违约债券流转交易市场，提高违约债券的流动性，有效降低损失。

2. 加强债券市场信息披露和信用评级体系建设，提升投资者风险识别能力。信息披露和信用评级是信用债市场事前、事中防范违约风险的重要约束机制。在信息披露方面，要充分发挥以主承销商为核心的中介机构的外部约束作用，在承销过程中加强业务核查，在债券存续期内督促发行人及时、充分、完整地披露公司经营信息，使投资者能及时了解发行人的经营状况、资金使用情况、反担保情况以及是否有重大变动事项。在信用评级方面，要借鉴国际经验，逐步完善信用债市场的评级制度，加强对信用评级机构的规范和监督，充分发挥信用评级的风险揭示和预警作用，提升信用评级机构的公信力，积极引导信用评级行业步入良性发展轨道。

3. 大力推动信用衍生品市场发展，为投资者提供分散、分担风险的有效工具。随着信用债风险事件逐步增多，信用债市场参与者对信用风险管理工具的需求不断增加。建议在继续加大信用风险缓释合约（CRMA）、信用风险缓释凭证（CRMW）、信用违约互换（CDS）和信用联结票据（CLN）等信用衍生工具推广和应用的基础上，进一步加大对信用风险管理工具的研究与创新力度，逐步降低市场准入门槛、简化创设流程，推动信用衍生品市场有序发展，更好地满足投资者信用风险分散和对冲等风险管理的需求，从而实现信用风险的合理配置。

4. 完善债券市场违约风险处置机制，加强投资者保护制度建设。一是要进一步完善“债券持有人会议”和“受托管理人制度”两项债券投资者集体保护制度。健全

"债券持有人会议"的触发、召集和表决机制，明确债券持有人通过"债券持有人会议"行使权利的范围，充分发挥"债券持有人会议"制度的决策、监督职能。在法律上进一步明确债券受托管理人与债券持有人之间的法律关系，引导受托管理人做好信用债存续期间信用风险管理和违约风险的应急处置工作，保护投资者合法权益。二是要提高企业破产处置效率，做好与《破产法》相关规定的衔接。对《破产法》《合同法》等相关法律进行修订，明确债券投资者起诉、举证要求，完善有关资产保全和处理程序的规定，为维护债券投资者合法权益提供法律支持。建立健全企业破产清偿监督机制，完善企业破产清算机制，为发债人在失去偿付能力情况下偿债问题的解决创造条件。

（二）维护政府债券市场的安全措施

1. 处置好地方政府融资平台的债务风险。重点关注地方政府融资平台的债务风险以及由此引发的信贷风险及财政担保风险，充分借鉴国外债务风险管理和危机处理的经验教训，建立多层次政府债务风险预警指标体系，对地方政府债务风险转变为金融风险和财政风险的传递链条乃至债务危机的触发条件进行深入探讨。确定政府债务风险临界值应该是一项复杂的系统工程，应将经济结构、经济增长率和效益指标、居民收入分配和消费水平、市场体系发育程度、金融深化的程度、国债市场发育状况、财政收支情况、政府管理效率、国债结构与成本—效益状况、财政与货币政策目标综合考虑。

2. 做好地方政府债券和地方产业引导基金的发行工作。应借鉴发达国家"市政债券""产业投资基金"等地方政府的融资经验，建立以政府债券为主的、规范化和市场化的地方政府融资渠道。从长期来看，地方政府在经济基础、财政状况、金融生态环境、偿债能力，政策扶持力度和发展潜力、基础设施等方面存在很大差异，这些也决定了地方政府债券的融资成本，包括信用利差以及流动性利差，因此应建立地方债信用评级框架，为实现地方政府债务风险预警的动态监测和全过程监管提供有益思路。在后危机时代，我们应该高度重视对主权信用风险的分析和监控。

3. 建立多层次政府债务风险预警指标体系。应充分借鉴国外债务风险管理和危机处理的经验教训，建立多层次政府债务风险预警指标体系，以防范系统性金融风险和财政风险。在发展地方政府债券的起步阶段，一定要完善地方政府债券风险管理机制，在地方政府债券的发行定价、交易、偿还和监管各环节进行严格规定，包括发债规模的确定、信用评级体系及信息披露制度的构建、投资项目管理与评估、市场流动性的建立、监管的协调以及法律框架的完善。

同时，要逐步完善地方政府债券市场多层次管理机制，包括市场化发行定价机制、发债规模与期限结构、信用评级体系、信息披露制度、信用增进制度、保险制度等投资者保护机制，监管的协调以及法律框架的完善。而建立地方政府的投融资机制、偿债机制、风险预警机制和应急处理机制，完善市政债的风险和效益评价体系，是防范财政风险和金融风险，发挥投资的乘数效应，以金融市场发展推动城镇化进程和实体经济发展的关键所在。

【本章小结】

本章内容着重介绍了债券市场的概念、功能和分类，阐述了债券市场风险的概念、表现以及管理方法，重点分析了我国债券市场安全的状况、发展趋势以及维护债券市场安全的路径。

【复习思考题】

一、名词解释

债券　债券市场　债券市场风险　债券发行市场

二、选择题

1. 债券市场风险的形式包括（　　）。

A. 利率风险　　B. 通货膨胀风险　　C. 政策风险　　D. 违约风险

E. 流动性风险

2. 债券市场风险的成因是多方面的，与一个经济体的（　　）等都有密切关系。

A. 经济结构　　B. 产能情况　　C. 企业状况

3. 债券市场的功能主要包括融资功能、资金流动导向功能、（　　）功能。

A. 经济发展　　B. 产能调整　　C. 宏观调控

4. 根据市场组织形式，债券流通市场又可进一步分为（　　）市场和（　　）市场。

A. 场内交易　　B. 场外交易　　C. 一级

三、问答题

1. 简述债券市场的概念、分类与功能。
2. 简述债券市场风险的概念、形式以及管理方式。
3. 阐述我国债券市场安全的发展趋势。
4. 阐述维护债券市场安全的路径。

选择题答案

1. ABCDE　2. ABC　3. C　4. AB

第四章

股票市场安全

【教学目的和要求】

通过本章学习，要求学生掌握股票市场的概念及特征；理解股票市场的功能；了解股票市场的参与主体及国内外股票市场的发展状况；明确股票市场风险的概念、特征及种类；掌握维护股票市场安全的原则和措施。

第一节　股票市场概述

一、股票市场的概念及特征

（一）股票市场的概念

股票市场是股票发行和交易的场所，包括发行市场和流通市场两部分。股份公司通过面向社会发行股票，迅速筹集资本金，实现生产的规模经营；而社会上分散的资金盈余者本着“利益共享、风险共担”的原则投资股份公司，谋求财富的增值。

股票发行市场又称一级市场或初级市场。股票发行是发行公司自己或通过证券承销商向投资者推销新发行股票的活动。股票发行大多无固定的场所，在证券商柜台上或通过证券交易所网络进行。发行市场的交易规模反映一国资本形成的规模。

股票交易市场又称二级市场或流通市场，包括：

1. 证券交易所市场。证券交易所市场是专门经营股票、债券交易的有组织的市场，根据规定只有交易所的会员、经纪人、券商才有资格进入交易大厅从事交易。进入交易的股票必须是在证券交易所登记并获准上市的股票。

2. 场外交易市场。场外交易市场又称券商柜台市场或店头市场，主要交易对象是未在证券交易所上市的股票。店头市场股票交易价格由交易双方协商决定。

（二）股票市场的特征

股票市场具有以下三个显著特征：

第一，股票市场是价值直接交换的场所。股票是公司财产的直接代表，本质上是价值的一种直接表现形式。虽然交易的对象是各种各样的股票，但由于它们是价值的直接表现形式，所以股票市场本质上是价值的直接交换场所。

第二，股票市场是财产权利直接交换的场所。股票市场上的交易对象是作为公司财产所有权凭证的股票，它们本身就是财产权利的代表，代表着对一定数额财产的所有权以及相关的收益权。所以股票市场实际上是财产权利的直接交换场所。

第三，股票市场是风险直接交换的场所。股票既是一定收益权利的代表，同时也是一定风险的代表。股票交换在转让出一定收益权的同时，也把股票所特有的风险转让出去。所以从风险的角度分析，股票市场也是风险的直接交换场所。

二、股票市场的功能

通过股票的发行，大量的资金流入股市，又流入了发行股票的企业，促进了资本的集中，提高了企业资本的有机构成，大大加快了商品经济的发展。另外，通过股票的流通，使小额的资金汇集起来，又加快了资本的集中与积累。所以股市一方面为股票的流通转让提供了基本的场所，另一方面也可以刺激人们购买股票的欲望，为一级股票市场发行提供保证。同时由于股市的交易价格能比较客观反映股票市场的供求关系，股市也能为一级市场股票的发行提供价格及数量等方面的参考。

（一）股票市场的基本功能

1. 积聚资本。上市公司通过在股票市场发行股票来为公司筹集资本。上市公司将股票委托给证券承销商，证券承销商再在股票市场上发行给投资者。随着股票的发行，资本就从投资者手中流入上市公司。

2. 转让资本。股市为股票的流通转让提供了场所，使股票的发行得以延续。如果没有股市，很难想象股票将如何流通，这是由股票的基本性质决定的。当一个投资者选择银行储蓄或购买债券时，他不必为这笔钱的流动性担心。因为无论如何，只要到了约定的期限，他都可以按照约定的利率收回利息并取回本金，特别是银行存款，即使提前去支取，除本金外也能得到少量利息，总之，将投资撤回、变为现金不存在任何问题。但股票就不同了，一旦购买了股票就成为企业的股东，此后，你既不能要求发行股票的企业退股，也不能要求发行企业赎回。如果没有股票的流通与转让场所，购买股票的投资就变成了一笔死钱，即使持股人急需现金，股票也无法兑现。这样的话，人们对购买股票就会有后顾之忧，股票的发行就会出现困难。有了股票市场，投资者就可以随时将持有的股票在股市上转让，按比较公平与合理的价格将股票兑现，使死钱变为活钱。

3. 转化资本。股市使非资本的货币资金转化为生产资本，它在股票买卖者之间架起了一座桥梁，为非资本的货币向资本的转化提供了必要的条件。股市的这一职能对资本的追加、促进企业的经济发展有着极为重要的意义。

4. 资本定价。股票是公司资本的代表，本身并无价值，所以股票的价格实际上是股票所代表的资本的价格。股票的价格是股票市场上股票供求双方共同作用的结果。股票市场的运行形成了股票需求者和股票供给者间的竞争关系，这种竞争的结果是，能产生高投资回报的资本，市场的需求就大，其相应的股票价格就高；反之，股票的

价格就低。因此，股票市场形成资本的合理定价机制。

5. 资本配置。股票市场的资本配置功能是指通过股票价格引导资本流动从而实现资本的合理配置功能。股票投资者对股票的收益十分敏感，而股票收益率在很大程度上取决于企业的经济效益。从长期来看，经济效益高的企业的股票拥有较多的投资者，这种股票在市场上买卖也很活跃。相反，经济效益差的企业的股票投资者越来越少，市场上的交易也不旺盛。所以，社会上部分资金会自动流向经济效益好的企业，远离效益差的企业。这样，股票市场就引导资本流向能产生高报酬的企业或行业，从而使资本产生尽可能高的利用效率，进而实现资源的合理配置。

（二）股票市场的派生功能

股票市场除了上述几个基本功能外，还有三个在此基础上派生出来的功能，分别为转换机制、宏观调控、分散风险功能。

1. 转换机制。企业如果要通过股票市场筹集资金，必须改制成为股份有限公司。股份有限公司的组织形式是社会化大生产和现代市场经济发展的产物，这种企业组织形式对企业所有权和经营权进行了分离，并且有一系列严格的法律、法规对其进行规范，使企业能够自觉地提高经营管理水平和资金使用效率。而且企业成为上市公司之后，会一直处于市场各方面的监督和影响之中，有利于形成“产权清晰，权责明确，政企分开，管理科学”的治理结构，有利于企业经营管理的规范化、科学化和制度化，有利于健全企业的风险控制机制和激励机制。

2. 宏观调控。股票市场是国民经济的晴雨表，它能够灵敏地反映社会政治、经济发展动向，为经济分析和宏观调控提供依据。股票市场的动向是指市场行情的变化，通常用股票价格指数来表示。如果在一段时间内，国家政治稳定，经济繁荣，整体发展态势良好，股票价格指数就会上升；反之，如果政治动荡，经济衰退，或发展前景难以预测，股票价格指数就会下跌。如 1999 年，美国的道琼斯指数屡创新高，突破万点大关，正是美国经济持续发展，长期保持较低失业率的良好经济态势的反映。因此，政府可以通过证券市场行情的变化对经济运行状况和发展前景进行分析预测，并对经济实施宏观调控。

3. 分散风险。股票市场不仅为投资者和融资者提供了丰富的投融资渠道，而且还具有分散风险的功能。对于上市公司来说，通过股票市场融资可以将经营风险部分地转移和分散给投资者，公司的股东越多，单个股东承担的风险就越小。另外企业通过发行股票筹集资金还可以减少对银行信贷资金的依赖，提高企业对宏观经济波动的抗风险能力。

对于投资者来说，可以通过买卖股票和建立股票投资组合来转移和分散资产风险。投资者往往把资产分散投资于不同的对象，股票作为流动性、收益性都相对较好的资产形式，可以有效地满足投资者的需要，而且投资者还可以选择不同风险和收益的股票构建投资组合，分散股票投资风险。

三、股票市场的参与者

（一）股票发行人

股票发行人是指为了筹措资金而发行股票的发行主体。按照我国有关法律的规定，只有股份有限公司才能发行股票。股份有限公司为了筹措长期资本而发行股票，所筹得的资金属于自有资本。

（二）股票投资者

股票投资者是指以获取股息或资本收益为目的，购买并持有股票，承担股票投资风险并行使股票权利的主体。

股票市场投资者是股票市场的资金供给者。股票市场投资者的种类较多，既有个人投资者，也有机构投资者。各类投资者的目的也各不相同，有些偏重长期投资，以获取高于银行利息的收益或意在参与股份公司的经营管理；有些则偏重短线投机，通过买卖股票时机的选择，以赚取市场差价。众多的股票市场投资者保证了股票发行和交易的连续性，是股票市场价格形成和保持流动性的根本动力。

1. 机构投资者。机构投资者是指用自有资金或者从分散的公众手中筹集的资金，以获得股票投资收益为主要经营目的的专业机构。发达国家的机构投资者主要是以股票投资收益为其重要收入来源的投资银行、投资公司、共同基金、对冲基金及金融财团等。我国将机构投资者限定为与个人投资者相对应的一类投资者，只要是在股票市场上从事投资及相关活动的法人机构，均是一般意义上的机构投资者，主要包括政府机构类投资者、金融机构类投资者、合格境外机构投资者、企业和事业法人类机构投资者及基金类投资者。

与个人投资者相比，机构投资者具有以下特点：

第一，投资资金规模化。机构投资者的资金实力雄厚，与个人投资者相比，无论是自有资金还是外部筹集的资金，机构投资者的资金都达到了一定的规模。在成熟资本市场，机构投资者往往在股票市场中居于主导地位，它们在股票市场上的交易活动往往对市场整体的运行态势产生影响。

第二，投资管理专业化。机构投资者在投资决策与资本运作、信息收集分析、投资工具研究、资金运用方式、大类资产配置等方面都配备有专门部门，统一由专业人员进行管理。因此，一般来说，机构投资者的投资行为相对理性，投资成功率及收益水平较个人投资者通常高。

第三，投资结构组合化。利用雄厚的资金实力、专业化管理和多方位的市场研判，通过合理有效的投资组合分散投资风险，是机构投资者的另一特点。股票市场是一个风险较高的市场，机构投资者入市资金越多，承受的风险就越大，而合理的投资组合能够有效分散非系统性风险，这也是机构投资者相对于个人投资者的一个突出优势。

第四，投资行为规范化。机构投资者是具有独立法人地位的经济实体，一方面，它们要受到一系列法律法规的约束和政府监管部门、行业自律组织的监管；另一方面，其内部通常设有董事会、监事会和股东会等组织形式，通过严格的程序对其投资行为

进行相应的管理和风险控制，这些约束使得其投资运作过程相对规范。

2. 个人投资者。个人投资者是指从事股票投资的社会自然人，他们是股票市场最广泛的投资主体，具有分散性和流动性。个人进行股票投资应具备一些基本条件，这些条件包括国家有关法律、法规关于个人投资者投资资格的规定和个人投资者必须具备一定的经济实力。为保护个人投资者利益，对于部分高风险产品的投资，监管法规还要求相关个人具有一定的产品知识并签署书面知情同意书。

个人投资者的特点包括以下四个方面：

第一，资金规模有限。作为个人投资者，他们用于投资的资金主要来源于自有资金。即使在允许进行信用交易的股票市场中，他们可以按一定的保证金比率融入资金，数量通常也不会太大。

第二，专业知识相对匮乏。个人投资者大多数是在业余时间参与投资，与职业投资机构相比，其在信息渠道、信息收集处理能力、投资分析与操作能力、交易成本与效率等诸多方面均处于劣势。

第三，投资行为具有随意性、分散性和短期性。这使得他们的投资行为往往缺乏战略考虑，投资运作过程中较易出现非理性的操作行为。

第四，投资的灵活性强。个人投资者由于投资规模相对较小，进退较职业投资机构更为容易，在投资决策和实施的时滞上比较短，仅从这个意义上讲，他们较机构投资者有更多的短期投资获利机会。

（三）中介机构

股票市场中介机构是指为股票的发行、交易提供服务的各类机构。在股票市场起中介作用的机构是证券公司和其他证券服务机构，通常把两者合称为中介机构。

1. 证券公司。证券公司是指依照《公司法》和《证券法》设立的经营证券业务的有限责任公司或股份有限公司。在我国，设立证券公司必须经国务院证券监督管理机构审查批准。世界各国对证券公司的划分和称呼不尽相同，美国通常称为“投资银行”，英国则称为“商人银行”。以德国为代表的国家实行银行业与证券业混业经营，通常由银行设立公司从事证券业务经营。日本等国家和我国一样，将专营证券业务的金融机构称为证券公司。

证券公司是股票市场的主要中介机构，在股票市场运行中发挥着重要作用。一方面，证券公司是股票市场投融资服务的提供者，为股票发行人和投资者提供专业化的中介服务，如证券经纪、投资咨询、保荐与承销等；另一方面，证券公司本身也是股票市场重要的机构投资者。此外，证券公司还通过资产管理方式，为投资者提供股票及其他金融产品的投资管理服务。

2. 证券服务机构。证券服务机构是指依法设立的从事证券服务业务的法人机构，主要包括投资咨询机构、财务顾问机构、资产评估机构、会计师事务所、律师事务所等。根据我国有关法规的规定，证券服务机构的设立需要按照工商管理法规的要求办理注册，从事证券投资咨询服务业务，应当经国务院证券监督管理机构核准；未经核准，不得为证券的交易及相关活动提供服务。从事其他证券服务业务，应当报国务院证券监督管理机构和国务院有关主管部门备案。

（四）自律性组织

按照《证券法》的规定，我国的证券自律管理机构是证券交易所、中国证券业协会。根据《证券登记结算管理办法》，我国的证券登记结算机构实行行业自律管理。

1. 证券交易所。证券交易所是证券买卖双方公开交易的场所，是一个高度组织化、集中进行证券交易的市场，是整个股票市场的核心。证券交易所本身并不进行股票买卖，也不决定股票价格，而是为股票交易提供场所和设施，配备必要的管理和服务人员，并对股票交易进行周密组织和严格管理，使股票交易顺利进行且有一个稳定、公开、高效的系统。我国《证券法》在借鉴他国经验的基础上，将原由政府部门行使的部分权力授予了证券交易所，从而确认了证券交易所的组织特征和监管特性。

2. 中国证券业协会。中国证券业协会是证券业的自律性组织，是社会团体法人。中国证券业协会正式成立于1991年8月28日，是依据《证券法》和《社会团体登记管理条例》的有关规定设立的具有独立法人地位的、由经营证券业务的金融机构自愿组成的行业性自律组织，是非营利性社会团体法人。它的设立是为了加强证券业金融机构之间的联系、协调、合作和自我控制，以利于证券市场的健康发展。中国证券业协会采取会员制的组织形式，证券公司应当加入中国证券业协会。中国证券业协会的权力机构为全体会员组成的会员大会。中国证券业协会章程由会员大会制定，并报中国证监会备案。

3. 证券登记结算公司。我国股票市场实行中央登记制度，即股票登记结算业务全部由中国证券登记结算有限责任公司承接，中国证券登记结算有限责任公司提供沪、深证券交易所上市证券的存管、清算和登记服务。中国证券登记结算有限责任公司是为证券交易提供集中登记、存管与结算服务，不以盈利为目的的法人。依照《证券登记结算管理办法》，证券登记结算机构实行行业自律管理。

4. 证券投资者保护基金公司。为了建立防范和处置证券公司风险的长效机制，维护社会经济秩序和社会公共利益，保护证券投资者的合法权益，促进证券市场有序、健康发展，2005年6月，国务院批准中国证监会、财政部、中国人民银行发布《证券投资者保护基金管理办法》，同意设立国有独资的中国证券投资者保护基金有限责任公司，并批准了公司章程。2016年4月19日，中国证监会发布了修订后的《证券投资者保护基金管理办法》。

2005年8月30日，保护基金公司在国家工商总局注册成立，由国务院出资，财政部一次性拨付注册资金63亿元。保护基金公司是负责保护基金筹集、管理和使用，不以盈利为目的的国有独资公司，由中国证监会管理。

（五）市场监管机构

为了有效防范和化解股票市场风险，促进股票市场健康发展，各国都致力于建立全国统一的市场体系和与之相适应的集中统一的监管体制，把营造公开、公平、公正的市场环境和保护投资者利益作为市场监管的主要任务。我国及时总结股票市场发展

的经验教训，确立了指导股票市场健康发展的“法制、监管、自律、规范”的八字方针，初步形成了有中国特色的集中统一的监管体系。

我国股票市场经过 20 多年的发展，逐步形成了以国务院证券监督管理机构、国务院证券监督管理机构的派出机构、证券交易所、行业协会和证券投资者保护基金为一体的监管体系和自律管理体系。

我国股票市场监管机构是国务院证券监督管理机构。国务院证券监督管理机构依法对股票市场实行监督管理，维护股票市场秩序，保障其合法运行。国务院证券监督管理机构由中国证券监督管理委员会及其派出机构组成。

1. 中国证券监督管理委员会。中国证券监督管理委员会是国务院直属事业单位，是全国证券、期货市场的主管部门，依照法律、法规和国务院授权，统一监督管理全国证券期货市场，维护证券期货市场秩序，保障其合法运行。中国证监会的核心职责为“两维护、一促进”，即维护市场公开、公平、公正，维护投资者特别是中小投资者的合法权益，促进资本市场健康发展。中国证监会成立于 1992 年 10 月。

2. 中国证监会派出机构。中国证监会在省、自治区、直辖市和计划单列市设立了 36 个证券监管局，以及上海、深圳证券监管专员办事处。派出机构受中国证监会垂直领导，依法以自己的名义履行监管职责，负责辖区内的一线监管工作，主要职责是：依据法律、行政法规规定及中国证监会的授权开展行政许可相关工作，对辖区内上市公司、证券期货经营机构、证券期货投资咨询机构和从事证券业务的律师事务所、会计师事务所、资产评估机构等中介机构的证券期货业务活动进行监督管理，负责辖区内风险防范与处置；查处辖区内的违法违规案件，开展辖区内投资者教育与保护工作以及中国证监会授予的其他职责。

四、国内外股票市场现状

（一）中国股票市场

1. 上海、深圳股票市场。从 1984 年 11 月 18 日，改革开放以来第一只公开发行的股票“飞乐音响”诞生，到 1990 年 11 月、1991 年 4 月上海证券交易所和深圳证券交易所先后成立，再到 2005 年完成股权分置改革，直至最近大陆股票市场成为全球第二大资本市场、2017 年 6 月正式被纳入 MSCI 指数，短短 30 多年，我国股票市场从无到有、从小到大，市场运行的机制更加规范、更加透明，在金融体系的重要性不断提升。

我国多层次股票市场体系初步形成。我国股票市场分为场内市场和场外市场，场内市场包括主要服务于大型成熟企业的上海证券交易所主板市场和深圳证券交易所主板市场（含中小板），主要扶持中小企业尤其是高成长性企业的创业板市场，主要服务于符合国家战略、突破关键核心技术的科创板，以及主要为中小微企业提供服务的全国中小企业股份转让系统（新三板）；场外市场包括为特定区域内企业提供服务的区域性股权交易市场和柜台交易市场。

我国股票市场参与主体日益成熟。我国股票市场投资者群体包括个人投资者，证券投资基金以及其他机构投资者。近年来，机构投资者持股市值比重持续提升，但个人投资者参与比例仍然较高。各类机构投资者中，证券投资基金对股票市场形成长期价值投资的理念具有重要的引导作用。

我国股票市场对外开放程度不断加深。我国股票市场对外开放较早，20 世纪 90 年代末开始发行 B 股，2002 年引入合格境外投资者（QFII），后逐步扩大至人民币合格境外投资者（RQFII）。2014 年 11 月 17 日，“沪港通”正式启动，2016 年 12 月 5 日，“深港通”正式启动，2019 年 6 月 17 日，“沪伦通”正式通航，股票市场互联互通机制不断完善。

股票市场体制机制改革不断推进。服务实体经济的直接融资功能进一步增强，“IPO 堰塞”现象有所缓解，新三板分层和交易制度改革取得重要突破，股票发行、减持、退市等基础制度进一步被夯实，市场双向开放水平进一步提高。

2. 香港股票市场。香港股票交易最早出现于 19 世纪中叶。1891 年，香港股票经纪会成立，这是香港首家股票交易所，1914 年更名为香港证券交易所。20 世纪 50 年代以后，香港经济起飞，又分别成立了三家股票交易所，即远东交易所（1969 年）、金银证券交易所（1971 年）、九龙证券交易所（1972 年）。1986 年，四家证券交易所合并为香港联合交易所。

3. 台湾股票市场。台湾股票集中市场虽始于 1962 年，但股票交易却在国民党撤退至台湾初期就已开始，被称作“店头交易”。而在台湾证券交易所正式开业后，店头市场被取消，台湾股票市场开启了集中市场单一运作的时期。直到 1988 年，台湾又重新成立股票店头市场，目的是为公开发行但尚未上市的公司开拓股票流通渠道，台湾也因此有了“上市股票”和“上柜股票”之分。2002 年台湾成立兴柜市场后，有效地抑制了以非法地下证券商为中介的未上市上柜股票的交易，股票市场也形成了不同层次的交易体系。

（二）国际主要股票市场

1. 美国股票市场。美国拥有全球最发达的股票市场，根据世界银行统计数据，2016 年美国国内上市公司总市值超过 27 万亿美元，占全球上市公司总市值的 42%。另外，世界交易所联合会统计数据表明，2016 年仅纽约证券交易所集团和 NASDAQ 集团上市的外国企业就有 873 家，而且在美国上市的外国企业市值规模也非常大。截至 2017 年末，美国共有 3726 家证券公司，156107 个营业网点，注册证券代表（经纪人）总数 635902 人。近年来，随着证券业竞争加剧，证券公司的数量逐年减少，但营业场所的数量和证券从业人员数量基本保持稳定。

（1）股票交易场所。美国上市公司股票市场分三类：

一是全国性股票交易所。根据美国《1934 年证券交易法》第六章 A 条款（全国性证券交易所）之规定，截至 2017 年末共有 21 家全国性证券交易所在美国证监会注册，其中，提供股票交易服务的有 14 家。

这些交易所中，并不是每一家交易所都拥有自己初始上市的企业，但是大多可以挂牌交易其他交易所上市的股票，相互之间竞争非常激烈。从最近的交易数据看，大致是洲际交易所集团（ICE 集团）、NASDAQ 集团和芝加哥期权交易所集团（CBOE 集

团）三家平分秋色，各占市场交易额的20%左右，场外市场占30%左右，其他交易所占比不到4%，有一些具有股票交易资格的交易所甚至没有成交量。

二是另类交易系统（ATS）。根据美国证监会的定义，另类交易系统是指“符合联邦证券法关于交易所定义，但是未注册为全国性交易所的交易系统”。另类交易系统与交易所的区别在于，交易所除了组织交易，同时还是自律性监管机构，而另类交易系统对市场参与者不具有自律监管职能。截至2018年2月末，在美国证监会注册的ATS有76家。

按照市场报价透明度不同，另类交易系统有两种运作模式。一种是电子通讯网络（ECN），其综合报价数据提供最优价格报单，与交易所类似；另一种被称为“暗池”（Dark Pool），是针对交易规模较大的机构投资者提供的不对外披露报价和交易信息的系统，目的是为了避免大宗交易对市场价格形成冲击，减少交易成本。换言之，“暗池”交易系统综合报价数据不一定披露最优价格报单。“暗池”交易对促进大宗交易有积极意义，但其本身不透明的特征很容易导致违规行为的发生，这方面的监管案例近几年层出不穷，若干著名的金融机构为此受到监管处罚。

三是经纪商—交易商内部撮合。经纪商—交易商接受客户报单时，如果内部客户的报单优于交易所或ATS报价，经纪商—交易商可以将客户的买卖报单进行内部撮合成交，这部分交易量不纳入当天上市证券的交易统计数据。

（2）纳斯达克集团。纳斯达克（NASDAQ），原意为全美证券交易商协会（NASD）自动报价系统，主要经营场外股票交易，1971年由NASD组建，是NASD的全资子公司。NASD于2007年改组为美国金融业监管局（FINRA），是目前美国证券业的自律监管机构，但仍为私营企业。

自2000年起，NASD将持有的纳斯达克股份陆续出售给会员、投资公司及纳斯达克挂牌交易企业，2002年7月，纳斯达克成为上市公司。到2006年，NASD完成全部持股剥离，不再持有纳斯达克股份。2007年，纳斯达克集团将其主体部分纳斯达克市场注册成为全国性交易所。自2007年起，纳斯达克集团先后收购波士顿证券交易所、费城证券交易所和国际证券交易所。目前，纳斯达克集团在全球共经营25家交易场所，下设各类子公司超过100家，涉及交易执行、经纪交易、清算交割、数据、顾问等诸多业务领域。

目前，纳斯达克集团在美国经营三家全国性证券交易所，即纳斯达克股票市场、纳斯达克波士顿交易所和纳斯达克费城交易所。其中，纳斯达克股票市场是目前美国股票现货交易量最大的单体交易所，2016年成交量占全美股票现货成交量的14%。纳斯达克股票市场分为三个板块，分别为纳斯达克全球精选市场、纳斯达克全球市场和纳斯达克资本市场。

纳斯达克全球精选市场服务于全球范围内市值较高的公司，吸引全球范围内的优质蓝筹企业与纳斯达克全球市场转板而来的优质企业，成为一个上市标准较高的蓝筹市场。纳斯达克全球市场主要服务于中等规模并具有一定成长性的企业。纳斯达克资本市场主要为小企业提供融资途径。

（3）纽约证券交易所。纽约证券交易所目前隶属美国洲际交易所集团。截至2017年末，洲际交易所集团旗下拥有6家期货交易所、4家股票交易所、2家期权交易所、

5家场外交易市场和7家清算公司。其中，旗下的纽约证券交易所集团运营的4家交易所有股票交易资格。

纽约证券交易所交易制度模式主要包括三个特征，即指定做市商制度、场内经纪商制度和补充流动性提供商制度。

纽交所的做市商制度源于1875年，2008年之前，做市商在纽交所被称为专家。专家的责任是维护一个公平、竞争、有序和有效的股票交易市场，具体有四项职能：一是竞价组织者职能；二是经纪人职能；三是稳定市场职能；四是做市商职能。随着电子化交易的快速发展和2007年美国证监会发布《全国市场系统规则》，所有交易所开始采用统一的跨市场交易互联，根据“最优执行”原则执行订单。为顺应电子化交易的发展趋势，应对日益剧烈的交易所竞争，2008年10月24日，纽交所对做市商制度进行了重大改革，将专家制度变革为指定做市商制度（DMM）。

场内经纪商制度是指纽交所会员企业可以向纽交所大厅派出场内经纪人（Floor Broker）。纽交所交易大厅分为17个交易站，每个交易站固定交易特定的证券种类。指定做市商的代表在交易站固定不动，其他场内经纪人则可以在各交易站流动，以手持报价设备、电脑网络报价终端或程序化交易手段，代表客户进行报单。尽管随着交易电子化的进步，场内经纪人的作用有所弱化，但对大客户而言，是否拥有场内经纪人仍然是他们选择经纪商的重要原因。

为保持市场流动性，促进更多交易，纽交所在会员企业中选出为数不多的电子化交易量较大的会员作为补充流动性提供商（SLPs），这些交易所会员有义务以自营账户对其负责的证券提供双向报价，而且必须保证交易日内10%以上的时段，其报价为全国最优报价。补充流动性提供商只拥有和普通客户相同的交易信息渠道，但是，对其成交的部分，若满足交易所的数量规定，会得到较高的回扣。指定做市商也可充当补充流动性提供商，但对同一只证券，不能同时担任指定做市商和补充流动性提供商。

2. 英国股票市场。16世纪，英国商人成立的海外贸易公司采用了股份制形式，后经政府批准，这些股票可以转让，形成股票市场的雏形。17世纪末，伦敦交易街上一家名为乔纳森的咖啡店汇聚了不少从事股票买卖的人，被认为是伦敦证券交易所的起源地，伦敦证券交易所官方网站也将其历史追溯到1698年。实际上，1801年伦敦证券交易所才正式成立。2001年伦敦证券交易所更名为伦敦证券交易所公共有限公司，2007年10月，与意大利证券交易所合并，更名为伦敦证券交易所集团。

目前，伦敦证券交易所分为不同层次和板块，满足各类筹资者的需求。其中，与股票市场直接相关的包括三个层次：

（1）主板市场（Main Market）。主板市场在诸层次市场中监管最为严格。主板上市分为高级上市、标准上市和高成长板块上市三类。截至2018年1月伦敦证券交易所主板市场有英国上市公司941家，总市值2.56万亿英镑（按当时汇率均价，约合人民币23万亿元）。

（2）另类投资市场（AIM）。另类投资市场上市条件较主板市场宽松，适合规模比较小的成长型公司进行上市融资。截至2018年1月，伦敦证券交易所AIM上市公司

956家，总市值1074.87亿英镑（按当时汇率均价，约合人民币9460亿元）。

（3）专业证券市场（PSM）。专业证券市场针对专业投资者或机构投资者设立，2005年7月开业，上市品种分存托凭证（DRs）和专家债务证券（Specialist Debt Security）两类。

3. 韩国股票市场。韩国有价证券出现始于1899年。1956年2月，韩国证券交易所成立，起步时期，主要是国债和地产证券交易，股票交易规模较小。韩国证券市场的真正发展，源于1962年韩国政府制定的《证券交易条例》和1968年出台的《关于培育资本市场的特别法》。

发展至今，韩国证券市场已经成为充分国际化的开放性经营和投资市场。早在1981年，韩国政府制定了分阶段开放证券市场的“十年计划”。1992年1月起更是改间接开放为允许直接投资，初始限度为上市企业发行股票总数的10%，而后逐步加大。1998年5月，政府取消了对外国投资者证券投资和证券经营的所有限制，进入充分自由竞争发展时代。

2005年1月，韩国合并原韩国证券交易所（KSE）、韩国期货交易所（KOFEX）及韩国创业板市场（KOSDAQ），正式更名为韩国证券期货交易所（KRX）。截至2018年1月末，韩国股市总市值超2000万亿韩元。

4. 日本股票市场。在日本股票市场上，根据发行目的可以将新股发行分为两种，一种是为筹措资金而发行（普通新股发行），另一种是为其他目的而发行（特殊新股发行）。

与其他国家一样，日本的股票流通市场也分交易所市场和店头市场两部分。二战后，日本为了形成公正的证券价格，原则上禁止上市股票在场外交易，于是形成了以证券交易所为中心的股票流通市场。

日本目前有8家证券交易所，分别位于东京、大阪、名古屋、京都、广岛、福冈、新潟、札幌。其中东京、大阪分别是全国和关西地区的中心市场，二者的交易额合计占全国交易所的90%以上。为了尽可能地将股票交易集中到交易所，1961年10月东京、大阪和名古屋三个证券交易所分别设立了市场第二部。市场第二部的上市条件比第一部略低。原则上新股票先在市场第二部交易，一年后如果满足第一部上市条件才进入第一部进行交易。同时在第一部上市的股票如果其条件降至一定水平以下，且在一年宽限期内仍未满足第一部的条件，就要被重新指定在第二部交易。东京证交所还将上市股票分为3类：1类和2类为国内股票，其中1类股票的挂牌条件高于2类；3类为外国股票。

第二节　股票市场风险

一、股票市场风险的概念及特征

（一）股票市场风险的概念

风险广义上通常指未来结果的不确定性，由此我们可以将股票市场风险定义为由于各种因素的影响而带来的股票市场未来发展结果的不确定性。在这里我们应该区分股票市场风险和股票的市场风险之间的区别，股票的市场风险是指由于股票价格的波动而带来的投资收益的不确定性。

（二）股票市场风险的特征

1. 风险具有客观性。美国学者威雷特博士于1901年曾说：“风险是关于不愿发生的事件发生的不确定性的客观体现。”在此，威雷特强调了风险存在的客观性，是不会依人们的主观愿望而消失的。就股票市场来说，国家的宏观经济形势和经济政策是影响股市的长期、基本因素，存在不确定因素。另外，参与股市交易的各方由于对未来预期存在差异，在股市中的操作就不尽相同，从而形成了各种市场力量。这些力量随着经济环境的变化及股市的变化而分化，再重新组合起来，这就导致了股票市场的风险。风险是不确定因素共同作用的结果，这些不确定因素是客观存在的。

2. 风险具有相对性、可变性。风险的相对性是指风险的大小是相对而言的，同样的风险在不同市场其重要性是有所区别的，例如信用风险普遍存在于各金融市场的子市场当中，但是在不同的子市场，信用风险的重要性是不一样的，相对来说信用风险对债券市场的影响更大而对股票市场的影响要小一些。

风险的可变性是指同一因素对于市场的影响并不是一成不变的，随着时间的推移及各因素之间的相互影响，风险的大小及重要性都可能发生相应的变化。例如宏观经济政策对股票市场的影响，有些宏观经济政策在刚出台时影响比较大，但随着时间的推移这种影响会逐渐减弱；而有些政策则相反，刚出台时对股票市场的影响不大，但随着时间的推移影响越来越明显。

3. 风险具有可管理性。风险是无法消除的，这就产生了管理风险的需求。那么，风险能不能加以管理呢？回答是肯定的，我们可以采取各种方法管理风险，即采用回避、保留或承担、预防与抑制、中和、转移、集合或组合等方法进行风险管理。

二、股票市场风险的种类

（一）利率风险

利率是经济运行过程中的一个重要经济杠杆，利率变动使货币供应量发生变化，影响股票的供给和需求关系，从而对股票市场带来明显影响。利率下调时股票价格上涨，利率上调时股票价格下降。这是因为，当利率下调时，银行存款利率降低，原来以存款方式保持财富的潜在投资者，会因银行存款机会成本升高而转向投资于股票市场，这必然会扩大对股票的需求，推动股票价格上涨。与此同时，当利率下降时，社会货币供应量增大，投资资金可用量增加，从而使股票需求扩大，股票价格上升。例如，当贷款利率下降时，由于投资者融资成本下降，会使信用交易量增加，推动股价上升。同时，股份公司贷款融资成本下降，使股份公司有可能在自有资金（股东权益）一定的条件下，借入更大规模的资金用于经营，增大企业利润，增加派息数额，股票收益上升，促使股票价格上升。反之，当利率上调时股价会下跌。

（二）供求结构风险

供求结构风险主要是指一个时期内市场的容量和入市资金之间的比例失衡所造成

的风险。如市场容量有限，所提供的“筹码”不能满足市场资金的需求，单位筹码的价位就会被炒高，市场的风险就明显提高。我国股市在发展过程中，每次大规模扩容前都存在这方面的风险，造成市场结构风险的一个重要因素是社会游资的过度介入。当市场游资的规模达到足以左右市场的程度时，市场的结构风险就会骤然放大。

（三）政策风险

政策风险表现为反向性政策风险和突变性政策风险两个方面。

所谓反向性政策风险，是指市场在一个时段中，由于政策导向与股市内在发展方向相反所蕴含的风险。当市场的现状与国家调控政策不相容时，市场的风险就增大。此外，市场所在地的政策导向与中央管理当局的政策导向间差异程度扩大，也会造成市场风险增大。1996年7月以来，深沪两市的风险程度提高，明显带有这种反向性政策风险的特征。

所谓突变性政策风险，是指由于管理层政策口径突然变化对市场造成的风险。1996年12月后，特别是人民日报特约评论员文章[①]发表后市场反映出的情况就是突变性政策风险的典型案例，而12月23日以后媒体在宣传口径上变“软”仍然是突变性政策风险的表现。

（四）通货膨胀风险

通货膨胀风险是指由通货膨胀引起的股票市场的不确定性。股票市场是上市公司与投资者直接融资的场所，因而社会货币资金的供给总量成为决定股票市场资金供求状况和影响股票价格水平的重要因素，当货币资金供应量增长过快而出现通货膨胀时，股票的价格也会随之提高，从而使得投资者收益增加，这会使更多资金流入股票市场，加速股市的上涨。但是随着通货膨胀的逐渐加重，股票市场的实际收益率可能逐渐降低，投资者可能将资金转入黄金等其他市场以规避通货膨胀风险，这将导致股票市场下跌，甚至通货膨胀严重时，可能导致证券市场崩溃。

（五）汇率风险

汇率与股票市场的关系主要体现在两方面：一是汇率变动会对股票市场不同上市公司造成不同的影响，使这些公司的股价发生相应变化；二是对于货币可以自由兑换的国家来说，汇率变动也可能引起资本的输出与输入，从而影响国内货币资金和股票市场资金供求状况。

（六）价值偏离风险

价值偏离风险主要体现为投资对象的价值和市场价格的严重相悖。通常而言，一种股票的市盈率过高，其投资风险就相对增大。如果整个市场的平均市盈率都高，而且有继续升高的趋势，那么整个市场的风险就会提高。

（七）投资行为风险

投资行为风险主要是指投资资金的来源及其不同结构所蕴含的风险。对投资者来说不同的资金来源会形成不同的投资心态和投资行为。对于以自有资金或周期较长的资金进行投资的人来说，一般比较经得起市场的反复，而利用拆借的短期资金进行投资的行

① 1996年12月16日《人民日报》刊登了特约评论员文章《正确认识当前股票市场》。

为一般都带有短线投资的特征。在后一种情况下，如果市场情况与投资前的判断相悖，就会酿成风险。一般来说，入市资金中短期借贷资金的比例过高，市场风险也较大。

（八）经营风险

经营风险是指由于公司外部经营环境和条件以及内部经营管理方面的问题造成公司收入的变动而引起的股票投资者收益的不确定。经营风险的大小因公司而异，取决于公司的经营活动。某些行业的收入很容易变动，因而很难准确预测。由于公司的收益和现金流是紧紧依赖于其收入的，因此易变的收入将导致收益和现金流的不确定。当公司收入突然下降时，由于普通股持有者在现金分配时排在最后，他们会遭受重大损失，与公司的债券持有者相比，普通股持有者处于一个风险大得多的地位。当公司经营情况不妙，收入迅速下滑时，公司在支付债务利息和到期本金后，可用于支付股息的资金已所剩无几，从而导致股东们所得股息减少或根本没有股息，与此同时，股票的市场价格一般也会随之降低，使股东蒙受双重损失。

（九）流动性风险

流动性风险指的是由将资产变成现金的潜在困难而造成的投资者收益的不确定。一种股票在不作出大的价格让步的情况下卖出的困难越大，则拥有该种股票的流动性风险越大。在流通市场上交易的各种股票中，流动性风险差异很大，有些股票极易脱手，市场可在与前一交易相同的价格水平上吸收大批量的该种股票成交。如美国的通用汽车公司、埃克森石油公司股票，每天成交成千上万手，表现出极大的流动性，这类股票投资者可轻而易举地卖出，在价格上不引起任何变动。而另一些股票在投资者急着将它们变现时，很难脱手，除非忍痛贱卖，在价格上作出很大让步。当投资者打算在一个没有什么买主的市场上将一种股票变现时，就会掉进流动性陷阱。

（十）操作性风险

在同一个股票市场上，对待同一家公司的股票，不同投资者投资的结果可能会出现截然不同的情况，有的盈利丰厚，有的亏损累累，这种差异很大程度上是由投资者不同的心理素质与心理状态、不同的判断标准、不同的操作技巧造成的。由这些原因造成的投资者投资收益的差异，称作操作性风险。操作性风险中最重要的是心理因素的影响。股票投资决策是人的主观行为，客观因素无论怎样变化，最终都得由人来评断其是与非，来决定是否参与及如何参与股票投资。如果说基本因素是从“质”的方面影响股票价格，市场因素是从“势”的方面影响股票价格，那么，心理因素可以说是影响股票市场价格水平的“人气”。我们可以把引起股票投资风险的心理因素归为两类：一类是市场主导心理倾向变化；另一类是投资者个人心理倾向变化。所谓市场主导心理倾向，是指一段时期内证券市场上大多数人对行情的看法。看法有时悲观，有时乐观，但只要形成气候，单个投资者往往会卷入其中，即便这种“气候”是投机因素或谣言搅和起来的虚假现象也在所难免。在发育不成熟的市场上，个人投资者素质不高，市场一有风吹草动，大批散户就会捕风捉影，闻风而动，大量抛出或购入股票，形成“利好”或“利空”的市场气氛。

（十一）信用风险

信用风险是指由于市场参与主体不愿或不能履约而造成的股票市场风险。在我国股票市场上，无论是上市公司还是投资者都存在信用缺失的问题，作为市场参与的主体，上市公司的信用缺失问题主要以信息披露不真实、不及时、不完整为主。此外，上市公司也存在操纵、内幕交易，改变募集资金方向、关联交易等问题。部分上市公司在信息披露时往往存在内容不真实、虚构，在财务报告中信息披露也不完整，如披露项目有遗忘、会计报表所反映的数据与真实的文字报告叙述不一致，对资金流动或者是股东成员持股情况披露不充分，绝大多数上市公司的会计报表也只是拘泥于本年度和年末的数据且报表注释存在不合理不规范的情况。在信息披露及时性方面，许多公司在发生一些重大事件时也不立即披露，而是等待这一事件已经公开化时，才公布于众。

股票市场上的投资者主要由两部分构成，即机构投资者和个人投资者，信用缺失主要集中于机构投资者，主要表现如下。

第一，价格操纵。以中海阳事件为例。从 2015 年 3 月 12 日至 23 日 8 个工作日期间，薛黎明连续控制 8 个账户，通过高于市场报价连续大笔申报的方式，每天都将收盘价维持在 8 元以上，违反了《证券法》的规定，对其进行了行政处罚。第二，特权使用。第三，散布虚假信息、欺骗中小投资者。每个人都是“经济人”，机构投资者为了达到自身的目的，散布各种虚假信息诱骗投资者上当，坐享其成。第四，与上市公司合谋欺骗。在证券市场中一些机构投资者为了更好操控二级市场掠得超额利润，往往与上市公司狼狈为奸，利益分享搭建起二者串通的桥梁。

【知识链接 4 -1】

股票市场价格操纵案例：“游资收割机”马永威：一天出货 95%

在上海东方金融广场 B1503 室，马永威、曹勇带领几个年轻的操盘手，利用从江浙闽等地找来的上百个账户，先后狙击了 A 股多只股票。2016 年 7 月，他们通过利用资金优势“封涨停”、虚假报单“撬跌停”、“一字断魂”收割获利的方式，在 8 个交易日内完成了对福达股份（603166. SH）的一轮操纵，单只股票获利超过两千万元。

传统的坐庄模式，一般是利用资金优势，囤积筹码，长期持股，而马永威等人也是利用资金优势，但是靠的是短期狂拉股价，是一种新型的坐庄模式。具体手法是：选择总股本较小，流通市值在 30 亿元以下的冷门股票，低成本吸筹、控盘，不动声色地建仓。拉抬阶段，在控制的账户之间对倒，伪造交易活跃假象，引导其他投资者跟进，盘中连续高价申买，拉抬股价；分时走势直接、生硬，波动幅度较大，断层频繁明显。在股价封至涨停的情况下，继续以涨停价大量申买，强化尾盘涨停趋势，继续诱导其他投资者跟风。出货阶段通过虚假报单撬动跌停板完成出货，诱骗其他投资者充当“接盘侠”，大量不明真相的投资者因高位接盘被套牢。

马永威等人操纵福达股份案，是证监会2017年第二批专项执法案件当中的第一起“快进快出”股票操纵案。根据交易软件数据，在马永威等人的恶意操纵下，本案涉案标的福达股份在2016年7月5日至7月12日仅仅6个交易日间，股价持续强势拉升，累计涨幅高达52%。而同期上证指数涨幅2.03%。一时间，福达股份的火箭飞升与寡淡的大盘形成鲜明对比。由此，仅数日间，福达股份已成为彼时A股市场中一颗闪耀夺目的明星，引得多家知名游资席位以及众多中小投资者跟风参与。成功引得接盘侠后，马永威团伙随即借势出货，上演“一字断魂刀”，于此后的1个交易日（2016年7月15日）内出货高达95%，造成股价跌停，导致大量投资者深套其中。

据证监会调查，马永威、曹勇团伙，控制使用38个证券账户，在2016年7月5日至7月18日期间涉嫌操纵福达股份股票，投入资金量高达2.9亿元，获利超过2289万元。

为了能够利用资金优势操纵股票，马永威等人先期一直在寻找大额资金来作为吸筹的成本。而江浙闽地区的“带资金账户”就成为他的筹资目标，特别是温州地区。稽查人员表示，“2.9亿元的资金，其中有两千多万元是自己的保证金，其他资金来自江苏、浙江、福建这样的地区，”账户拥有者知道自己的钱被拿去炒股了，但不一定知道被拿去操纵股票了，这并不是他们在意的，他们只要定期拿到固定收益就可以了，整体上账户出借方和借入方，是债权债务关系，而非代客理财的关系。市场将这种资金称为“游资收割机”。

据介绍，他们选择的股票交投不活跃，前期很迅速建仓，通过大量对倒交易，吸引投资者关注，也就是“博眼球”，三五个交易日，通过对倒，就把股价拉上去了。出货的手法也很恶劣，即“一字断头”。投资者第二天可以看到前一日封涨停的手数，所以他们会在前一日疯狂挂买单，但不会真的成交，第二天则直接以跌停价出货，仅在集合竞价时就可以出掉一大部分，出货的同时，还会挂买单，造成市场上有买单吃货的假象，同时撤跌停单，撬开跌停板。这时候很多散户投资者还不知情，以为对方是在洗盘，但不知道对方已经开始收割。

资料来源：许自然，宋戈．“游资收割机”马永威覆灭记：一天出货95%　盘面骗你没商量[EB/OL]．[2017-06-20]．http：//stock. hexun. com/2017-06-20/189708514. html？from=rss.

第三节　股票市场安全

一、维护股票市场安全的原则

（一）鼓励创新与防范风险相结合原则

维护股票市场安全首先应遵循鼓励创新与防范风险相结合的原则。金融创新过程

中时常会出现小问题小事件冲击股票市场安全，但不会改变金融创新朝着正确方向发展。根据马克思主义的辩证观点，金融创新存在积极和消极两面性，因此应一方面肯定金融创新活动，另一方面实行适度的监管以防范风险。例如随着互联网金融的发展，互联网证券公司的出现成为一种必然，那么这种新的证券公司形式必然对目前的股票市场带来新的风险，因此我们一方面要鼓励其发展，使其能够促进股票市场的进一步发展；另一方面，我们要对其可能给股票市场带来的风险有一定的认识，并做好风险防范，尽可能减少其对股票市场的不利影响。

（二）市场自律与监管相结合原则

股票市场的自律行为对于股票市场的可持续发展起着至关重要的示范和带动作用。因此，股票市场的各参与主体必须以身作则，充分发挥其在股票市场上的主动性和带头作用。与此同时证券业协会和证券交易所等自律组织，应进一步完善行业内部纠纷、投诉等处理机制，以便尽可能避免问题发展到证券监管部门介入，进而减少监管部门强制性干预发生。

二、维护股票市场安全的措施

（一）完善股票市场制度

股票市场制度分为法律、法规和意见等，完善的股票市场制度是实现股票市场风险有效管理的基础前提，构建股市风险管理框架必须首先建立健全的股票市场制度。经过二十多年的探索，中国已建立起较为完备的股票市场制度体系，具体包括证券法、公司法、证券投资基金法、国有资产评估管理办法、股票发行与交易管理暂行条例、证券公司监督管理条例、证券公司风险处置条例、期货交易管理条例等，基本囊括了企业上市、股票发行、股票交易、股市监管各个方面。股票市场制度分为法律、条例、办法和意见等方面，不同类型股市制度的灵活性和强制性存在显著差别。当前已有制度框架是股票市场健康运行的基础，基本发挥了股市运行、监督和风险管理的功能。

根据当前股市制度存在的缺陷不足，应从以下几点着手进行完善。第一，完善上市公司委托代理制度。委托代理关系是委托方与代理方博弈的结果，其中委托方处于信息劣势而代理方处于信息优势，代理方存在道德风险问题。通过建立和完善上市公司委托代理制度，在制度层面确定相互制衡又分工明确的委托代理关系，明确各方权益边界，实现上市公司委托方和代理方的利益统一。第二，改革股票市场发行制度。当前中国股市发行制度仍是核准制，在该制度下政府部门主导股票发行，易出现权力寻租现象。将发行制度由核准制改革为注册制，上市公司不仅要考虑 IPO 阶段企业质量，还要上市成功后实时接受市场各方参与者监督，可有效避免企业上市圈钱问题。第三，改革股市交易制度。当前中国股市交易的主要特征是 T+1 交易、涨跌停板制度等，限制投资者交易和股价回归，股票市场自发性调整受限。在机构投资者逐渐占主导的背景下，我们可以逐渐放松 T+1 交易、涨跌停板制度等，提高股票市场的流动性、安全性和资源配置功能。第四，加强信息披露制度执行力。当前信息披露制度在监管方面存在不足，监管部门间权责边界模糊，信息披露制度难以有效执行。在完善信息披露制度基础上，需配合其他股市制度，如发行、退市制度等，通过市场机制解决信息披露难题。第五，强化执行股票退市制度。股票退市制度的目的在于建立股票市场的优胜劣汰机制，通过有效淘汰垃圾股、绩差股来提升中国股票市场整体质量。中国在2014年发布了《关于改革完善上市公司退市制度的若干意见》，推进中国股票退市制度改革，上市公司涉及重大信息披露违法情形将被强制退市，2016年*ST博元被强制退市具有标志性意义。

（二）完善股市风险识别预警机制

股市风险识别预警机制的建立和完善，为股市风险的防范提供有力支撑。首先，构建多层次股市风险预警指标体系。考虑到外生冲击对股市价格的影响，可在传统金融风险预警指标体系的基础上引入政策冲击、非政策外生冲击因素，其中政策冲击包括国内财政货币政策和美国货币政策，非政策外生冲击包括中国经济周期波动、美国经济周期波动和欧洲经济周期波动。在考虑外生冲击因素后，股市风险指标体系主要包括宏观经济指标、金融机构指标、证券市场指标、宏观经济政策冲击指标和非政策外生冲击指标。宏观经济指标包括经济增长速度、货币增速和通货膨胀率；金融机构指标包括银行资本充足率、不良贷款率等；证券市场指标包括市盈率、换手率；宏观经济政策冲击指标包括中国财政政策、中国货币政策和美国货币政策。其次，当股市风险预警指标体系的二级指标确定后，可根据历史数据通过专家问卷调研等方式获得各二级指标的安全范围，形成单一指标安全区和预警区。安全区的建立对于股市风险发生具有一定的预警作用，但单一指标处在安全区之外，并不必然表示股市风险上升。

（三）提高股市监管机构效率

中国股票市场的监管机构主要包括证监会、中国登记结算公司、中国证券业协会、中国期货业协会、上海和深圳证券交易所，其中证监会处于核心地位。证监会拥有监管股票市场的广泛权力，而交易所和自律协会等仅拥有部分有限权力，不同监管机构间监管权责边界模糊，导致股市监管的低效。充分发挥各监管部门的股市监管职能，才能有效提高股市监管机构效率。

我们可以从以下四方面入手来提高监管机构效率。首先，证监会应将股市监管部分权力下放，赋予地方证监局、证券交易所和自律组织更多的监管权力。证监会监管股市过程中，不必事事躬亲、面面俱到，而应将具体监管权力合理分配给交易所和证券行业自律组织。证监会仅着眼于制度设计和对其他监管机构的监督，从而避免权力过于集中的寻租行为和低效率。其次，提高证券交易所和自律组织的独立性。证监会对证交所和自律组织更多表现为行政上的上下级关系，证监会的行政干预对证交所和自律组织具有很强影响，导致中国股市表现出较强的行政干预特征。提高证交所和自律组织的独立性，强调市场机制调节，有助于提高监管效率。再次，提高不同监管机构的协调性。在监管机构权责明确的基础上，还需建立不同监管机构间监管协调机制。一方面，可利用先进计算机信息技术，建立监管机构间信息交换处理整合平台，解决监管机构间的信息不对称问题；另一方面，建立常态化监管协调会议机制，针对股票市场问题导致的监管问题进行协商，及时制定发布统一应对措施。最后，加强对股市

监管机构的监督管理。股票市场具有很强的投机性和诱惑性，监管机构内部人员与股市参与者的合谋，将导致股市监管失效，破坏股市正常运行。加强股市监管机构的监管可从两方面进行：一是明确国务院和中国人民银行对证监会等监管机构的监管职责，建立完善监管机制；二是引入政府之外的第三方监管机构，监督监管部门的违规行为。

（四）加强上市公司内部控制

有效的内部控制有助于降低财务欺诈，保证上市公司的质量，保护投资者利益。在《证券法》《公司法》等制度较为完备的条件下，我国上市公司依然存在较为明显的内部控制缺陷。尽管沪深证券交易所均已发布《上市公司内部控制指引》，推动上市公司建立内部控制风险管理机制，但是上市公司所建立的内部控制体系执行力度有限，部分上市公司仅根据自身利益进行企业决策，忽视甚至无视所建立的内部控制制度，从而导致严重后果。由此可见，提高内部控制执行力是上市公司风险管理的必然要求。

提高内部控制执行力需要从以下几方面进行：首先，建立分工明确、相互制衡的公司治理结构。完备的公司治理结构包括股东大会、董事会、监事会和管理层。董事会代表股东利益，可通过任命利益相符的管理层来有效控制公司。管理层主要负责上市公司的日常运营。公司董事兼任管理层成为“内部控制人”，将导致董事会、监事会和管理层的相互制衡失效。鉴于此，上市公司的董事会、管理层和监事会成员应避免相互兼任。其次，提高独立董事监督管理作用。在现实中，我国上市公司因若干问题导致独立董事大多数难以履行其应有职责。有效发挥独立董事职能，一方面需要政府相关部门完善独立董事人选的相关制度，另一方面需要企业引入激励机制激发独立董事积极性。再次，提高企业各方人员对内部控制的关注。上市公司应转变企业发展战略，重视企业内部控制，建立企业风险内控部门，通过企业内部的自由监督管理机制来保证企业平稳运营，降低上市公司股市风险。最后，培育发展上市公司企业文化。培育和发展良好的企业文化能够对上市公司的管理层和员工起到良好的引导作用，推动企业发展。企业文化建设从物质层文化、行为层文化、制度层文化和精神层文化四个方面进行，以塑造学习型组织为目标和宗旨。

（五）提高投资者的股市风险管理水平

个人和机构投资者的理财能力影响着投资者的股市风险管理水平。首先，提高股市风险意识。通过学习金融方面知识来加深投资者关于股市风险和理财的认识，强化股市风险意识。其次，提倡机构投资者为主的股市投资。个人投资者通过委托专业金融机构来投资股票市场，降低股市中散户比例。相比个人投资者而言，机构投资者在信息、精力和投资技术方面具有明显优势，因此以机构投资者为主的股票市场的风险相对较小。最后，引进高层次金融人才，推动金融创新发展。近年来，中国以股市为代表的金融市场发展势头迅猛，但高层次金融人才紧缺，金融产品创新不足，金融市场发展受限，股市风险对冲工具较匮乏。通过引进人才促进金融创新，丰富金融衍生品市场，可有效解决对冲工具不足问题。然而，考虑到金融创新并非一蹴而就，投资者应在厘清传统金融资产对冲作用的前提下通过动态配置黄金、石油和债券等资产来降低所面临的股市下跌风险。

【本章小结】

股票市场是金融市场的重要组成部分，其安全问题对于整个金融体系的安全影响较大。本章首先介绍了股票市场的基本情况，包括股票市场的概念及特征、股票市场的功能、股票市场的参与主体以及国内外股票市场的发展情况。然后介绍了股票市场风险的概念及其种类，股票市场面临政策风险、利率风险、汇率风险、购买力风险等风险，最后介绍了维护股票市场安全的措施。

【复习思考题】

一、名词解释

股票市场风险　利率风险　经营风险　流动性风险

二、选择题

1. （　　）年，我国第一家证券交易所——上海证券交易所成立，自此，中国证券市场开启了一个崭新篇章。

A. 1949　　B. 1979　　C. 1984　　D. 1990

2. 政策风险的具体表现是（　　）。

A. 反向性政策风险　　B. 货币政策风险

C. 突变性政策风险　　D. 财政政策风险

3. 股票市场风险的特征包括（　　）。

A. 客观性　　B. 相对性　　C. 可变性　　D. 可管理性

4. 机构投资者信用缺失的主要表现包括（　　）。

A. 价格操纵　　B. 散布虚假信息

C. 与上市公司合谋欺骗

三、问答题

1. 股票市场的特征是什么？
2. 股票市场有哪些功能？
3. 股票市场风险有什么特征？
4. 股票市场风险有哪些种类？
5. 维护股票市场安全的措施有哪些？

选择题答案

1. D　2. AC　3. ABCD　4. ABC

第五章

证券投资基金市场安全

【教学目的和要求】

通过本章学习，使学生掌握证券投资基金市场的概念及功能；熟悉证券投资基金市场的参与主体；了解国内外证券投资基金市场的发展情况；掌握证券投资基金市场的风险种类及维护证券投资基金市场安全的措施。

第一节　证券投资基金市场概述

一、证券投资基金市场的概念

证券投资基金是指通过发行基金份额，将众多不特定投资者的资金集中起来，形成独立财产，委托基金管理人进行投资管理，基金托管人进行财产托管，由基金投资人共享投资收益、共担投资风险的集合投资方式。基金份额发行及转让流通的市场即是证券投资基金市场。

二、证券投资基金市场的功能

证券投资基金是一种集中资金、专业理财、组合投资、分散风险的集合投资方式。一方面，它通过发行基金份额的形式面向投资大众募集资金；另一方面，它将募集到的资金，通过专业理财、分散投资的方式投资于资本市场。其独特的制度优势促使其不断发展壮大，其功能也不断完善。

（一）为中小投资者拓宽投资渠道

对中小投资者来说，储蓄或购买债券较为稳妥，但收益率较低。投资于股票有可能获得较高收益，但对于手中资金有限、投资经验不足的中小投资者来说，直接进行股票投资有一定困难，而且风险较大。在资金量有限的情况下，很难做到组合投资、分散风险。此外，股票市场变幻莫测，中小投资者由于缺乏投资经验，再加上信息条件的限制，很难在股市中获得良好的投资收益。投资基金作为一种面向中小投资者设计的间接投资工具，把众多投资者的小额资金汇集起来进行组合投资，由专业投资机构进行管理和运作，从而为投资者提供了有效参与证券市场的投资渠道，已经成为广大民众普遍接受的一种理财方式。

从市场规模看，截至2018年底，公募基金资产规模达13.03万亿元，产品达5792只，是我国A股市场持股比例最高的专业机构投资者。截至2016年末，公募基金个人有效账户达2亿户，其中85%的基金账户资产规模在5万元以下。公募基金已经成为普惠金融的典型代表，为数以亿计的投资者创造了巨大收益和金融便利。从投资业绩看，自开放式基金成立以来至2017年末，公募基金累计向持有人分红1.71万亿元，偏股型基金年化收益率平均为16.52%，超出同期上证综指平均涨幅8.8个百分点；债券型基金年化收益率平均为7.2%，超出现行3年期银行定期存款基准利率4.5个百分点，为长期信任公募基金的投资者创造了可观的相对回报。

（二）优化金融结构，促进经济增长

证券投资基金将投资者的资金汇集起来投资于证券市场，扩大了直接融资的比例，为企业在证券市场筹集资金创造了良好的融资环境，实际上起到了将储蓄资金转化为生产资金的作用。近年来投资基金市场的迅速发展已充分说明，以基金和股票为代表的直接融资工具能够有效分流储蓄资金，在一定程度上降低金融业系统性风险，为产业发展和经济增长提供重要的资金来源，有利于生产力的提高和国民经济的发展。

在证券投资基金中，公募证券投资基金作为门槛最低的大众理财工具，已经成为中小投资者除了银行外第一大投资渠道，是A股市场最主要的专业机构投资者，推动普惠金融发展，引领资产管理行业。而近年来发展迅速的私募证券投资基金，从居民多元化投融资需求出发，从实体经济创新、产业结构的需要出发，在社会财富管理中正发挥越来越积极有效的作用，正在成为资本形成的重要通道、直接融资的重要渠道。

作为市场化配置资源的重要环节，证券投资基金本着“为大众投资者服务、为实体经济服务”的宗旨，专业识别实体经济运行中对金融服务的需求，通过对自身产品的可行性设计，使其转化为公众投资产品，凭借自身大类资产配置能力和对各类资产、策略的投资能力，为中国投资者优化资源配置、资产配置提供更好的服务，为中国的实体经济发展作出更大贡献。

（三）有利于证券市场的稳定和健康发展

证券投资基金管理人形成了投资研究驱动、合规保障与运营支撑的制度化投研体系，在投资范围、投资比例、集中度等方面形成了有约束力的限制，使得基金管理人及其投研团队主要通过精选个股、精选个券的方式实现对投资标的的识别、评估与交易。在投资组合管理过程中对所投资证券进行深入研究与分析，有利于促进信息的有效利用和传播，有利于市场合理定价，有利于市场有效性的提高和资源的合理配置。

证券投资基金发挥专业理财优势，推动市场价值判断体系的形成，倡导理性的投资文化，有助于防止市场的过度投机。证券投资基金的发展有助于改善我国目前以个人投资者为主的不合理的投资者结构，充分发挥机构投资者对上市公司的监督和制约作用，推动上市公司完善治理结构。

不同类型、不同投资对象、不同风险与收益特性的证券投资基金在给投资者提供

广泛选择的同时，也成为资本市场不断变革和金融产品不断创新的源泉之一。

（四）完善金融体系和社会保障体系

证券投资基金的专业化服务，还可以为社会保障基金、企业年金、养老金等各类社会保障型资金提供长期投资，是实现保值增值的平台，促进社会保障体系的建立与完善，这一点已为众多发达国家和地区的实践经验所证明。公募基金低门槛、多样化、小额账户管理经验丰富、运作规范等特征满足了百姓投资和个人养老储蓄的需求，在美国，共同基金将近50%由私人养老金持有。美国劳工部调研发现，基金在抵御通货膨胀风险和长寿风险上具有较明显的优势，长期表现比较稳健，有合理的收益前景以及能够抵御通货膨胀，因此，将目标日期基金、目标风险基金纳为QDIA（合格默认投资选择），投资者没有做投资选择时，雇主可以免责将个人的养老金投向这些产品。发展20多年来，美国基金年复合增长率超过40%。

在我国，证券投资基金也是社会保障型资金保值增值的重要力量。截至2016年底，全国社保基金理事会管理的社保基金资产总额达20423.28亿元，基金权益总额19488.07亿元，自2000年8月成立以来，累计实现投资收益8227.31亿元，年均投资收益率8.37%，资产增值效果显著。基金管理公司作为全国社保基金最主要的委托投资资产管理人，在18家管理人中占16席，管理了超过40%的全国社保基金资产，在机构投资者中树立了良好声誉。此外，11家获得企业年金管理资格的基金管理公司还管理着近4000亿元的企业年金，2012—2016年近5年的累计收益均在30%以上。

在基本社会保障、企业年金和职业年金之外，相关部门和机构正在推动构建以个人自主养老为基础的第三支柱，对于完善我国养老体系具有重要意义，将为整个养老体系的重溯提供战略空间。

（五）推动社会责任投资，实现可持续发展

社会责任投资（ESG），代表的是环境（Environment）、社会（Society）和公司治理（Governance），是倡导在投资决策过程中充分考虑环境、社会和公司治理因素的投资理念。以ESG为核心的社会责任投资代表了当前国际投资和经济发展新趋势，社会责任投资运用ESG标准指导投资实践，将投资决策标准从财务绩效扩展到绿色发展、公共利益和稳健成长，摒弃短期利益驱动而损害上市公司长期健康发展的行为。这是长期投资理念和投资行为的转变，更是行业道德标准的提升。只有最大程度契合公共利益，持续推动社会价值创造和福利增进，才能最大程度实现资产管理行业的价值。

从全球来看，ESG投资原则已经得到养老金、共同基金、捐赠基金等机构投资者的广泛认可，研究证明，应用ESG投资在优化投资决策流程、产生超额收益等方面均有不俗表现。在推动ESG标准指导投资实践、推动社会责任投资方面，基金行业已经做了较大努力。基金业协会数据显示，截至2016年底，公募行业共有4只社会责任投资基金，低碳环保、美丽中国、可持续发展、绿色、公司治理、养老等符合社会责任投资方向和理念的公募基金共59只。其中，绿色、低碳环保方向的社会责任类基金23只。在接受调查的106家基金公司中，有42家公司表示在未来3年内有社会责任投资方向的计划和安排。

三、证券投资基金市场的参与者

在证券投资基金市场上，存在许多不同的参与者。依据所承担的职责与作用的不同，可以将基金市场的参与者分为基金当事人、基金市场服务机构、基金监管机构和自律组织三大类。

（一）基金当事人

我国的证券投资基金依据基金合同设立，基金份额持有人、基金管理人与基金托管人是基金合同的当事人，简称基金当事人。

1. 基金份额持有人。基金份额持有人即基金投资者，是基金的出资人、基金资产的所有者和基金投资回报的受益人。按照《证券投资基金法》的规定，我国基金份额持有人享有以下权利：分享基金财产收益，参与分配清算后的剩余基金财产，依法转让或者申请赎回其持有的基金份额，按照规定要求召开基金份额持有人大会，对基金份额持有人大会审议事项行使表决权，查阅或者复制公开披露的基金信息资料，对基金管理人、基金托管人、基金销售机构损害其合法权益的行为依法提出诉讼，基金合同约定的其他权利。

2. 基金管理人。基金管理人是基金产品的募集者和管理者，其最主要职责就是按照基金合同的约定，负责基金资产的投资运作，在有效控制风险的基础上为基金投资者争取最大的投资收益。基金管理人在基金运作中具有核心作用，基金产品的设计、基金份额的销售与注册登记、基金资产的管理等重要职能多半由基金管理人或基金管理人选定的其他服务机构承担。在我国，基金管理人只能由依法设立的基金管理公司担任。

3. 基金托管人。为了保证基金资产的安全，《证券投资基金法》规定，基金资产必须由独立于基金管理人的基金托管人保管，从而使基金托管人成为基金的当事人之一。基金托管人的职责主要体现在基金资产保管、基金资金清算、会计复核以及对基金投资运作的监督等方面。在我国，基金托管人只能由依法设立并取得基金托管资格的商业银行或其他金融机构担任。

（二）基金市场服务机构

基金管理人、基金托管人既是基金的当事人，又是基金的主要服务机构。除基金管理人和基金托管人外，基金市场还有许多面向基金提供各类服务的其他机构，主要包括：

1. 基金销售机构。基金销售是指基金宣传推介、基金份额发售或者基金份额的申购、赎回，并收取以基金交易（含开户）为基础的相关佣金的活动。基金销售机构是指从事基金销售业务活动的机构，包括基金管理人以及经中国证监会认定的可以从事基金销售的其他机构。目前可申请从事基金代理销售的机构主要包括商业银行、证券公司、保险公司、证券投资咨询机构、独立基金销售机构。

2. 基金销售支付机构。基金销售支付是指基金销售活动中基金销售机构、基金投资人之间的货币资金转移活动。基金销售支付机构是指从事基金销售支付业务活动的

商业银行或者支付机构。基金销售支付机构从事销售支付活动的，应当取得中国人民银行颁发的《支付业务许可证》（商业银行除外），并制定了完善的资金清算和管理制度，能够确保基金销售结算资金的安全、独立和及时划付。基金销售支付机构从事公开募集基金销售支付业务的，应当按照中国证监会的规定备案。

3. 基金份额登记机构。基金份额登记是指基金份额的登记过户、存管和结算等业务活动。基金份额登记机构是指从事基金份额登记业务活动的机构。基金管理人可以办理其募集基金的份额登记业务，也可以委托基金份额登记机构代为办理基金份额登记业务。公开募集基金份额登记机构由基金管理人和中国证监会认定的其他机构担任。

4. 基金估值核算机构。基金估值核算是指基金会计核算、估值及相关信息披露等业务活动。基金估值核算机构是指从事基金估值核算业务活动的机构。基金管理人可以自行办理基金估值核算业务，也可以委托基金估值核算机构代为办理基金估值核算业务。基金估值核算机构拟从事公开募集基金估值核算业务的，应当向中国证监会申请注册。

5. 基金投资顾问机构。基金投资顾问是指按照约定向基金管理人、基金投资人等服务对象提供基金以及其他中国证监会认可的投资产品的投资建议，辅助客户作出投资决策，并直接或者间接获取经济利益的活动。基金投资顾问机构是指从事基金投资顾问业务活动的机构。基金投资顾问机构提供公开募集基金投资顾问业务的，应当向工商登记注册地中国证监会派出机构申请注册。未经中国证监会申请注册，任何机构或者个人不得从事公开募集基金投资顾问业务。基金投资顾问机构及其从业人员提供投资顾问服务，应当具有合理的依据，对其服务能力和经营业务进行如实陈述，不得以任何方式承诺或者保证投资收益，不得损害服务对象的合法权益。

6. 基金评价机构。基金评价是指对基金投资收益和风险或者基金管理人管理能力进行的评级、评奖、单一指标排名或者中国证监会认定的其他评价活动。评级是指运用特定的方法对基金的投资收益和风险或者基金管理人的管理能力进行综合性分析，并使用具有特定含义的符号、数字或者文字展示分析的结果。

7. 基金信息技术系统服务机构。基金信息技术系统服务是指为基金管理人、基金托管人和基金服务机构提供基金业务核心应用软件开发、信息系统运营维护、信息系统安全保障和基金交易电子商务平台等的业务活动。从事基金信息技术系统服务的机构应当具备国家有关部门规定的资质条件或者取得相关资质认证，具有开展业务所需要的人员、设备、技术、知识产权等条件，其信息技术系统服务应当符合法律法规、中国证监会以及行业自律组织等的业务规范要求。

8. 律师事务所和会计师事务所。律师事务所和会计师事务所作为专业、独立的中介服务机构，为基金提供法律、会计服务。

（三）基金监管机构和自律组织

1. 基金监管机构。为了保护基金投资者的利益，世界上不同国家和地区都对基金活动进行严格的监督管理。基金监管机构通过依法行使审批或核准权，依法办理基金备案，对基金管理人、基金托管人以及其他从事基金活动的服务机构进行监督管理，对违法违规行为进行查处，因此其在基金的运作过程中起着重要的作用。在我国，基金监管机构为中国证监会。

2. 基金自律组织。证券交易所是基金的自律管理机构之一。我国的证券交易所是依法设立的，不以盈利为目的，为证券的集中和有组织的交易提供场所和设施，履行国家有关法律法规、规章、政策规定的职责，实行自律性管理的法人。一方面，封闭式基金、上市开放式基金和交易型开放式指数基金等需要通过证券交易所募集和交易，必须遵守证券交易所的规则；另一方面，经中国证监会授权，证券交易所对基金的投资交易行为还承担着重要的一线监控职责。

基金行业自律组织是由基金管理人、基金托管人及基金市场服务机构共同成立的同业协会。同业协会在促进同业交流、提高从业人员素质、加强行业自律管理、促进行业规范发展等方面具有重要的作用。我国的基金自律组织是2012年6月6日成立的中国证券投资基金业协会。

四、我国证券投资基金市场

（一）全球基金市场发展的趋势与特点

证券投资基金的出现与世界经济发展有密切关系，世界上第一只公认的证券投资基金——“海外及殖民地政府信托”诞生在1868年的英国。为了拓展海外殖民地，英国政府批准成立了一只海外投资信托，由投资者集体出资、专职经理人负责管理和运作。为确保资本的安全和增值，还委托律师签订了文字契约，由此产生了一种新型的信托契约型的间接投资模式，它在许多方面为现代证券投资基金的产生奠定了基础。

证券投资基金真正大发展却是在美国。1924年由200多名哈佛大学教授出资5万美元在波士顿成立的“马萨诸塞投资信托基金”被公认为美国开放式公司型共同基金的鼻祖。进入20世纪六七十年代，美国共同基金的产品和服务趋于多样化，共同基金的规模也发生了巨大变化。截至2016年底，美国基金市场资产净值规模达19.2万亿美元。

就全球而言，进入21世纪以后，世界基金市场的规模继续膨胀。特别是在2006—2007年，世界基金市场的资产规模增长明显加快。在2007年底，基金市场的资产规模相比1999年翻了一番，达到历史最高峰25.1万亿美元。随后国际金融危机爆发，世界基金市场的规模有所下降，但经过短暂调整后，自2009年重新回到上升轨道，截至2016年底，全球开放式基金资产总额为40.4万亿美元。各种基金类型中，股票基金的资产规模和数目都居于优势。目前全球基金市场的发展呈现以下趋势和特点。

1. 美国占据主导地位，其他国家和地区发展迅猛。目前，美国的证券投资基金资产总值占世界半数以上，对全球证券投资基金的发展有着重要的示范性作用。除欧洲、美国、日本外，澳大利亚、拉丁美洲、亚洲新兴国家和地区，如中国香港、中国台湾等地区以及新加坡、韩国等国家的证券投资基金发展也很快。随着数量、品种、规模的发展幅度增长，证券投资基金日益成为各国（地区）资本市场的重要力量，市场地位和影响不断提高。

2. 开放式基金成为证券投资基金的主流产品。20 世纪 80 年代以来，开放式基金的数量和规模增长幅度最大，目前已成为证券投资基金中的主流产品。探究其中的原因，开放式基金更加市场化的运作机制和制度安排是非常重要的因素，其独特灵活的申购赎回机制适应了市场竞争的客观需要，是金融创新顺应市场发展潮流的必然结果。事实证明，开放式基金更加全面的客户服务和更加充分的信息披露，已经获得了基金投资者的广泛青睐。

3. 基金市场竞争加剧，行业集中趋势突出。在证券投资基金的发展过程中，基金市场行业集中趋势明显，资产规模位居前列的少数较大的基金公司所占的市场份额不断扩大。随着市场竞争的加剧，许多基金公司不得不走上兼并、收购的道路，这反过来进一步加剧了基金市场的集中。

4. 基金资产的资金来源发生了重大变化。个人投资者一直是传统上证券投资基金的主要投资者，养老金越来越成为基金的重要资金来源。养老基金投资具有强制“储蓄”、定期定额投资、长期投资等特点，成为解决社会养老资金问题的重要支柱。以共同基金为投资对象的养老金投资计划已经成为发达市场国家的重要制度，获得税收优惠等政策的大力支持。比如，美国允许雇主发起的养老金计划和个人税收优惠养老计划，以共同基金为投资对象。在近三十年中，美国共同基金市场的迅速发展壮大与退休养老金的快速增长紧密相关。

5. ETF 等被动基金规模迅速扩大。ETF 可在证券交易所交易，投资者全天都可通过经纪商，以市场价格买卖基金份额。自 1993 年美国 SEC 批准设立第一只 ETF 以来，其作为一种投资工具已有 20 多年的历史，并且在全球各国始终保持高速增长。ETF 自诞生以来就不断推陈出新，先后在投资区域（单一国家、单一地区、全球）、投资标的（股票、债券、货币市场、黄金等商品）、投资策略（高息、多空、杠杆）乃至投资模式（指数化、主动管理）等多方面创新，为投资者提供了丰富的多元化投资产品。截至 2016 年底，全球 ETF 数量已超过 3200 只、管理规模约 3. 3 万亿美元，其中美国已有 1732 只 ETF，共 2. 5 万亿美元，占全球 ETF 资产规模的 76%，依然是世界上最大的 ETF 市场。其中指数型 ETF 具有能较好跟踪指数、投资操作透明、管理费率低、交易方便等特点，近年来规模增长迅速。

6. 另类投资基金兴起。另类投资是指在股票、债券及期货等公开交易平台之外的投资方式，包括私募股权、风险投资、地产、矿业、杠杆并购、基金的基金等诸多品种。另类投资早已存在，风险高、透明度低。但由于泛滥的全球流动性、火爆的全球房地产业和飙升的商品价格，近年来另类投资出现爆炸性增长，并以其高回报和提高中的透明度，吸引了大量退休基金、大学基金和慈善基金加入，使另类投资在过去十年中获得了空前的发展，而且开始由欧美向亚洲渗透。

（二）我国证券投资基金市场的发展

我国证券投资基金市场伴随证券市场的发展而诞生，发展线索主要有五个：其一，基金市场的主管机构从中国人民银行过渡为中国证监会；其二，基金的监管法规从地方行政法规起步，到国务院证券委[①]出台的行政条例，再到全国人民代表大会通过并修订的《证券投资基金法》及中国证监会根据《证券投资基金法》制定的一系列配套规则；其三，基金市场的主流品种从不规范的“老基金”，到封闭式基金，再到开放式基金，乃至各类基金创新产品；其四，随着居民财产收入的增加和理财意识的觉醒，中国百姓对证券投资基金从不熟悉到熟悉，投资基金逐渐成为人们家庭金融理财的主要工具之一；其五，在新时期，基金市场面临新的机遇和挑战。

我国基金市场的发展主要可以划分为以下五个阶段：

1. 萌芽和早期发展时期（1985—1997 年）。20 世纪 80 年代末，一批由中资或外资金融机构在境外设立的“中国概念基金”相继推出，这些“中国概念基金”一般是由国外及中国香港等地基金管理机构单独或者与境内机构联合设立，投资于在香港上市的内地企业或者中国内地企业的股票。

20 世纪 90 年代初期，在境外“中国概念基金”与中国证券市场初步发展的影响下，在地方政府和当地人民银行分支机构的支持下，国内基金开始发展，在 1992 年前后形成了投资基金热。1992 年 6 月，深圳市率先公布了《深圳市投资信托基金管理暂行规定》，同年 11 月经人民银行深圳市中心支行批准成立了深圳市投资基金管理公司，发起设立了当时国内规模最大的封闭式基金——天骥基金，规模为 5. 81 亿元人民币。1992 年 11 月，经中国人民银行总行批准的国内第一只投资基金——淄博乡镇企业投资基金（简称淄博基金）正式设立，并于 1993 年 8 月在上海证券交易所挂牌上市，成为我国首只在内地证券交易所上市交易的投资基金。在这一阶段，中国人民银行作为基金主管机关，对基金的审批设立以及运作进行监管。这一阶段设立的基金数量共有 79 只，总资产 90 多亿元，投资者约 120 万户，大部分是在 1992 年前后设立的。相对于 1997 年《证券投资基金管理暂行办法》实施以后发展起来的证券投资基金，习惯上将 1997 年以前设立的基金称为“老基金”。

2. 试点发展阶段（1998—2002 年）。1997 年 11 月当时的国务院证券委员会颁布了《证券投资基金管理暂行办法》，为我国证券投资基金市场的规范发展奠定了法律基础，1998 年 3 月 27 日，经中国证监会批准，新成立的南方基金管理公司和国泰基金管理公司分别发起设立了规模均为 20 亿元的两只封闭式基金——基金开元和基金金泰，由此拉开了中国证券投资基金试点的序幕。最早发行的封闭式基金受到市场的热烈追捧，比如，基金开元和基金金泰的申购户分别达 95. 8 万户与 119. 8 万户，中签率不足 2. 5%。基金试点当年，我国共设立了 5 家基金管理公司，管理封闭式基金数量 5 只（单只基金的规模同为 20 亿元），年末基金净资产合计 107. 4 亿元。

在新基金快速发展的同时，证监会开始着手对原有投资基金（“老基金”）进行清理规范，将“老基金”资产置换后合并扩募改制成符合《证券投资基金管理暂行办法》的新证券投资基金。2000 年共有 36 只“老基金”改制成 11 只证券投资基金，基

① 国务院证券委员会是中国管理全国证券市场的政府机构。1992 年 10 月成立于北京，1998 年 3 月撤销，其工作由中国证券监督管理委员会承担。

金在2000年底达到了33只。同时新成立了6家基金管理公司，管理改制后的基金。

在封闭式基金成功试点的基础上，2000年10月8日，中国证监会发布并实施《开放式证券投资基金试点办法》，由此揭开了我国开放式基金发展的序幕。2001年9月，我国第一只开放式基金——华安创新诞生，2002年底开放式基金迅速发展到17只，规模566亿份。开放式基金为我国证券投资基金市场的发展注入了新活力，并在很大程度上为我国基金产品的创新开辟了广阔天地。

2002年10月，首家中外合资基金管理公司国联安基金管理公司批准筹建。同年12月，首家中外合资基金管理公司招商基金管理公司成立，基金市场成为履行我国证券市场加入世贸组织承诺的先锋。

3. 市场快速发展阶段（2003—2007年）。2003年10月28日，第十届全国人大常委会第五次会议审议通过《证券投资基金法》并于2004年6月1日施行，基金市场的法律法规得到重大完善。《证券投资基金法》的出台为我国基金市场的发展奠定了坚实的法律基础，在此基础上，我国证券投资基金市场步入更快的发展轨道。这一阶段基金发展的主流品种是开放式基金，自2002年8月银丰基金发行成功后直到2007年7月，我国一直未发行新的封闭式基金。2006年、2007年两年受益于股市的繁荣，我国证券投资基金得到有史以来最快的发展，基金业绩表现异常出色，创历史新高，基金资产规模极速增长，基金投资者队伍迅速壮大。

这一时期，基金产品的创新层出不穷，先后出现了生命周期基金、QDII基金、结构分级基金等多个创新品种。基金管理公司的资产规模普遍增长，业务呈现多元化发展趋势。

4. 市场平稳发展及创新探索阶段（2008—2014年）。2008年以后，由于国际金融危机的影响、我国经济增速的放缓和股市的大幅调整，基金市场进入了平稳发展时期，管理资产规模停滞徘徊，股票型基金呈现持续净流出态势。面对不利的外部条件，基金市场进行了积极的改革和探索。

这一时期，基金监管机构不断坚持市场化改革方向，贯彻“放松管制、加强监管”的思路，允许基金管理公司开展专户管理等私募业务、设立子公司开展专项资产管理和销售业务、设立香港子公司从事RQFII等国际化业务，基金产品的审批也逐步放松，取消产品发行数量的限制，审核程序也大大简化。在放松管制的同时，加强了行为监管，打击违法活动，设立“不能利用非公开信息获利、不能进行非公平交易、不能搞各种形式的利益输送”三条底线。监管机构还推动了《证券投资基金法》的修订，修订后的《证券投资基金法》对私募基金监管、基金公司准入门槛、投资范围、业务运作等方面进行了修改和完善。《证券投资基金法》修订后，监管机构配套出台了众多的基金市场改革措施。这些新措施的推出，在拓宽基金公司业务范围、扩大基金投资标的、松绑投资运作限制、优化公司治理、规范行业服务行为等方面，取得了较大进展。

随着市场监管的放松和市场化改革，基金管理公司业务范围得到极大拓展，业务和产品创新热情得到释放。除了传统的公募基金业务外，企业年金、社保基金、特定客户资产管理等业务有了较快发展。子公司投资于非上市股权、债权和收益权资产的专项资产管理计划开始大量出现，一些基金管理公司还开始涉足财富管理业务。基金产品创新也得到较快发展，基金产品更加精细化，覆盖范围更广。

互联网金融与货币市场基金成功融合，凭借在投资回报和资金运用便捷性方面的综合竞争优势，成为公募基金快速成长的新生力量代表。2013 年 6 月，余额宝产品推出，规模及客户数迅速爆发增长，成为市场关注的新焦点。此外，淘宝网店、好买基金网、天天基金网等网上销售基金的创新方式也逐渐兴起，成为基金销售的重要渠道。

5. 防范风险和规范发展阶段（2015 年至今）。2015 年证券市场的剧烈波动以及理财市场上的一些风险事件的发生，将基金市场的一些不规范行为和风险暴露出来。从 2015 年下半年开始，监管部门开始采取比较严格的措施，降低和防范风险、完善法规规范和加强监督检查。

第一，加强私募机构的规范和清理。基金业协会先后颁布《私募投资基金信息披露管理办法》《私募投资基金管理人内部控制指引》《私募投资基金募集行为管理办法》《私募投资基金合同指引》等一系列自律规则，引导私募基金行业规范运作。基金业协会还建立了“失联（异常）私募机构”公示制度，对于无法取得联系的私募机构认定为“失联（异常）私募机构”进行公告，按照相关法规采取自律措施，将失联（异常）情况记入相关机构诚信档案，并报告证监会。证监会连续对私募机构开展了包括募资行为合规性、基金资产安全性、信息披露及时性、基金杠杆运用情况、是否存在侵害投资者权益行为五个方面的专项检查。

第二，规范基金管理公司及其子公司的资产管理业务。中国证监会针对基金管理公司及其子公司在资产管理业务方面出现的问题和风险，严格清理资产管理计划中违规提供保本保收益安排、杠杆倍数超标、违规进行结构化安排和管理，委托不符合条件的第三方机构提供投资建议等情况。对于子公司逐步暴露出一些亟须规范的问题和风险，颁布了《证券投资基金管理公司子公司管理规定》和《基金管理公司特定客户资产管理子公司风险控制指标管理暂行规定》，对基金子公司进行全方位约束。

第三，规范分级、保本等特殊类型基金产品，发展基金中基金产品。中国证监会批复沪、深证券交易所发布《分级基金业务管理指引》，在总结分级基金发展情况基础上，对交易监管安排进一步完善，规范分级基金运作，完善分级基金投资者适当性管理要求，加强分级基金投资者教育与风险警示的重要制度安排。

中国证监会还修订《关于保本基金的指导意见》，将“保本基金”名称调整为“避险策略基金”，进一步完善保本基金的有关制度安排，防范和化解风险；适度控制基金规模，降低行业风险；完善基金管理人的相关审慎监管要求，对基金管理人和基金经理的投资管理经验进行了规定；完善相关风险控制指标，从严要求稳健资产的投资范围、剩余期限以及风险资产的放大倍数；要求基金管理人每日监控保本基金的净值变动情况，定期开展压力测试；完善担保相关监管要求，适度降低担保机构对外担保资产总规模，同时要求基金管理人审慎选择担保机构，并在定期报告中对担保机构情况进行披露；要求基金管理人及其子公司特定客户资产管理业务不得募集保本产品。

为拓展长期、稳定资金来源，壮大机构投资者队伍，中国证监会发布了《公开募

集证券投资基金运作指导第 2 号——基金中基金指引》。发展基金中基金有利于广大投资者借助基金管理人的专业化选择基金优势投资基金，拓宽基金业发展空间；有利于满足投资者多样化资产配置投资需求，有效分散投资风险，降低多样化投资的门槛；有利于进一步增强证券经营机构服务投资者的能力。

第四，对基金管理公司业务实施风险压力测试。为了强化基金行业的风险管控约束机制，建立压力测试的风险监测与预警制度，提高基金管理公司的风险管理水平，基金业协会制定和颁布了《公募基金管理公司压力测试指引（试行）》，提供压力测试模板表格，组织行业开展定期压力测试。

第五，专业人士申请设立基金公司的数量攀升，申请主体渐趋多元。修订后的《证券投资基金法》及随后的《国务院关于管理公开募集基金的基金管理公司有关问题的批复》降低了公募基金管理公司的设立条件，并允许专业人士持股，激发了各类市场主体参与公募业务的意愿，申请设立基金公司的数量持续攀升，申请主体渐趋多元。

基金产品呈现货币化、机构化特点。2016 年以来，由于股票市场比较低迷，个人投资者投资意愿不强烈。机构投资者的规模和比例上升较快，以货币市场基金、债券型基金和以绝对回报为目标的混合型基金为主。由于基金管理公司竞争市场化、专业投资能力比较强，公募基金又具有信息透明、税收优惠等优势，成为以保险公司、银行为主的机构投资者青睐的对象，它们大量通过认购申购公募基金、对外委托投资等方式与基金管理公司进行合作，甚至出现以某家机构为主来认购基金的方式。同时，在机构投资者和网络金融的支持下，货币市场基金仍然增长比较快。

第二节　证券投资基金市场风险

一、证券投资基金市场风险的概念

风险来源于不确定性，是未来的不确定事件可能带来的影响。证券投资基金市场风险是指由于各种事件及因素的影响而带来的证券投资基金市场未来发展结果的不确定性。

证券投资基金市场的风险是客观存在的，是不会依人们的主观愿望而消失的。国家的宏观经济形势和政策、市场利率及通货膨胀水平以及市场参与者的信用等都在客观上具有不确定性，因此会对证券投资基金市场带来不确定的影响。

二、证券投资基金市场风险的种类

证券投资基金市场风险有多种表现形式，有市场参与者所面临的在竞争和变化的市场环境下不能正常运转并取得利润的风险，这是商业风险；有市场参与者面临的来源于人力、系统、流程出错，以及其他不可控但会影响运营的操作风险；有因参与者未能遵守所有法律法规而遭受处罚的合规风险等。证券投资基金市场风险可以分为基金运营过程中的风险和基金投资者承担的风险两个方面。

（一）基金运营过程中的风险

1. 市场风险。市场风险是指基金投资行为受到宏观经济、政治、社会等因素对证券价格所造成的影响而面对的风险。当基金投资于股票市场时，上市公司的股价不但受其自身业绩、所属行业的影响，更会受到政府的经济政策、经济周期、利率水平等宏观因素的影响，从而股票价格表现出一种不确定性；而当基金投资于国债市场时，国债的价格也会随着利率的变动而大幅波动，当利率上升时，国债价格会下降。所以即使基金具有分散风险的功能，但由于股票、债券等市场存在固有的风险，投资于股票、债券的基金难免会面临风险。市场风险具体包括以下几个方面。

（1）政策风险。政策风险是指因宏观经济政策的变化导致的对证券投资基金市场的影响。宏观经济政策，包括财政政策、产业政策、货币政策等，都会对金融市场造成影响，这一方面会对证券投资基金市场产生直接影响；另一方面，会通过对股票、债券等金融市场的影响，进而影响基金的收益水平，从而对证券投资基金市场产生影响。

（2）经济周期性波动风险。经济发展有一定周期性，证券投资基金市场作为金融市场的一部分，其发展必然受到经济周期性波动的影响。比如，当经济低迷时，一方面各类金融资产的收益水平会处于相对低的水平，进而导致基金的收益下降；另一方面由于投资者收入水平的降低及对未来预期的不乐观，会降低投资者的投资需求，因此证券投资基金市场也会随之处于低迷状态。2008 年国际金融危机使全球经济处于低迷状态，这种状态同样影响并波及证券投资基金市场。

（3）利率风险。利率风险是指因利率变化而产生的基金市场发展的不确定性。利率变动是不确定的、经常发生的，并且利率变动是一个积累的过程，因此利率风险具有一定的隐蔽性。当市场利率发生变动时，一方面可以通过影响金融资产的收益进而影响基金的收益；另一方面可以改变市场投资者的机会成本及预期，这些都会对证券投资基金市场带来一定的影响。

（4）购买力风险。购买力风险是指作为基金利润主要分配形式的现金，可能由于通货膨胀等因素的影响而导致购买力下降，降低基金实际收益，使投资者实际收益率降低，进而改变投资者资产配置，而给证券投资基金市场带来的风险，通常又称为通货膨胀风险。例如，当通货膨胀较严重时，投资者可能更倾向于投资黄金等资产而放弃基金市场的投资。

（5）汇率风险。汇率风险是指由于汇率变动而带来的证券投资基金市场发展的不确定性。合格境内机构投资者（QDII）基金由于涉及外汇业务对汇率风险较为敏感，当投资于境外市场时，面临的主要风险之一就是汇率风险。

2. 信用风险。信用风险来源于贷款的借贷方、债券发行人以及回购交易和衍生品的交易对手方的违约可能性。例如，基金所投资债券的发行人不能或拒绝支付到期本息，债券评级下调引起价格下跌，回购交易对手方不履行回购债券义务等。

信用风险事件对持有债券的基金及证券投资基金市场的影响有：

（1）相关债券估值急剧下降，基金净值受损；

（2）相关债券流动性丧失，很难变现；

（3）投资者集中赎回基金，带来流动性风险；

（4）基金公司自有资金受到损失，遭受监管处罚。

3. 流动性风险。流动性是资产在短期内以低成本完成市场交易的能力。资产的流动性好，则买卖容易，价格稳定，投资者的交易成本低。当资产的流动性变差时，随着买卖价差增大，投资组合往往会蒙受损失。流动性供给与需求不平衡时会出现流动性风险。

基金市场的流动性风险主要表现在两方面：一是基金管理人在建仓时或者在为实现投资收益而卖出证券时，可能会由于市场流动性不足而无法按预期的价格在预定的时间内买入或卖出证券；二是开放式基金发生投资者赎回时，所持证券流动性不足，基金管理人被迫在不适当的价格大量抛售股票或债券，或无法满足投资者的赎回需求。两者均可能使基金净值受到不利影响。

流动性风险是一种综合性风险。与市场风险、信用风险和操作风险相比，其形成原因更加复杂。市场、信用、操作等各个领域的风险管理的缺陷，都可能导致流动性出现问题。影响基金市场流动性风险的主要因素有：金融市场整体的流动性、证券市场的走势、基金公司流动性管理流程和措施、基金类型以及基金持有人结构与行为特征等。有时，市场局部的流动性问题会演变成整个金融体系的流动性危机。在市场剧烈下行，基金净值出现较大回撤时，基金持有人赎回要求往往会大幅增加，导致基金日常的流动性无法满足投资人赎回要求，基金被动抛售资产，净值下跌进一步引起更多赎回，极端情况下形成恶性循环，导致基金清盘。

2015 年股灾期间，公募基金行业遭遇流动性风险冲击。当年 6 月 15 日至 7 月 8 日的 17 个交易日，上证综指下跌幅度达 32.11%，市场出现大量抛售，杠杆资金加速离场的情况，造成千股跌停、千股停牌的局面，股市流动性几乎枯竭。同时，公募股票型基金遭遇巨额赎回，2015 年 7 月该类型基金份额数量减少近千亿份。

4. 操作风险。操作风险是指在基金市场运作的各环节，因为基金管理人或者基金托管人内部控制缺陷、程序化交易系统不完善或者人为操作失误等而造成的基金净值损失的风险。

（二）基金投资者承担的风险

1. 基金管理人管理能力风险。基金管理人管理能力风险即基金管理人由于自身投资管理能力方面的缺陷，而无法对市场作出合理的判断，或者不具备市场择时能力与选股能力，而导致投资决策失误所带来的风险。

2. 职业操守风险。职业操守风险即在基金投资者无法有效对基金管理人进行监督的情况下，由于基金管理人诚信缺乏或者为了自身获取更高的收益而作出损害基金持有人利益行为的风险。例如，在基金份额净值折价严重的情况下，基金管理人为了避免基金持有人在对证券市场失去信心时，宁愿在损失不大的情况下选择赎回基金份额而放弃获利机会，提高基金份额净值，从而保证自身能够获取足够的基金管理费。

3. 流动性风险。基金投资者承担的流动性风险是指投资者在基金份额交易过程中由于基金市场流动性缺乏而造成损失的风险。对于封闭式基金来说，投资者需要在二级市场交易基金份额，如果市场上流动性缺乏就会导致交易价格与基金份额净值严重偏离，从而给投资者带来不必要的损失；对于开放式基金来说，当投资者赎回基金时，可能由于基金的流动性不足导致赎回延期，甚至无法赎回的情况。这一方面可能导致基金净值的损失，另一方面会影响投资者对资金的使用。

【知识链接 5－1】

2013 年 6 月末中国金融市场“钱荒”事件

2013 年 6 月 5 日，一则“光大对兴业千亿元同业资金违约”的消息绷紧了市场的神经。尽管事后两家银行通过不同渠道对此消息进行了否认，但是市场的情绪已发生微妙转变。6 月 6 日，Shibor 隔夜利率飙升 135.9 个基点至 5.98%。同日，中国农业发展银行发行的 200 亿元金融债流标。6 月 7 日，中国人民银行不仅取消了公开市场短期流动性注入操作，继续发行央行票据，同时还进行了 100 亿元的正回购。当日，银行间市场的大额资金交易系统迎来史上最长延时，全市场大范围违约。6 月 18 日至 19 日，美联储主席伯南克的讲话再次使缓和的气氛紧张起来。19 日下午，银行间市场人民币交易系统闭市时间被迫延迟了半个小时至下午 5 点。6 月 20 日，人民银行继续发行 20 亿元央行票据表明“立场”，货币市场的紧张程度达到最高潮，短期利率接近崩溃的边缘。Shibor 隔夜拆借利率飙升 578.4 个基点至 13.444%，银行间市场质押式隔夜回购利率最高至 30%，7 天回购利率也一度飙升至 25%。各家商业银行为了揽储，纷纷提高 3 个月短期理财产品的收益率。6 月 22 日后，人民银行的态度才发生转变，市场的恐慌情绪也有所缓和，利率逐渐下行。6 月 25 日，人民银行发布公告称下一步将根据市场流动性的情况，积极运用各种工具，适时调节银行体系的流动性，平抑短期市场的异常波动，稳定市场预期，保持货币市场稳定。进入 7 月后，市场利率才逐渐回落，“钱荒”最终以人民银行向市场重新注入流动性落幕。

关于本次“钱荒”产生的原因，市场的观点并不相同。主流的解释有四种：第一种认为是中央银行的技术性原因；第二种是“资金空转”；第三种则认为是由金融系统中的期限错配引起的；第四种比较新颖，认为国内实体经济“杠杆见顶”是本次“钱荒”的深层次原因，即实体经济的负债率过高。

然而，值得让人深思的不仅是引起本次“钱荒”的原因，更应该关注因“钱荒”而暴露的过去一直被人们忽视的流动性风险——货币市场工具并不是无风险的。在此之前，大部分投资者都认为货币市场工具就像银行存款一样几乎零风险，同时又享受着比存款更高的利率和更灵活的存取方式。但是“钱荒”则通过金融

链条的传递、放大，让货币市场工具的风险暴露无遗。“钱荒”的起点是银行间市场的流动性危机，然后扩散至交易所债券市场，最后逐渐演变成整个金融系统的流动性危机。具体来看，首先银行间市场出现资金紧张的现象，从5月起短期资金利率小幅上扬；然后进入6月传统的资金紧张时期后，市场上各类传闻的盛行和央行“袖手旁观”的态度加剧了市场上的恐慌情绪，短期资金利率进一步飙升；之后，市场上4%的货币基金收益率与10%的银行间同业拆借利率形成了巨额套利空间，大量保险机构、财务公司大量赎回货币基金。现阶段，货币基金的投资标的主要集中在协议存款和短期融资券。一方面，协议存款的大量提前支取进一步加剧了银行“钱荒”的境况。另一方面，货币基金的基金经理们开始大量贱卖短期融资券，导致短期融资券利率飙升。以6月20日为例，公开数据显示，在当日成交的短期融资券中，剩余期限24天的两个产品收益率分别为15%和16%，另有多只剩余期限不到1个月的产品的收益率在10%以上，且都是AAA级品种。由于短期融资券的贱卖，货币基金的收益率快速降低，许多货币基金的7日年化收益率降低至2%以下，基金的净值也下降明显。

虽然“钱荒”事件最终以人民银行“救市”告终，但这场银行体系内真实的“压力测试”给我们留下两点忠告：其一，投资者必须重新审视货币市场的风险，尤其是在极端情境下；其二，货币基金的管理者必须拥有良好的大局观，面对不同的宏观经济背景，在收益性和流动性之间选择合适的平衡点。

资料来源：Wind资讯，新浪财经。

第三节　证券投资基金市场安全

一、维护证券投资基金市场安全的原则

维护证券投资基金市场安全的原则是贯穿基金市场活动始终的、起统帅和指导作用的基本准则。作为基本准则，应该集中体现维护基金市场安全的本质属性和根本价值，它具有基础性和宏观性的特征，具体来说包括以下几个方面。

（一）保障投资人利益原则

保障投资人利益原则是维护证券投资基金市场安全的目的和宗旨的集中体现，维护证券投资基金市场安全应以保障投资人即基金份额持有人的利益为首要目标。证券投资基金市场的发展表明，投资人的合法权益能否得到有效保障，是证券投资基金市场能否持续健康发展的关键。证券投资基金市场的发展，必须取信于投资人，必须切实保障投资人的合法权益。

（二）重点防范原则

证券投资基金市场所面临的风险是多种多样的，需要分析各种风险对证券投资基

金市场的影响程度，对证券投资基金市场影响比较大的重点风险，应该重点防范。

（三）维护基金市场安全与基金市场运作相结合的原则

维护基金市场安全是和基金市场运作同时发生的，风险源于基金市场的运作过程。因此，维护基金市场安全要和基金市场的运作结合起来，在基金市场运作的整个过程中进行市场安全维护。针对基金市场运作的不同环节，采取不同的措施进行基金市场安全维护。

（四）健全性、有效性原则

证券投资基金市场安全的维护应该包括基金市场运作的各个环节、基金市场的各参与主体，囊括基金市场运作的方方面面，不能存在疏漏。在健全性原则的基础上还应坚持有效性原则，即维护基金市场安全的各项措施要切实有效，能够保障各项措施可以被有效执行。

二、维护证券投资基金市场安全的措施

（一）市场风险管理的主要措施

对于证券投资基金市场所面临的市场风险，我们可以采取以下措施进行管理。

1. 密切关注宏观经济指标和趋势、重大经济政策动向、重大市场行动，评估宏观因素变化可能给投资者带来的系统性风险。

2. 密切关注行业的周期性、市场竞争、价格、政策环境和个股的基本面变化，构造投资组合，分散非系统性风险。应特别加强投资管理，对于市场风险较大的证券建立内部监督机制、快速评估机制和定期跟踪机制。

3. 可运用定量风险模型和优化技术，分析市场风险的来源和暴露；可运用敏感性分析，找出关键因素；可运用情景分析和压力测试技术，评估对市场风险的承受能力。

（二）信用风险管理的主要措施

信用风险管理的主要措施包括：

1. 建立针对债券发行人的内部信用评级制度，结合外部信用评级，进行发行人信用风险管理。

2. 建立交易对手信用评级制度，根据交易对手的资质、交易记录、信用记录和交收违约记录等因素对交易对手进行信用评级，并定期更新。

3. 建立严格的信用风险监控体系，对信用风险及时发现、汇报和处理。基金公司还可以对其管理的所有投资组合与同一交易对手的交易集中度进行限制和监控。

（三）流动性风险管理的主要措施

流动性风险管理是使资金成本与流动性之间取得最为合适的平衡。基金市场流动性风险管理的主要措施包括：

1. 制定流动性风险管理制度，平衡资产的流动性与盈利性，以适应投资组合日常运作需要。

2. 及时对投资组合资产进行流动性分析和跟踪，包括计算各类证券的历史平均交易量、换手率和相应的变现周期，关注投资组合内的资产流动性结构和投资组合品种

类型等因素的流动性匹配情况。

3. 分析投资组合持有人结构和特征，关注投资者申赎意愿。

4. 建立流动性预警机制。当流动性风险指标达到或超出预警阈值时，应启动流动性风险预警机制，按照既定投资策略调整投资组合资产结构，或剔除个别流动性差的证券，以使组合的流动性维持在安全水平。

5. 进行流动性压力测试，测算当面临外部市场环境的重大变化或巨额赎回压力时，冲击成本对投资组合资产流动性的影响，并相应调整资产配置和投资组合。

6. 制定流动性风险处置预案，在流动性风险事件发生后能够及时有序地进行处置，建立健全自身的流动性保障和应对机制，防范风险外溢。

（四）管理能力风险控制的主要措施

对于证券投资基金市场所面临的管理能力风险，我们可以通过提高基金管理人自身能力、改善基金管理人的激励约束机制进行风险管理。

基金管理人是基金的直接控制者，在基金市场中处于绝对的核心地位，其自身投资管理能力的高低，职业道德水平高低，内部控制机制是否健全等都对基金市场的健康发展至关重要。基金管理人应有对投资者和基金市场负责的责任心，强化为客户服务的意识，为树立基金市场的良好形象及信誉做贡献。同时，我们应该进一步完善基金管理人的激励约束机制，从而减少基金管理人的投机行为，使基金管理人的利益与基金持有人的利益及基金市场整体利益尽可能保持一致，引导基金管理人为了基金市场的健康发展而努力。

【本章小结】

证券投资基金市场是伴随着证券市场的发展而发展的。由于证券投资基金市场本身具有的特殊优势，其正在逐渐成为证券市场的主要参与主体和居民投资理财的优选工具。本章主要介绍了证券投资基金市场的基本情况，包括：证券投资基金市场的概念及功能，证券投资基金市场的参与主体，国内外证券投资基金市场的发展情况，然后介绍了证券投资基金市场的风险以及维护证券投资基金市场安全的原则和措施。

【复习思考题】

一、名词解释

证券投资基金市场风险　信用风险　购买力风险　市场风险

二、选择题

1. 基金当事人包括（　　）。

A. 基金份额持有人　B. 基金销售机构　C. 基金管理人　D. 基金托管人

2. 我国的基金自律组织是2012年6月6日成立的（　　）。

A. 中国证券业协会　B. 中国证监会

C. 中国证券投资基金业协会　　　　　　D. 证券交易所

3. 证券投资基金市场的信用风险事件对基金市场的影响有（　　）。

A. 相关债券估值急剧下降，基金净值受损

B. 相关债券流动性丧失，很难变现

C. 投资者集中赎回基金，带来流动性风险

D. 基金公司自有资金受到损失，遭受监管处罚

4. 证券投资运营过程中的管理风险包括（　　）。

A. 市场风险　　　B. 职业操守风险　　C. 信用风险　　　D. 操作风险

5. 维护证券投资基金市场安全的原则包括（　　）。

A. 保障投资人利益原则

B. 重点防范原则

C. 维护基金市场安全与基金市场运作相结合的原则

D. 健全性、有效性原则

三、问答题

1. 证券投资基金市场的功能是什么？

2. 证券投资基金市场的风险有哪些？

3. 维护证券投资基金市场安全的措施有哪些？

选择题答案

1. ACD　2. C　3. ABCD　4. ACD　5. ABCD

第六章

外汇市场安全

【教学目的和要求】

通过本章学习，要求学生掌握外汇市场的内涵、参与者和特点；了解国际上主要外汇市场以及中国外汇市场的现状；掌握外汇市场风险的内涵和种类，并能正确区分交易风险、会计风险和经营风险；掌握外汇市场风险的防范措施，并能根据具体的外汇市场风险设计贸易类和金融类措施，能在实际生活中解决外汇市场安全问题。

维护外汇市场安全是为了降低汇率价格波动给外汇市场参与者的市场行为带来的不确定性而进行的管理。近年来，随着我国全方位改革开放的不断深入，国内市场和国际市场联系日益紧密，国际贸易和国际资本双向流动迅猛发展，外汇市场参与者与外汇业务空前增长。与此同时，我国金融体制改革步伐加速，特别是 2005 年 7 月 21 日我国实施汇率制度的重大调整后，人民币汇率不再盯住单一美元，汇率波动区间不断扩大，波动更加频繁，外汇市场风险随之增加。汇率的波动不仅会通过产品价格、原材料价格、劳动力价格、融资成本等直接影响所有国际贸易与国际资本往来参与者，还会通过对参与者竞争对手的影响来改变参与者的竞争力，从而间接影响所有参与者（包括那些完全不涉及国际交易的参与者）。因此，外汇市场安全已经成为所有市场参与者必须面对的战略管理问题。

从宏观层面上看，外汇制度改革是渐进推行的，而制约外汇制度改革步伐的重要因素之一就是众多外汇市场参与者面临的外汇市场风险大小以及其防范外汇风险能力的强弱。外汇风险管理水平和管理效果不仅关系参与者自身命运，也会影响所属行业的发展，甚至造成整体经济不确定性的增加，影响经济发展全局。因此提升外汇市场参与者的外汇风险防范能力，实施具有长期性、全局性特点的外汇市场安全措施具有重要的现实意义。

第一节　外汇市场概述

一、外汇市场的参与者

直接参与外汇市场的群体和个人主要由以下几个部分组成。

（一）外汇银行

外汇银行（Foreign Exchange Bank）也称外汇指定银行，是指经过本国中央银行或货币当局批准，可以经营外汇业务的商业银行或其他金融机构。外汇银行分为三种类型：一是专营或兼营外汇业务的本国商业银行；二是在本国经营的外国商业银行分行；三是经营外汇买卖业务的本国其他金融机构，比如信托投资公司、财务公司等。外汇银行是外汇市场上的重要参与者，其外汇交易构成外汇市场的重要部分。外汇银行参与外汇交易的目的是通过为需要换汇的客户提供服务来赚取利润，主要以买卖点差的形式获得。

（二）外汇经纪人

外汇经纪人（Foreign Exchange Broker）是指介于外汇银行之间、外汇银行和其他外汇参与者之间进行联系、接洽外汇买卖的经纪公司或个人。外汇经纪人作为外汇买卖双方的中间联络人，本身并不承担外汇盈亏风险。他们熟悉外汇供求情况和市场行情，有现成的外汇业务网络，而且有丰富的外汇买卖经验，因此，一般客户愿意委托他们代理外汇买卖业务。在西方国家，外汇经纪人一般需经过所在国家中央银行的批准才能取得经营业务的资格。有的国家还规定外汇买卖必须通过经纪人和外汇银行进行，由此可见外汇经纪人在外汇交易中的作用是十分重要的。

（三）外汇交易商

外汇交易商（Exchange Dealer）是指买卖外国汇票的交易公司或个人，多数是信托公司、银行的兼营机构或票据贴现公司。他们利用自己的资金，根据外汇市场上的行情，赚取买卖中的差价。外汇交易商可以自己直接买卖外汇，也可以通过经纪人交易。外汇交易商是外汇交易中必不可少的元素，往往决定了投资人的资金安全，与投资人的利益直接挂钩。目前中国地区没有自己的外汇交易商，主要以国外平台的交易商为主。

（四）进出口商及其他外汇供求者

进出口商（Importer and Exporter）是从事进出口贸易活动的企业，是外汇市场上外汇的主要和实际的需求者和供给者。出口商出口商品后需要把收入的外汇卖出，而进口商进口商品则需要买进外汇进行对外支付，这些都需要通过外汇市场的外汇交易来进行。其他外汇供求者是指由于运费、旅费、留学费、汇款、外国有价证券买卖、外债本息收付、政府及民间私人借贷等原因引起的外汇供给者和需求者，包括劳务外汇收入者、国外投资收益者、接受国外援助者、收到侨汇者、接受外国贷款者、对本国进行直接投资的外国企业和在国外发行有价证券者等。

（五）外汇投机者

外汇投机者（Exchange Speculator）是专门利用不同时间和地点外汇市场上汇率的波动进行买空、卖空投机活动获取利润的公司和个人。由于外汇市场上存在汇率的波动，汇率的波动既有使外汇交易者遭受损失的可能，同样也有使其获得收益的可能，这就为外汇投机者进行投机活动创造了机会。外汇投机者通过预测汇率的涨跌，以买空或卖空的形式，根据汇率的变动低买高卖，赚取差价。对于外汇投机者来说，外汇交易的目的是获取利润，外汇投机者是外汇风险的主要承担者，他们往往是活跃外汇市场的重要力量，是外汇市场上一个重要的组成部分。

（六）中央银行

中央银行（Central Bank）是一个国家中居于主导地位的金融中心机构，是国家干预和调控国民经济发展的重要工具。中央银行参与外汇市场不以盈利为目的，主要承担维系本国货币币值稳定的责任。它利用本国外汇储备直接参与外汇市场买卖，调整外汇市场资金的供求关系，将汇率维系或限制在一定水平。在外汇市场上，各国中央银行是本国货币最重要的参与者，在一定程度上控制着本国货币的价格走势。在实际操作过程中，外汇市场上的投机者往往希望有汇率波动，或者进行投机导致汇率波动，而中央银行则总是希望保持汇率的相对稳定，因此这两股力量在外汇市场上的此消彼长往往是影响汇率变化的重要因素。

二、外汇市场的特点

近年来，外汇市场之所以被越来越多的人所青睐，成为国际投资者的新宠儿，这与外汇市场本身的特点密切相关，外汇市场的主要特点有两个。

（一）有市无场

美国、欧洲等西方国家和地区的金融业基本上有两套系统，一个是集中买卖的中央操作，另一个是没有统一固定场所的行商网络。股票买卖是通过交易所进行的，如纽约证券交易所、伦敦证券交易所、东京证券交易所分别是美国、英国、日本股票交易的主要场所，集中进行金融商品买卖，其报价、交易时间等都有统一的规定，并成立了同业协会，制定了同业守则。投资者则通过经纪公司买卖所需的商品，这就是“有市有场”。而外汇买卖则是通过没有统一操作市场的行商网络进行的，它不像股票交易有集中统一的地点。但是，外汇交易的网络却是全球性的，市场是由大家认同的方式和先进的信息系统所联系，交易商也不具有任何组织的会员资格，但必须获得同行业的信任和认可。这种没有统一场地的外汇交易市场被称为“有市无场”。全球外汇市场每天平均有上万亿美元的交易，如此庞大的巨额资金就是在这种既无集中的场所又无中央清算系统的管制以及无政府的监督下完成清算和转移的。

（二）循环作业

外汇市场是一个全天24小时不停止交易的市场，只有星期六、星期日以及各国的重大节日，外汇市场才会关闭，这是外汇市场区别于其他交易市场（如股票市场和期货市场）的特点之一。全球外汇交易市场以其所在的城市为中心，辐射周边其他国家和地区。由于所处的时区不同，各外汇市场在营业时间上相互错开。一个市场收盘往往就为下一个市场开盘打下了基础。如果以北京时间为标准，每天凌晨从新西兰的惠灵顿开始，直到美国西海岸市场闭市，澳大利亚、亚洲、北美洲各大市场开收盘时间首尾衔接。这些市场通过先进的通信设备和计算机网络连成一体，市场参与者可以在世界各地进行交易，由此形成全球一体化运作、全天候交易的国际外汇市场。

为了方便读者了解，我们将外汇交易北京时间列表（见表6－1），供读者参考。

表6－1　全球外汇市场交易时间

外汇市场	开盘时间	收盘时间
惠灵顿	4：00（冬令时） 5：00（夏时制）	12：00（冬令时） 13：00（夏时制）
悉尼	7：00	15：00
东京	8：00	16：00
中国香港	9：00	17：00
新加坡	9：00	17：00
巴林	14：00	22：00
法兰克福	16：00	0：00
苏黎世	16：00	0：00
巴黎	17：00	1：00
伦敦	18：00	2：00
纽约	20：00	4：00
洛杉矶	21：00	5：00

三、外汇市场的分类

（一）根据有无固定场所，分为有形市场与无形市场

有形市场，是指有具体的固定场所的外汇市场，也称具体的外汇市场。这种市场最初流行于欧洲大陆，故其组织形式被称为大陆模式。有形外汇市场的固定场所一般指外汇交易所，通常位于世界各国金融中心。从事外汇业务经营的双方都在每个交易日的规定时间内进行外汇交易。在自由竞争时期，西方各国的外汇买卖主要集中在外汇交易所。但进入垄断阶段后，银行垄断了外汇交易，致使外汇交易所日渐衰落。

无形市场，是指没有固定场所的外汇市场，也称为抽象的外汇市场。这种市场最初流行于英国和美国，故其组织形式被称为英美模式。无形市场的优势有：一是市场运作成本低。有形市场的建立与运作依赖于相应的投入与费用支出，如交易场地的购置费（租金）、设备的购置费，员工的薪金等，无形市场则无须此类投入。二是市场交易效率高。无形市场中的交易双方不必直接见面，仅凭交易网络便可达成交易，从而使外汇买卖的时效性大大增强。三是有利于市场一体化。在无形市场，外汇交易不受空间限制，通过网络将各区域的外汇买卖连成一体，有助于市场的统一。目前，除了

个别欧洲大陆国家的一部分银行与顾客之间的外汇交易还在外汇交易所进行外，世界各国的外汇交易均通过现代通信网络进行。无形外汇市场已成为外汇市场的主导形式。

（二）根据外汇交易主体的不同，分为银行间市场和客户市场

银行间市场，又称同业市场，是指由外汇银行之间相互买卖外汇而形成的市场。银行间市场是现今外汇市场的主体，其交易量占整个外汇市场交易量的90%以上，又称外汇批发市场。

客户市场，是指外汇银行与一般顾客（进出口商、个人等）进行外汇交易的市场。客户市场的交易量占外汇市场交易总量的比重不足10%，又称外汇零售市场。

四、外汇市场的功能

外汇市场是金融市场的重要组成部分，从最初人们对外汇市场狭义的理解，到现在将外汇交易作为资产管理工具，外汇市场历经几个时期的演进，在金融市场中发挥着举足轻重的作用，其功能主要表现在以下三个方面。

（一）实现购买力的国际转移

国家间的政治、经济和文化往来等都会产生国际支付行为。国际支付至少涉及两种货币，而不同的货币对不同的国家形成购买力，这就要求将该国货币兑换成外币来清理债权债务关系，使购买行为得以实现，而这种货币兑换就是在外汇市场上进行的。因为外汇市场能提供购买力国际转移交易顺利进行所需要的经济机制，使各种潜在的外汇供给者和外汇需求者的意愿联系起来。当外汇市场汇率变动使外汇供应量正好等于外汇需求量时，所有潜在的出售和购买愿望都得到了满足，外汇市场处于平衡状态，外汇市场如此便提供了一种购买力国际转移机制。由于发达的通信工具已将外汇市场在世界范围内连成一个整体，货币兑换与资金汇付能够在极短时间内即可完成，从而更加有利于购买力国际转移功能的发挥。

（二）为国际经济贸易融通资金

外汇市场作为金融市场的一个重要组成部分，能为外汇供求双方的国际经济贸易活动融通资金。外汇存款业务集中了各国的社会闲置资金，外汇市场通过金融工具把资金盈余者的货币资金转移给资金短缺者使用，使社会投融资得以顺利完成，社会资源得以有效利用。当进口商没有足够的现汇提货时，出口商便可以向进口商开出汇票，允许延期付款，同时以贴现票据的方式将汇票出售，拿回货款。外汇市场便利的资金融通功能也可以促进国际借贷和国际投资活动的顺利进行。美国发行的国库券和政府债券中很大部分是由外国官方机构和企业购买并持有，这种证券投资在脱离外汇市场的情况下是很难实现的。

（三）提供外汇保值和投机的场所

在以外汇计价成交的国际经济交易中，交易双方都面临着外汇市场风险。由于市场参与者对外汇市场风险的判断和偏好不同，有的参与者宁可花费一定的成本来转移风险，而有的参与者则愿意承担风险以实现预期利润，由此产生了外汇保值和外汇投机两种不同的行为。在金本位和固定汇率制下，外汇汇率基本上是平稳的，因而就不

会形成外汇保值和投机的需求及可能。而浮动汇率制下汇率波动频繁，外汇市场的功能得到了进一步发挥，外汇市场的存在既可以为套期保值者提供规避外汇风险的场所，又可以为投机者提供承担风险、获取利润的机会。

五、外汇市场的现状

（一）国际主要外汇市场

目前全世界大约有30个主要的外汇市场，遍布于世界各大洲的不同国家和地区，一般分布于世界各国的主要中心城市，如伦敦、纽约、巴黎、法兰克福、苏黎世、米兰、惠灵顿、多伦多、巴林、东京、中国香港、新加坡等，它们都是全球著名的金融中心，这些中心的相互联系和影响形成覆盖全球的外汇市场网络。在这些外汇市场中，最具有代表性的有以下几个。

1. 纽约外汇市场。第二次世界大战后，随着美国经济实力的增强和对外贸易、资本输出的迅速发展，美元取代英镑成为关键货币，加之美国实行对外开放政策，纽约国际金融市场的地位不断提高，其交易量仅次于伦敦，是世界最重要的外汇市场之一。纽约外汇市场是最复杂的，同时也是最具特色的外汇市场，具体表现为：

（1）由于美国对外经营外汇业务不加限制，政府不专门指定外汇专业银行，因此，几乎所有的美国银行和金融机构都可以经营外汇业务，如商业银行、储蓄银行、投资银行、人寿保险公司和外汇经纪人等，其中以商业银行为主。

（2）纽约外汇市场交易活跃，但与进出口贸易相关的外汇交易量较小。因为美国的进出口业务大多数以美元计价结算，当美国从国外进口商品、劳务时，支付的是美元，美元和外币的兑换发生在出口国；当美国出口商品和劳务时，收到的是美元，美元和外币的兑换由进口商完成，发生在进口国。在纽约外汇市场上，外汇交易的相当一部分和金融期货市场密切相关，美国的企业除了进行金融期货交易而与外汇市场发生关系外，其他外汇业务较少。

（3）纽约是世界美元交易的清算中心。世界各地的美元买卖，包括欧洲货币市场和亚洲美元市场的交易，最终都必须在美国，特别是纽约商业银行的账户上进行收付、划拨和结算，占全球90%以上的美元交易最后通过纽约的银行间清算系统进行结算。纽约外汇市场的大型商业银行通过其海外分支机构极其广泛的国际联系，承担着国际结算和资本流动的任务。

2. 伦敦外汇市场。伦敦外汇市场是久负盛名的国际外汇市场，它历史悠久、交易量大，拥有先进的现代化电子通信网络，是全球最大的外汇市场。伦敦外汇市场由英格兰银行指定的外汇银行和外汇经纪人组成。外汇银行和外汇经纪人分别组建行业自律组织，即伦敦外汇银行家委员会和外汇经纪人协会。伦敦作为欧洲货币市场的中心，大量外国银行纷纷在其设立分支机构。目前有200多家银行从事外汇买卖，大多数是外国银行。伦敦外汇市场中经营外汇买卖的银行及其他金融机构均采用了先进电子通信设备。伦敦外汇市场是欧洲美元交易的中心，在英镑、欧元、瑞士法郎、日元对美元的交易中，都占有重要地位。

3. 东京外汇市场。自20世纪70年代起，日本开始推行金融自由化、国际化政策。1980年12月实施了新的《外汇修正法》，外汇管制彻底取消，居民外汇存款和借款自由，证券发行、投资及资本交易基本自由。东京外汇市场伴随着外汇管理体制的演变迅速发展，从一个区域性外汇交易中心发展为当今世界仅次于伦敦和纽约的第三大外汇市场，年交易量居世界第三。东京外汇市场由银行间市场和顾客市场组成。银行间市场是外汇市场的核心，成员是外汇经营行、经纪行和日本银行（日本中央银行）。

外汇经营行有都市银行、长期信用银行、信托银行、地方银行等，加上在日本的外国银行，共有200多家。外汇经营行之间的交易原则上必须通过经纪行间接进行，但由于1985年取消日元、美元互换买卖必须通过指定经纪行的规定，银行间约半数外汇交易都是直接进行。

东京外汇市场业务种类正趋于多样化。目前市场上最大宗的交易仍是日元、美元互换买卖，这是因为日本贸易多数以美元计价，日本海外资产以美元计价资产居多。进入20世纪90年代，由于美国经济增长缓慢，日元对美元交易量增幅下降，日元对欧元交易量大幅增加。

4. 新加坡外汇市场。新加坡外汇市场是无形市场，无固定交易场所，市场采用直接标价法。外汇交易主要由国内外商业银行和货币经纪商来经营。由于时差关系，交易商将该市场和世界其他主要外汇市场联系起来，使全球外汇交易得以不间断。市场交易以即期为主，远期和投机交易也较频繁。新加坡国际金融期货交易所与美国芝加哥商品交易所联结外汇期货业务。新加坡外汇市场的参与者主要有：

（1）国内银行。国内大银行买卖外汇比较慎重，主要是为满足商业上的外汇需求，而一些小银行和离岸银行则常冒风险进行投机，赚取外汇买卖差价。

（2）外国银行在新加坡设立的分支机构。

（3）外汇经纪商。在新加坡外汇市场上，绝大多数的外汇交易是银行之间的直接交易，经纪商做中介的外汇交易只占少数。

（4）新加坡金融管理局。它买卖的货币包括美元、欧元、日元、英镑、瑞士法郎等，其目的在于管理外汇市场。

（5）其他参加者，如其他政府机构、企业公司和个人等。

5. 苏黎世外汇市场。瑞士三大银行——瑞士银行、瑞士信贷银行和瑞士联合银行，是苏黎世外汇市场的中坚力量。此外，瑞士国家银行（中央银行）、外国银行在苏黎世设立的分支机构、国际清算银行以及经营国际金融业务的各种银行均是该外汇市场的积极参与者。苏黎世外汇市场的特点主要有：第一，与伦敦、纽约和东京外汇市场不同的是，外汇交易由银行之间通过电话、电传进行，而不是通过外汇经纪人或外汇中间商间接进行。第二，美元在苏黎世市场上占据重要地位，外汇价格不是以瑞士法郎而是以美元来表示的，其结果是，外汇市场上外汇买卖的主要对象不是瑞士法郎而是美元。欧洲货币之间的外汇交易绝大部分以美元作为媒介，银行之间专业外汇交易也大多使用美元与其他货币的汇率，美元成为瑞士中央银行干预外汇市场的重要工具。苏黎世外汇市场具有良好的组织和工作效率，可以进行即期、远期等外汇买卖。

6. 香港外汇市场。香港外汇市场是20世纪70年代以后发展起来的亚太地区的重要国际性外汇市场。20世纪70年代以来亚洲美元市场的兴起，使香港金融业务获得了新的发展。1973年，香港取消了外汇管制，国际资本大量流入，经营外汇业务的金融机构不断增加，外汇市场越来越活跃。

香港外汇市场和伦敦、纽约外汇市场一样是无形市场，没有固定的交易场所，是一个由从事外汇交易的银行、其他金融机构以及外汇经纪人组成，由电话、电传等通信工具联结起来的网络。随着香港市场的国际化以及港元和英镑脱钩同美元挂钩，美元逐步取代英镑成为市场上交易的主要外币。香港外汇市场上的交易可以划分为两大类：一类是港元和外币的兑换，其中以与美元的兑换为主。因为香港的进出口贸易多以美元计价结算，对美元的需求远远高于其他外币。另一类是美元兑换其他外币的交易。

7. 法兰克福外汇市场。法兰克福外汇市场是德国中央银行（德国联邦银行）所在地。由于长期以来实行自由汇兑制度，随着经济的迅速发展、欧元地位的提高，法兰克福逐渐发展成为世界主要外汇市场。法兰克福外汇市场分为定价市场和一般市场。定价市场由官方指定的外汇经纪人负责撮合交易，它们分属法兰克福、杜塞尔多夫、汉堡、慕尼黑和柏林五个交易所，它们接收各家银行外汇交易委托，如果买卖不平衡汇率就继续变动，一直变动到买汇和卖汇相等，或中央银行干预达到平衡，定价活动才结束，时间大约在上午12：45。中央银行干预外汇市场的主要业务是美元对欧元交易。外汇经纪人除了撮合当地银行外汇交易外，还随时与各国外汇市场联系，促进德国与世界各地的外汇交易活动。在法兰克福外汇市场上交易的货币有美元、英镑、瑞士法郎、欧元等。

（二）中国银行间外汇市场

自1978年党的十一届三中全会作出改革开放的决定以来，中国金融业实现了从计划经济体制向市场经济体制的深刻转轨。作为金融市场体系的重要组成部分，改革开放40年来，在党中央、国务院的正确领导下，我国外汇市场从无到有、从小到大、从封闭到开放，最终在重要领域和关键环节的改革上取得了突破性进展，在宏观调控、资源配置、汇率形成和风险管理中发挥了重要的作用。

改革开放前，我国实行统收统支的外汇管理体制，没有外汇市场的经济基础。改革开放后，为配合外贸体制改革，1979年8月，我国改革外汇分配制度，实行外汇留成管理，由此逐步产生了外汇调剂业务，催生了外汇调剂市场，这是我国最早的外汇市场。1993年11月，党的十四届三中全会《关于建立社会主义市场经济体制若干问题的决定》提出，要“改革外汇管理体制，建立以市场为基础的、有管理的浮动汇率制度和统一规范的外汇市场，逐步使人民币成为可兑换货币”。自1994年1月1日起，我国开始实行银行结售汇制度，企业、个人的外汇收支按照市场汇率在外汇指定银行办理兑换，形成了银行对客户市场；同年，全国统一的、以电子化交易为平台的银行间外汇市场——中国外汇交易中心成立运行。统一外汇市场的建立，使全国的外汇交易通过银行结售汇体系纳入了银行间外汇市场，保障了外汇资源在全国范围内根据市

场情况合理流动，为实行以市场供求为基础的、单一的、有管理的人民币浮动汇率制度提供了基础。

2005年7月21日，我国重启汇率市场化改革，开始实行以市场供求为基础、参考一篮子货币进行调节、有管理的浮动汇率制度。自此，人民币汇率不再盯住单一美元，我国外汇市场进入了新的发展阶段。以主要市场要素衡量，当前我国外汇市场已初步形成了适应社会主义市场经济体制的完整体系，主要体现在以下几个方面。

一是交易产品增多。目前，国内外汇市场已形成了包括即期、远期、外汇掉期、货币掉期和期权等基础产品体系，可交易货币超过30种发达和新兴市场货币，涵盖了我国跨境收支的主要结算货币，且交易规模逐年增加（见表6－2）。2018年，中国外汇市场累计成交192.97万亿元人民币（等值29.07万亿美元）。人民币外汇市场、外币对市场、外币拆借市场成交量分别为165.1万亿元、1.2万亿元、59.1万亿元，同比分别增长20.4%、54.2%和34.2%。根据国际清算银行（BIS）的调查，2016年，中国外汇市场交易量占全球外汇市场交易量的比重已达1.1%。

表6－2　　中国外汇市场交易概况　　单位：亿美元

交易品种	2015年	2016年	2017年	2018年	2019年12月
一、即期	82602	88354	94894	110647	113561
银行对客户市场	33978	29085	30914	34315	34188
其中：买入外汇	18892	15909	15840	17336	17592
卖出外汇	15087	13177	15074	16979	16595
银行间外汇市场	48623	59269	63980	76332	79374
二、远期	4950	3783	4259	5419	3806
银行对客户市场	4578	2254	3225	4543	3047
其中：买入外汇	3260	1551	1743	2413	798
卖出外汇	1318	703	1482	2130	2249
其中：3个月（含）以下	2442	895	1598	2048	1474
3个月至1年（含）	1736	1154	1411	2144	1318
1年以上	399	205	216	352	255
银行间外汇市场	372	1529	1034	875	760
其中：3个月（含）以下	267	1195	726	552	546
3个月至1年（含）	96	305	270	293	176
1年以上	9	28	38	31	37
三、外汇和货币掉期	86033	101297	135672	166171	165329
银行对客户市场	2427	1068	1032	1036	1195
其中：近端换入外汇	2214	331	163	117	165
近端换出外汇	213	736	869	919	1030
银行间外汇市场	83606	100229	134640	165135	164134

续表

交易品种	2015年	2016年	2017年	2018年	2019年12月
其中：3个月（含）以下	76420	88520	116566	141448	141884
3个月至1年（含）	7055	11592	17935	22864	21344
1年以上	131	117	137	823	906
四、期权	4047	9550	6021	8474	8500
银行对客户市场	1159	2079	2308	2363	2688
其中：买入期权	656	1021	1210	1146	1355
卖出期权	503	1058	1098	1217	1333
其中：3个月（含）以下	501	668	615	980	1006
3个月至1年（含）	475	1196	1391	1187	1442
1年以上	183	215	303	196	241
银行间外汇市场	2888	7471	3712	6111	5812
其中：3个月（含）以下	2406	6998	2381	4359	3779
3个月至1年（含）	478	468	1324	1735	2811
1年以上	4	4	7	17	23
五、合计	177631	202984	240845	290711	291196
其中：银行对客户市场	42142	34486	37480	42257	41118
银行间外汇市场	135489	168498	203365	248454	250079
其中：即期	82602	88354	94894	110647	113561
远期	4950	3783	4259	5419	3806
外汇和货币掉期	86033	101297	135672	166171	165329
期权	4047	9550	6021	8474	8500

注：（1）外汇市场统计口径仅限于人民币对外汇交易，不含外汇之间交易。

（2）银行对客户市场采用客户买卖外汇总额，银行间外汇市场采用单边交易量，均为发生额本金。

（3）银行对客户市场的即期＝买入外汇（售汇）＋卖出外汇（结汇）（含银行自身结售汇，不含远期结售汇履约）、远期＝买入外汇（售汇）＋卖出外汇（结汇）、外汇和货币掉期＝近端换入外汇（售汇）＋近端换出外汇（结汇）、期权＝买入期权＋卖出期权，均采用客户交易方向。

二是市场扩大开放。四十年来，我国外汇市场在对内和对外两个维度持续扩大开放。企业、个人在跨境贸易、投资和金融活动中的外汇交易量在外汇市场上被充分、有序吸纳；同时，作为市场核心的银行间外汇市场，逐步改变了初始阶段单一银行的参与者结构，非银行金融机构和非金融企业入市交易，多元化的分层结构逐步形成。随着金融市场的对外开放和人民币国际化的推进，国内外汇市场从封闭走向开放，各类境外机构有序进入境内市场，外汇市场与债券市场、股票市场对外开放形成积极互动。

【知识链接6-1】

全国首笔境外银行参与银行间外汇市场区域交易落地

2019年4月15日，中国工商银行新疆分行与哈萨克斯坦中国工商银行（阿拉木图）股份公司（以下简称工银阿拉木图）在银行间市场成交一笔CNY/KZT外汇即期交易，这是坚戈银行间区域市场建立以来首笔新疆当地商业银行与境外坚戈报价行之间达成的交易，实现了境外银行参与中国银行间外汇市场区域交易零的突破。

2018年9月，经中国外汇交易中心和中国人民银行乌鲁木齐中心支行授权批准，工银阿拉木图和工银标准银行正式成为我国银行间外汇市场会员，并成为全国首批参与银行间外汇市场区域交易的境外银行机构，可从事中国银行间外汇市场人民币对坚戈区域交易的跨境报价交易平盘。经新疆辖内坚戈报价行与工银阿拉木图完成充分对接报价交易流程、完善系统搭建、畅通清算路径等各方面的前期准备，4月15日，基于代客交易背景，由中国工商银行新疆分行发起询价，工银阿拉木图报价，双方达成3万坚戈即期跨境直接交易，成为全国银行间外汇市场首笔有境外银行参与的区域交易。

境外金融机构直接参与我国银行间外汇市场坚戈区域交易，实现了人民币对坚戈新疆区域交易市场的完善升级和实际运行。一方面，有利于实现人民币对坚戈汇率跨境直接形成，为市场提供更多流动性支持，提高双边本币清算效率，对扩大中哈双边本币结算，满足中哈双边企业规避汇率风险、降低兑换成本，促进贸易投资便利化具有积极作用；另一方面，可以为全国的坚戈报价交易和跨境平盘提供全面服务，而且通过推广复制人民币对坚戈跨境直接报价交易平盘机制到新疆周边国家货币，支持丝绸之路经济带核心区丝路货币交易中心建设，更好地发挥核心区服务“一带一路”倡议的作用。

资料来源：曹勇．全国首笔境外银行参与银行间外汇市场区域交易落地［EB/OL］．［2019-04-19］．http://bank.hexun.com/2019-04-19/196877746.html.

三是基础设施增效。银行间外汇市场已具有国际市场主流和多元化的交易清算机制。交易模式可选择集中竞价、双边询价和双边授信下集中撮合三种电子交易模式，以及货币经纪公司的声讯经纪服务；清算方式可选择双边清算或中央对手集中清算。此外，交易后确认、冲销、报告等业务，也广泛运用于银行间市场，提升了市场运行效率和风险防控能力。

四是市场管理有效。外汇市场在四十年发展进程中，紧扣防范金融风险主线，不断改进市场监管，努力创造公平、透明、竞争的市场环境；同时，积极培育行业自律机制，推进形成以行业自律为主、政府监管为辅的外汇市场管理新框架。自1994年建立统一规范的外汇市场体系以来，有效应对了1998年亚洲金融危机、2008年国际金融危机等诸多外部冲击，始终未发生由市场自身运行引起的重大风险事件。

【知识链接6-2】

中国外汇交易中心

中国外汇交易中心暨全国银行间同业拆借中心（以下简称交易中心）于1994年4月18日成立，是中国人民银行总行直属事业单位。主要职能是：为银行间货币市场、债券市场、外汇市场的现货及衍生产品提供交易、交易后处理、信息、基准、培训等服务；承担市场交易的日常监测工作；为中央银行货币政策操作、传导提供服务；根据中国人民银行的授权，发布人民币汇率中间价、上海银行间同业拆放利率（Shibor）、贷款基础利率（LPR）、人民币参考汇率、CFETS人民币汇率指数等；提供业务相关的信息、查询、咨询、培训服务；经中国人民银行批准的其他业务。

交易中心总部设在上海张江，在上海外滩和北京建有数据备份中心和异地灾备中心。目前在天津、沈阳、南京、济南、武汉、广州、成都、西安、重庆、宁波、福州、厦门、大连、青岛、深圳、海口、珠海、汕头等18个省会及经济区域中心城市设有由人民银行当地分支行管理、交易中心业务指导的分中心。

银行间外汇市场由人民币外汇市场、外币对市场和外币拆借市场及相关衍生品市场组成，是机构之间进行外汇交易的市场，实行会员管理和做市商制度。交易中心为银行间外汇市场提供统一、高效的电子交易系统，该系统提供竞价、询价和撮合等模式，并提供交易分析、做市接口和即时通信工具等系统服务。

为了适应银行间外汇市场的不断发展以及业务创新需要，顺应人民币国际化的发展趋势，2017年8月28日，交易中心推出了新一代交易平台，即CFETS FX2017。CFETS FX2017在借鉴国际外汇市场经验的基础上，完善了交易平台的相关功能，为市场主体提供更安全、更高效、更便捷的交易平台，以及丰富、灵活的交易中、后台辅助与扩展功能。CFETS FX2017外汇交易系统支持多种交易模式和多种外汇产品，分为三个交易子模块，分别为外汇即远掉期交易模块、外汇衍生品及拆借交易模块及C-Trade交易模块。

第二节　外汇市场风险

一、外汇市场风险的界定

外汇市场风险也称外汇暴露，是指外汇市场参与者在涉外经济活动中，以外币计

价的资产（或债权）或负债（或债务），由于汇率的波动而引起其价值涨跌的可能性。对外币资产或负债所有者来说，外汇市场风险可能导致两个结果，获得利益或遭受损失。

例如，中国某公司于2018年6月18日签订出口一批商品的合同，金额为100万美元，六个月后以美元支付，当日人民币汇率为1美元:6.4379元人民币。该笔货款折合人民币643.79万元。到2018年12月18日，市场汇率为1美元:6.8854元人民币，收回的货款可折合为688.54万元人民币，比签订合同时多收人民币44.75万元。假若到2018年12月18日，人民币汇率不是贬值而是升为1美元:6.3310元人民币，收回的货款只能折合为633.1万元人民币，比签订合同时少收10.69万元人民币。无论是多收还是少收，是获得利益还是遭受损失，对该公司而言都存在外汇市场风险。

外汇市场风险有广义和狭义之分：广义的外汇市场风险包括汇率风险、利率风险、国家风险、制度风险和信用风险等；狭义的外汇市场风险仅指汇率风险。通常所说的外汇市场风险是指狭义的外汇市场风险。本章也从狭义的角度来讨论外汇市场风险。

从国际外汇市场外汇买卖的角度来看，买卖盈亏未能抵消的那部分，就面临着汇率波动的风险。人们通常把这部分承受外汇市场风险的外币金额称为“受险部分”或“外汇敞口”，包括直接受险部分和间接受险部分。直接受险部分，是指外汇市场参与者从事以外币计价结算的国际经济交易活动而产生的外汇市场风险，其金额是确定的；间接受险部分，是指汇率变动、经济状况变化及经济结构变化，使那些不参与国际经济交易活动的部门及个人也承担风险，承担风险的金额是不确定的。在当代金融活动中，国际金融市场动荡不稳，外汇市场风险波及范围已越来越大，影响到所有的经济部门。

凡是外汇市场风险，一般包括两个因素：两种不同的货币和时间。如果没有两种不同货币间的兑换或折算，也就不存在汇率波动所引起的外汇市场风险。同时，汇率的变化总是与时间期限相对应的，没有时间因素，也就无外汇市场风险可言。时间结构对外汇市场风险的大小有直接影响。时间越长，在此期间汇率波动的可能性就越大，外汇市场风险相对就大；时间越短，在此期间汇率波动的可能性就越小，外汇市场风险相对就小。从时间结构越长，外汇市场风险越大这个角度分析，外汇市场风险包括时间风险与价值风险两个部分。改变时间结构，如缩短一笔外币债权、债务的收取或偿付的时间，可减缓外汇市场风险，但不能完全消除外汇市场风险，因为本币与外币折算或两种不同外币折算或兑换所存在的汇率波动风险仍然存在，特别是短期内汇率的波动，将使价值风险有增无减。如要消除或减少该价值风险，必须采取其他措施。

二、外汇市场风险的种类

（一）交易风险

交易风险是指在以外币计价的交易中，由于汇率的波动而引起应收资产或应付债务价值的变化使交易者蒙受损失的可能性。交易风险可分为外汇买卖风险、外汇借贷风险和交易结算风险。

1. 外汇买卖风险。外汇买卖是银行的基本业务。银行在外汇买卖时，把本币兑换成外币或把外币兑换成另一种外币的过程中所产生的汇率风险，就是外汇买卖风险。外汇买卖风险产生于本币和外币之间的反复兑换。这种风险产生的前提条件是交易者在买进或卖出外汇后又反过来卖出或买进外汇。

例如，甲银行在某日卖出了30万欧元，同时买入了20万欧元，出现了10万欧元的空头。当甲银行日后买入这10万欧元时，如果欧元升值，就会出现亏损，这种亏损的可能性就是外汇买卖风险。

银行在外汇市场上进行的外汇买卖，一种是代客买卖，即银行按照客户的需求从外汇市场上买入客户要求的货币，同时出售客户愿意卖出的货币，银行从代客买卖中赚取差价。另一种是自营买卖，指银行自行买卖外汇，可以是即期的，也可以是远期的。银行把买进某种货币和卖出该种货币的数量差额称为“外汇头寸”。外汇头寸实际上是指银行所持有的各种外币账户余额的状况，银行买卖外汇经常处于不平衡之中。如果买进的某种货币与卖出的该种货币的数量相等（不论即期或远期，买卖合并轧抵计算），称“外汇头寸轧平”，或称“无头寸”；如果买进的某种外币多于卖出的该种货币，称“多头”或超买；如果某种外币卖出大于买入，称“空头”或超卖。各种外汇和各种期限的头寸汇总计算的净余额，就是人们所称的外汇“总头寸”。一般来说，头寸轧平不会产生外汇买卖风险，而多头或空头则会产生外汇买卖风险。多头和空头的余额就是外汇买卖的“敞口头寸”，即受险部分。它受汇率波动的影响，若多头，承担汇率下跌的风险；若空头，则承担汇率上涨的风险。

2. 外汇借贷风险。外汇借贷风险是指在外汇投资或外汇借贷中，因计价货币汇率变化所产生的风险。对债务人来说，若借贷计价货币汇率上升，则增加借款成本；若借贷计价货币汇率下跌，则减少债务负担，甚至产生收益。

例如，中国某公司在国际金融市场上以5%的年利率借入1亿美元，期限1年。借到款项后，该公司立即按当时的汇率1美元:6.34元人民币，将1亿美元兑换成6.34亿元人民币。一年后，该公司为归还贷款的本息，必须在外汇市场买入1.05亿美元，此时如果美元兑人民币的汇率发生变动，即美元升值，该公司将面临外汇市场风险。假设此时的汇率变为1美元:6.59元人民币，则该公司购买1.05亿美元需支付6.9195亿元人民币，虽然该公司以美元借款的名义利率为5%，但实际融资成本高达 $(6.9195-6.34)\div 6.34\times 100\%=9.14\%$。但是，如果美元出现贬值，该公司不但不会遭受损失，反而可能会获得额外的收益。

由此可见，交易风险的结果是不确定的，它既有可能带来亏损，也有可能增加收益。当然，从交易的某一方来说，风险是可以避免的，其实质就是将风险从一方转移到另一方。上述案例中，如果中国某公司能够准确预测美元将会升值，而以人民币计价，可以避免交易风险。但是，如果对方不愿意以人民币计价成交，则可能无法达成交易。

3. 交易结算风险。交易结算风险是指以商业信用方式购买或销售以外币计价的商品或劳务时，在货物装运或劳务提供后货款或劳务费用尚未收取的期间内，因汇率变

化而带来的风险。

在国际经济贸易中，贸易商无论是即期支付还是延期支付，都要经历从签订进出口合同到债权债务最终清偿的时期，而这段期间汇率可能会发生变化，以外币表示的未结算金额就成为承担风险的受险部分。

例如，中国某公司签订了一笔价值100万英镑的出口合同，3个月后交货、收汇。假设该公司的出口成本、费用为800万元人民币，目标利润为100万元人民币，则3个月后当该公司收到100万英镑的货款时，由于英镑兑人民币的汇率不确定，该公司将面临交易结算风险。3个月后，若英镑与人民币的汇率高于9，则该公司不仅可收回成本，还可获得超额利润；若汇率等于9，则该公司收回成本后，刚好获得100万元人民币的利润；若汇率高于8低于9。则该公司收回成本后所得的利润少于100万元人民币；若汇率等于8，则该公司刚好只能收回成本，没有任何利润；若汇率低于8，则该公司不仅没有获得利润，而且还会亏本。

同理，进口商从签订合同到结清货款也有一段时间间隔，若进口商不是用本币计价结算，同样要承担交易结算风险，只是汇率变动的方向及带来的损益与出口商相反。

（二）会计风险

会计风险又称折算风险或转换风险，是指外汇市场参与者在进行会计处理和外币债权、债务结算时，将必须转换成本币的各种外币计价项目加以折算时所产生的风险。

外汇市场参与者的外币资产和负债、收益和支出，都需按一定的会计准则换算成本国货币。将外币债权、债务折算成本币时，由于使用的汇率与当初入账时的汇率不同，因此会产生账面上的损益。虽然折算风险所产生的损益并不是实际损益，但它会影响参与者向股东和社会所公布的财务报告的结果。

例如，中国某公司持有银行往来账户余额500万美元，汇率为USD1∶CNY6.5，折成人民币为3250万元。若美元发生贬值，人民币升值，汇率变为USD1∶CNY6.3，该公司500万美元的银行往来账户余额折成人民币后就只有3150万元了。在这两个折算日期之间，该公司500万美元的价值按人民币折算减少了100万元。

会计风险表现的方式较多，主要有以下二类：

一是存量会计风险，指外汇市场参与者在海外持有和销售的库存，在汇率变化时，其相应价值和成本转换成母公司所在地货币时发生变化的可能性。

二是固定资产会计风险，指外汇市场参与者购置、折旧和更新资产时，由于汇率变化而产生的风险。

三是长期债务转换风险，包括各种应偿还而未偿还的长期借款，如公司债、长期票据、长期借款，由于汇率变化而产生汇率风险。

同一般的外汇市场参与者相比，跨国公司的海外分公司或子公司所面临的会计风险更为复杂。跨国公司海外分支机构以东道国的货币入账和编制会计报表时，需要将所使用的外币转换成东道国的货币，自然会面临会计风险；而当它们向总公司或母公司上报会计报表时，又要将东道国的货币折算成总公司或母公司所在国的货币，同样面临会计风险。

（三）经济风险

经济风险又称经营风险，是指由于非预期的汇率变动，使外汇市场参与者将来特定时期的收益发生变化的潜在可能性。经济风险是由于汇率的变动而产生的，这种潜在的风险直接关系到外汇市场参与者在海外的经营成果。对于企业来说，企业的价值主要取决于它能带来的现金流量，而汇率的变动又通过影响企业的生产成本、销售价格，进而引起产销数量发生变化，并由此最终导致获利状况变化。

例如，当本币贬值时，某企业一方面由于出口货物的外币价格下降，有可能刺激出口使其出口额增加；另一方面因该企业在生产中所使用的主要是进口原材料，本币贬值后又会提高以本币表示的进口原材料的价格，出口货物的生产成本因而增加，结果该企业将来的纯收入可能增加，也可能减少，这就是经济风险。

经济风险中所说的汇率变动，仅指预期之外的汇率变动，不包括预期之中的汇率变动。因为外汇市场参与者在预测未来的获利状况而进行决策时，已经将预期到的汇率变动对未来成本和获利状况的影响考虑进去了，因而排除在风险之外。

虽然交易风险、会计风险与经济风险都是由于未预期的汇率变动引起外汇市场参与者的外汇资产或负债在价值上变动，但侧重点各有不同。

第一，从损益结果的计量来看，交易风险可以在会计程序中体现，是用一个明确的具体数字表示的，可以从单笔独立的交易，也可以从外汇市场参与者经营的角度来测量其损益结果，具有静态性和客观性的特点。而对经济风险的测量需要经济分析，从参与者整体预测、规划和分析，涉及财务、生产、价格、市场等各方面，因而具有一定的动态性和主观性的特点。

第二，从测量时间来看，交易风险与会计风险的损益结果，只突出了外汇市场参与者过去已经发生的交易在某一时点的外汇市场风险的受险程度；而经济风险则要测量将来某一时间段出现的外汇市场风险。不同时间段的汇率波动，对各期的现金流量、经济风险受险程度以及参与者资产价值的变动将产生不同的影响。

对于外汇市场参与者来说，经济风险的影响比交易风险和会计风险更大，因为经济风险不能被准确地识别和测量。交易风险和会计风险的影响是一次性的、相对短期的，而经济风险的影响在长期、中期和短期都存在。经济风险通过间接渠道产生，即汇率变化造成经济环境变化，最终导致参与者收益变化。

三、外汇市场风险的影响

外汇市场风险源于汇率变动，汇率是联系一个国家国内外商品和金融市场的纽带，其变动对一个国家的对外贸易、国际资本流动等都会产生不同程度的影响。

（一）对对外贸易的影响

一国的货币汇率下浮，有利于出口，不利于进口。若其他条件不变，等值本币的出口商品在国际市场上折合比贬值前更少的外币，使该产品在国外的销售价格下降，竞争力增强。假定出口商品在国际市场上的外币价格保持不变，则本币贬值会使等值的外币兑换成比贬值前更多的本币，国内出口商品的出口利润增加。而以外币计价的

进口商品在国内销售时折合的本币价格比贬值前提高，进口商成本增加，利润减少，进口数量相应减少；如果维持原有的国内销售价格，则需要压低进口商品的外币价格。因此，本币贬值会抑制外国商品的进口。反之，若一国的货币汇率上浮，不利于出口，有利于进口。

（二）对国际资本流动的影响

外汇市场汇率变动对国际资本流动特别是短期资本流动有很大影响。当本国货币汇率下降时，国内资金持有者为了规避因汇率变动而蒙受的损失，就要把本国货币在外汇市场兑换成硬货币，导致资本外流；同时，外国在本国的投资者会调走在该国的资金，这不仅使该国国内投资规模缩减，影响其国民经济的发展，而且由于对外支出增加，将恶化本国的国际收支。反之，若本国货币汇率上升，则对资本流动的影响与上述情况相反。

（三）对涉外企业经营的影响

涉外企业是外汇市场重要的参与者，其日常经营活动中会涉及两种或两种以上的货币，因此不可避免地处于各种外汇市场风险之中。

1. 对涉外企业经营效益的影响。汇率波动频繁会使企业预期的本币现金流量和以外币计价的各种资产、负债的价值因汇率变动而发生变化，可能使企业遭受损失，也可能给企业带来收益。涉外企业只有了解和预测外汇市场风险，提高对外汇市场风险的管理水平，才有可能承受外汇市场风险所带来的收益或损失。

2. 对涉外企业经营战略的影响。企业经营战略是指企业人力、物力和财力的合理配置及产、供、销活动的总体安排。如果汇率变动有利于涉外企业的资金营运，企业就会采取大胆的、开拓性的经营战略，如扩张海外投资、扩大生产规模，开辟新产品、新市场；反之，若汇率变动不利于涉外企业的资金营运，企业就会采取保守、稳妥、谨慎的经营策略，把海外市场、海外融资缩减到一定范围内。外汇市场风险的影响在一定程度上关系到涉外企业经营的成败。

3. 对涉外企业税收的影响。一般来说，涉外企业已经实现的外汇损失可享受所得税减免，已经实现的外汇收入构成应纳税收入。因交易风险造成的外汇亏损，一般会降低当年的应纳税收入；因经济风险造成的外汇亏损，一般会降低未来几年的应纳税收入；会计风险由于不是现实的亏损，因此不能减免税收。涉外企业会将外汇市场风险所造成的税后损失降到最低，使税后收益最大化。但由于税收政策是由企业所在国确定的，因此，跨国经营企业应从全局着眼制定其外汇市场风险管理战略。

第三节 外汇市场安全

外汇市场风险是涉外经济活动中不可避免的一种风险，对一国政府、企业乃至个人都会产生很大影响。因此，外汇市场管理者和参与者应积极主动进行外汇市场风险防范。外汇市场安全是指外汇市场管理者和参与者通过风险识别、风险衡量、风险控制等方法，预防、规避、转移或消除外汇市场行为中的风险，从而减少或避免可能的经济损失。

一、维护外汇市场安全的原则

维护外汇市场安全的目标是充分利用各种有效的防范措施，力争减少汇率波动带来的经济损失，控制或消除业务活动中可能面临的不利影响。为了达到上述目标，在维护外汇市场安全中应遵循以下基本原则。

（一）最低成本原则

采用任何一种方法规避外汇市场风险，都要支付一定的成本。所以，在选择方法时，就有一个成本比较问题。如果经过比较发现汇率风险产生的损失小于采用防范方法所付出的成本，那么就没有必要采用该种方法防范汇率风险。比如，外汇市场参与者为了回避远期支付而可能产生的外币汇率升值的风险，往往会采用按即期汇率购入外币的方法。衡量这一方法的可行性就要分析远期支付产生外币升值的风险程度是否大于参与者用本币购买即期外汇的到期利息损失。如果参与者的本币属贷款而来，就要与到期的贷款利息相比较，从而决定这一避险方法的取舍。

（二）灵活操作原则

外汇市场管理者和参与者在风险防范过程中，要机智灵活，既要有风险防范意识，又要尽量促成交易。交易的一方积极采取措施排除或降低风险，交易的对方同样也在绞尽脑汁回避可能的风险。若双方僵持不下，合同难以签订，此时就要具体问题具体分析。如果企业的进口商品是国内紧俏商品或生产建设急需的商品，有较大的经济效益和社会效益，就得适当承受一些可能因汇率变动带来的风险，以保证交易成功，交易成功后，再用外汇交易法或平衡法对货款进行保值。若为了促成出口交易的成功，也同样可以采取这种方法。

（三）分类防范原则

对于不同类型和不同传导机制的外汇汇率风险损失，应该采取不同方法来分类防范，以期奏效，切忌生搬硬套。对于交易结算风险，外汇市场参与者应以选好计价结算货币为主要防范方法，辅以其他方法；对于债券投资的汇率风险，外汇市场参与者应采取各种以保值为主的防范方法；对于外汇储备风险，外汇管理机构应以储备结构多元化为主，适时进行外汇抛补。管理者和参与者在选择具体操作方法进行分类防范时，还要坚持理论与实际、定性与定量、历史与未来相结合的方法对汇率的走势进行预测，以确保实施措施的准确性和有效性。

（四）回避为主原则

外汇市场参与者进行汇率预测，选择适当的避险操作方法其目的不在于进行投机活动，而在于规避可能面临的风险。根据这一原则，参与者在选择方法避险时，应本着保守的原则，不能把自己的经济活动变成赌博，为赚取较大的收益而采取冒险措施。

二、维护外汇市场安全的程序

维护外汇市场安全，就是对外汇风险的特性以及影响因素进行识别与测定，并设

计、选择防止和减少损失发生的处理方案，以最小成本达到风险管理的最佳效果。维护外汇市场安全的基本程序主要包括以下几个步骤。

（一）预测汇率波动方向和幅度

为风险管理而进行的汇率预测是风险识别和测定的基础。外汇市场参与者只有在汇率预测的基础上，才能对收益与成本、风险损失和风险报酬等方面进行估算，才能提出相应的可行性方案，并最终作出有根据的决策。人们通常采用的汇率走势预测方法有基本因素分析法和技术分析法两种。两种方法的目的都在于分析汇率的走势，但它们分析的角度、采取的方法、所起的作用各有不同。基本因素分析法是人们通过分析影响汇率走势的各种主要因素的相互作用，对汇率进行预测的方法，包括定性分析、定量分析和德尔菲法分析三种常见类型。技术分析法是以预测市场价格的未来变化趋势为目的，以市场行为的图形、图表、形态、指标为手段，用数学、统计学、价格学等理论对市场行为所进行的分析研究方法。技术分析法有多种，其中以图表分析法最为重要。在预测汇率的长期走势上，基本因素分析法的准确度通常比较高，但在判断汇率变化的具体时间以及预测短期内汇率变化方面，效果并不十分理想，而技术分析则偏重于短期的操作策略。正确的汇率预测做法是把基本因素分析和技术分析两种方法结合起来，互相补充，这样才能使得预测工作完整，预测效果更为理想。

（二）识别和度量外汇市场风险大小

风险识别和度量，是指识别外汇市场风险的类型并度量其风险程度。外汇市场参与者在对外交易中，一要分析究竟存在哪些外汇市场风险，是交易风险、经济风险还是会计风险；二要分析所面临的外汇市场风险哪一种是主要的，哪一种是次要的；三要分析哪一种货币风险大，哪一种货币风险小；四要了解外汇市场风险持续时间的长短。在综合分析所获得的数据和汇率的基础上，将风险暴露头寸和风险损益值进行计算，把握这些汇率风险将达到什么程度，会造成多少损失。通常情况下，外汇敞口越大，时间越长，汇率波动越大，风险越大。外汇市场参与者要经常测算各时期的外汇市场风险敞口额和汇率预期变化幅度。汇率风险度量方法可以采用直接风险度量方法和间接风险度量方法，根据风险的特点，从各个角度去度量汇率风险，这样才能为规避风险提供更准确的依据。

（三）设计、比较风险防范措施

设计、比较风险防范措施是指针对不同的外汇市场参与者的经济活动设计具体的外汇市场风险的防范措施，并对这些措施进行比较，以便择优实施。不同类型的外汇市场参与者具有不同的风险防范措施，采取完全抵补策略、部分抵补策略，还是采取完全不抵补策略，要进行比较。汇率波动幅度大时，应采取完全抵补策略，运用各种措施消除外汇敞口；对汇率波动没有把握，应采取措施消除部分敞口金额，留部分受险金额；面对低风险、高收益、汇率波动幅度不大、外汇业务量少或汇率的走势对自己有利，可以任由外汇敞口暴露在外汇风险之中。

（四）确定并实施风险防范措施

外汇市场管理者和参与者确定外汇市场风险防范措施，需要在科学的风险识别和有效的风险度量的基础上，结合自身的经济活动性质、业务规模、范围和发展阶段等情况进行。对于参与者来说，完全抵补策略、部分抵补策略和完全不抵补策略，只有适用条件不同，没有优劣之分。在确定抵补策略的基础上，再进一步选择具体的避险方法实施，不同的方法对应不同的操作。

三、维护外汇市场安全的措施

维护外汇市场安全需要外汇市场参与者、管理者、自律组织和监管者各司其职，多方协作，共同努力。本章只从外汇市场管理者、参与者和自律组织角度探讨维护外汇市场安全的措施，外汇市场监管将在本书第十章进行介绍。

（一）外汇市场参与者要建立健全内控机制和风险管理框架

一是参与者应建立参与外汇批发市场交易应遵循的制度框架。其内部操作规则和风险管理制度，应包括但不限于交易额度限制、分级授权、合规内控管理、报酬激励机制等。二是参与者应建立外汇市场交易行为风险管理架构。参与者应建立覆盖全面、授权明晰、相互制衡的内部参与外汇市场交易行为的管理体系，并明确相关部门在外汇市场交易行为管理中的职责分工。三是参与者应实施全流程风险管理，涵盖交易前准备、询价与报价、交易簿记、头寸管理、对账机制、清算与账务处理、违约处置等各环节；开发风险监控模型以监控交易人员的异常交易行为，通过科技手段将监控、计量、提示等风险管理要求嵌入月业务全流程。四是参与者应建立外汇交易前、后台防火墙隔离机制。前台与后台部门在内部组织结构和岗位的设置上，应权责分明、人员分离，相互制衡。五是参与者应妥善保存并监控交易相关的电话和电子通讯的沟通记录，保存期限应根据交易性质决定，一般录音内容或电子信息记录的保存期限至少为十二个月；部分履约时间较长的外汇交易产品，应延长相关记录的保存期限。

（二）外汇市场参与者要积极采取各种措施防范化解外汇风险

外汇市场参与者要不断提高外汇风险防范能力，可结合每笔交易的特点与本身的贸易财务条件采取一定的方法来防范外汇风险。通常可以采取的措施有两大类：一类是贸易类措施，即利用贸易谈判、合同商洽和经营决策来规避外汇市场风险；另一类是金融类措施，即借助金融工具来规避外汇市场风险。

1. 贸易类措施。

（1）选好或搭配好计价货币。采用何种货币作为合同计价货币，无非有两种可能：一是采用本国货币，二是采用外国货币。如果采用本国货币来计价，那就不存在外汇市场风险；反之，如果采用外国货币作为交易货币，则存在外汇市场风险。所以在外汇交易中应尽量选择以本国货币计价，但在实际操作中除非是紧俏商品，否则很难实现。一般原则是出口交易中应寻求使用趋硬的货币，进口贸易中寻求使用趋软的货币。如双方不能达成一致意见，亦可采用一半货值用硬币一半货值用软币的方法，由买卖双方共同承担风险。当然在具体操作时还应考虑该商品的市场情况、公司的营销策略、商品的库存数量等因素。

（2）提前或延期结付汇。在进出口合同规定以外币结算时，将外币计价结算的日

期提前或推迟，以避免外汇市场风险或得到汇价上的好处，这种做法称为提前或延期结付汇。提前结付汇包括提前付汇和提前收汇两种。提前付汇是预计企业应付外汇账款的计价货币升值时使用的方法；而提前收汇是预计企业应收外汇账款的计价货币贬值时使用的方法。该方法主要是通过缩短外汇敞口的时间间隔来减缓交易风险。延期结付汇与提前结付汇的做法正好相反，当企业应收外汇账款的计价货币出现升值或者企业应付外汇账款的计价货币出现贬值时，均可以延期结付汇。延期结付汇包括推迟付汇和推迟收汇两种。

在实际交易中，如果一方申请提前结汇或者延期结汇，一般会给对方一定的补偿来弥补其损失，具体的补偿数额一般由双方协商而定。

（3）运用保值条款。保值条款是经贸易双方协商，同意在贸易合同中加列分摊未来汇率风险的货币收付条件。在保值条款中交易金额以某种比较稳定的货币或综合货币单位保值，清算时按支付货币对保值货币的当时汇率加以调整。在长期合同中，往往采用这类做法。即在订立合同时，按当时即期汇率将合同金额折合为若干的保值货币，到实际结算日，再按结算时的汇率，将保值货币折回成计价结算货币进行结算。实务中一般采用黄金保值、硬货币保值和“一篮子”货币保值三种保值方法。

（4）价格调整法。在国际贸易中，一般是坚持出口收硬货币，进口付软货币的原则；但是在实际交易中，可能会出现出口商收软货币，进口商付硬货币的情况，这时可以通过调整进出口商品价格的方法，将外汇市场风险分摊到价格中去，即选用加价保值或压价保值的方法。加价保值法是指出口企业接受以软货币计价成交时，可将汇价变动所造成的损失摊入出口商品价格中，提高商品价格以转嫁外汇市场风险；压价保值法则是指进口企业接受以硬货币计价成交时，可将汇价变动可能造成的损失从进口商品的价格中剔除，降低商品价格，以转嫁汇率风险。

2. 金融类措施。外汇市场参与者签订交易合同后，可以利用在外汇市场上从事各种外汇业务来消除外汇市场风险，这种方法是国际上普遍采用的方法。如果参与者过多地采取收硬付软、提前或延期收付汇等，将风险转移给交易对手，让对方部分或全部承受汇率波动的风险，在实践中，往往会遭到对方的反对，双方互不相让，势必影响交易成功的概率，因此实施贸易类措施维护外汇市场安全具有一定的局限性。而通过实施外汇交易等金融类措施避免外汇市场风险，则与交易对手无关，不仅便利交易的达成，还能转嫁风险。

（1）即期外汇交易法。即期外汇交易法是指具有应收或者应付外汇账款的外汇市场参与者通过与外汇银行签订卖出或者买入外汇的即期合同，从而消除外汇市场风险的方法。即期交易防范外汇市场风险需要实现资金的反向流动。参与者若在近期预定的时间有出口收汇，就应卖出手中相应的外汇头寸换入本币；若在近期预定的时间有进口付汇，则应用本币买入相应的即期外汇。

（2）远期外汇交易法。远期外汇交易法是指具有应收或者应付外汇账款的外汇市场参与者通过与外汇银行签订卖出或者买入外汇的远期合同，从而消除外汇市场风险的方法。这种方法的优点在于能够全部消除外汇市场风险，即时间风险和价值风险，并能预先计算贸易成本和实际收益。具体操作方法是：出口商（或债权人）在签订贸易合同后，按当时的远期汇率事先卖出合同金额和币种的远期外汇，收到货款时再按原定汇率办理交割；进口商（或债务人），则预先买进所需的远期外汇，到支付货款或偿还债务时，按原定汇率进行交割。这种防范外汇市场风险的手段比较流行，也比较有效。

（3）掉期交易法。掉期交易法是指在买进或卖出一种期限的某种货币的同时，卖出或买进另一种期限的同种货币，从而消除外汇市场风险的方法。掉期交易法因为实现了资金的反向流动，所以可以减少外汇市场风险。掉期交易法与套期保值的区别在于：套期保值是在已有一笔交易的基础上所做的反方向交易；而掉期交易则是两笔反方向的交易同时进行，两笔外汇买卖币种金额相同，买卖方向相反，交割日不同。这种方法常用于外汇市场参与者的套利、投资和借贷业务的外汇市场风险防范，它同样可以消除外汇的时间风险和价值风险。

（4）外汇期货交易法。外汇期货交易法是指有应收或应付外汇账款的外汇市场参与者，在外汇期货市场，根据标准化原则与清算公司或经纪人签订货币期货合同，以消除或减少外汇市场风险的方法。具体方法包括多头套期保值和空头套期保值。多头套期保值是指债务人通过在期货市场买入外汇期货合约，然后对冲平仓来避免因汇率上升引发的风险；空头套期保值是指债权人通过在期货市场卖出外汇期货合约，然后对冲平仓来避免因汇率下降引发的风险。

（5）外汇期权交易法。外汇期权交易法是指具有应收或应付外汇账款的外汇市场参与者，通过外汇期权市场进行外汇期权交易，以降低外汇市场风险的方法。外汇期权交易法的原理是利用外汇期权交易合约的买方具有选择权的特点，通过选择是否执行期权合约规避汇率波动对外汇市场参与者的影响。具体做法是买进看跌期权和买进看涨期权。看跌期权是指期权合约的买方支付一笔期权费后，将来就可以按照事先约定的协议价格卖出一定数量的外汇期权；看涨期权是指期权合约的买方支付一笔期权费后，将来就可以按照事先约定的协议价格买入一定数量的外汇期权。

（6）借款法。借款法指有远期外汇收入的外汇市场参与者通过向银行借入一笔与远期收入相同币种、相同金额和相同期限的贷款而防范外汇市场风险的方法。其特点在于能够改变外汇市场风险的时间结构，把未来的外币收入现在就从银行借出来，以供支配，这就消除了时间风险，届时外汇收入进账，正好用于归还银行贷款。不过该法只消除了时间风险，尚存在外币对本币价值变化的风险。

（7）投资法。投资法是指当外汇市场参与者面对未来一笔外汇支出时，将闲置的资金换成外汇进行投资，待支付外汇的日期来临时，用投资的本息（或利润）付汇。一般投资的市场是短期货币市场，投资的对象为规定到期日的银行定期存款、存单、银行承兑汇票、国库券、商业票据等。这里需要注意的是，投资者如果用本币投资，仅能消除时间风险；只有把本币换成外币再投资，才能同时消除货币兑换的价值风险。

投资法和借款法都是通过改变外汇市场风险的时间结构来避险，但两者却各具特点，前者是将未来的支付移到现在，而后者则是将未来的收入移到现在，这是主要

区别。

（8）BSI 法和 LSI 法。在即期外汇交易法、借款法和投资法的基础上，将这三种方法综合利用，可达到消除外汇市场风险的目的，这种方法就是 BSI 法和 LSI 法。BSI 法，即借款—即期外汇交易—投资法（Borrow - Spot - Invest），是指在存在应收外汇账款的情况下，外汇市场参与者借入与应收外汇账款相同数额的外币，再将这笔外币卖给银行换回本币，进行投资，从而既消除了外汇的时间风险，又消除了价值风险的方法。LSI 法，即提早结汇—即期外汇交易—投资法（Lead - Spot - Invest），有两种做法：一是有应收外汇账款的外汇市场参与者在征得债务方的同意后，请其提前支付货款，并给予对方一定的折扣，然后通过即期外汇交易兑换成本币，与此同时，将换回的本币用于短期投资，其收益弥补折扣的损失；二是有应付外汇账款的外汇市场参与者先借入一笔与外币金额等同的本币贷款，通过即期合同将本币兑换成外币，以外币提前支付并获得对方的折扣。

【案例导入】

海尔：并购中的汇率风险管控

2016 年 1 月 15 日，海尔宣布以 54 亿美元收购 GE 旗下家电业务部门，交易将通过海尔自有资金和并购贷款的方式来完成。其中自有资金约为 22 亿美元，占交易对价的 40%。由于此次交易付款货币为美元，而自有资金来源的相当一部分来自人民币资金，因此在 2016 年 6 月并购资金交割前能否有效管理汇率风险，将购汇的人民币资金总额控制在预算范围内，成为海尔本次跨境并购交易必须解决的棘手问题。

2016 年初，为更好地协调资源以有效应对汇率风险，海尔金控在整合海尔原有外汇交易团队基础上引进了跨国银行人才、对冲基金人才和 IT 专家，在中国香港注册成立了海云汇小微（以下简称海云汇），为海尔成员公司及产业客户提供外汇交易及金融风险管理服务。而此次管理并购 GE 家电交割资本中的汇率风险，成为海云汇成立之后业务开展的“试金石”。

从 2014 年开始，人民币汇率出现贬值情况，2015 年离岸人民币兑美元汇率由年初的 6.22 一路跌至年底的 6.57，跌幅达 5.68%；同时，汇率开始呈双向波动，单日人民币汇率波幅逐步扩大。这些变化极大地增加了汇率市场风险，也给本次跨国收购增添了变数。2016 年 1 月底，离岸人民币对美元即期汇率随中间价小幅收跌，波幅较元旦明显收窄。综观整个 1 月的人民币汇率，整体延续平稳态势。从国内看，人民银行表达了坚定维稳汇率的决心，且前期平抑人民币贬值预期的举措已经显现成效，人民银行推动人民币国际化也在稳步前行；从国际看，全球经济复苏势头不明朗，各国竞相宽松，美国短期内加息概率降低。在这些国内外因素的共同作用下，人民币汇率贬值压力趋缓，短期内或会走稳。鉴于此，海云汇团队认为，2016 年上半年离岸人民币兑美元汇率虽然会继续下跌但幅度将会收窄，预计汇率在 6.4 ~ 6.8 波动的可能性较大。

得出以上分析后，海云汇团队在海尔可供选择的三种外汇市场风险防范方案（一是不做风险管理，交割日以即期价格购汇；二是通过远期锁定汇率风险；三是运用期权组合锁定汇率风险）中，针对 GE 家电收购项目选择了运用期权组合锁汇的方案：买入美元看涨期权（协议价格 6.60）同时卖出美元看涨期权（协议价格 6.80）的 6.6 ~ 6.8 看涨期权价差期权组合产品。该组合产品有两个优点：一是成本便宜（执行价 6.6 的看涨期权成本远低于执行价 6.4 的看涨期权），期权组合成本仅为 0.78%，远低于远期锁汇的 1.2% 的成本；二是区间避险，如果 6 月期权到期，人民币意外升值，客户可放弃行权，按当时有利的即期汇率购汇。这就是说，看涨期权价差期权既可有效锁定人民币兑美元汇率 6.6 ~ 6.8 的汇率风险，同时，万一人民币升值，客户可用更低的即期汇率购汇。该产品的风险是，如果人民币汇率大幅跌至 6.8 以上，就会超出客户锁定的汇率风险范围（6.6 ~ 6.8）。对此，海云汇团队认为，此种情况发生的概率较低，因此将 6.6 ~ 6.8 看涨期权价差期权产品推荐给了客户。在获得客户认可后，海云汇团队于 2—4 月按该方案完成了期权交易。

2016 年上半年的外汇市场走势，正如海云汇团队所预期的那样，离岸人民币先升后贬，5 月底期权到期时，人民币兑美元汇率相对年初小幅下跌至 6.55 左右，交易对手放弃行权，海尔通过即期买入美元，为并购交易锁定了成本。该方案最终有效规避了汇率风险，相比远期锁定方案，为客户节省了 0.45% 的财务成本，总计为海尔节省了约上亿元人民币的财务费用。

资料来源：章砚柏．海尔：并购中的汇率风险管控［J］．中国外汇，2017（16）．

思考题：从海尔并购 GE 家电的避险操作案例可以得到什么启示？

（三）外汇市场管理者要有效引导参与者的预期行为

外汇市场预期是指外汇市场参与者基于所获取的与外汇市场运行相关的信息集，形成对市场未来变化发展的预测，并以获得潜在预期收益为目标，形成持有本币或外汇的决策过程。外汇市场预期可能引致外汇市场参与者行为的变化和调整，形成顺周期行为和“羊群效应”，加剧外汇市场的波动和不确定性。维护外汇市场安全，降低市场波动性，就需要外汇市场管理者对参与者的预期进行有效引导。一是要完善顶层职能设置，成立专门的机构或部门，负责开展外汇市场预期管理的相关工作。二是要科学测度外汇市场预期，建立能反映外汇市场总体水平以及单个市场主体特征的指标体系，通过量化指标，直观反映外汇市场上相关要素的动态变化，以此提升对预期管理的支撑能力。三是要根据测度结果设定预警状态，运用工具实施有针对性的干预调控，影响市场主体的预期。四是加大经济金融知识的普及教育，提高市场主体的知识素养。

加大对经济金融知识的宣传和普及力度，畅通外汇市场预期管理的传导。五是提高政策传导质效。要注重政策宣讲措辞的规范性、宣讲语言的通俗易懂性，使市场主体全面准确地理解政策信息。六是优化预期引导。进行决策前要释放出清晰的信号，通过多种形式让市场主体对未来外汇市场改革及外汇政策的总体方向、实施路径等有所预期，逐步培育外汇市场预期跟随市场引导的路径方向，减少市场非理性行为的发生。

（四）外汇市场自律组织要建立并不断完善自律规范体系

维护外汇市场安全需要外汇管理部门牵头成立外汇市场自律组织。自律组织要与相关市场参与者建立市场自律和协调机制，搭建市场参与者行使自律权利的平台，构建完整有效的外汇市场自律规范体系。一是自律组织要发挥好市场与管理部门之间的桥梁作用，及时向管理部门反映市场最新变化、最新需求、最新建议。二是自律组织的核心成员要发挥好行业自律的带头作用，不断完善内控制度，提高管理层和员工的自律意识，做到合法经营、合规交易，不断向行业最佳实践靠拢。三是自律组织秘书处要发挥好协调和服务的作用，进一步健全各项自律规范，开展自律行为评估，完善激励约束机制，加大自律宣传，激发行业自律意识，推动建立一个有广度和深度、稳健高效、公平有序的外汇市场。四是自律组织成员要加强对客户的风险教育，积极引导客户树立财务中性的理念，这既有助于企业应对和管理汇率风险，降低汇率波动对企业生产经营的影响，也有助于缓解外汇市场顺周期波动，防范外汇市场系统性风险。

【知识链接6－3】

中国外汇市场自律机制应运而生

汇率市场化和外汇管理体制改革的核心是让市场在汇率形成中发挥更大作用，赋予外汇市场参与者更多权利。在这一过程中，如何加强管理部门与市场机构的沟通，如何更多发挥市场机构在外汇市场发展中的积极作用，如何更好地从他律转向他律与自律相结合，如何防止市场出现无序竞争，这些都是需要我们着力解决的问题。为了解决这些问题，2016年中国外汇市场自律机制应运而生。2017年4月，为了给管理部门与市场参与者之间提供更为便捷、畅通的沟通平台，自律机制又推动成立了外汇市场指导委员会，构建起了“指导委员会＋自律机制”双层架构的中国外汇市场自律体系。自外汇市场自律机制和外汇市场指导委员会成立以来，在构建和完善外汇市场自律规范体系、推动外汇市场自律管理等方面取得了重要进展。一是初步搭建了外汇市场自律管理的制度框架。陆续发布了《人民币兑美元汇率中间价报价行中间价报价自律规范》《中国外汇市场准则》《银行外汇业务展业原则》《银行跨境人民币业务展业原则》等一系列规范性文件，为外汇市场提供了自律性质的行为指南。二是大力推动各项自律规范落实，宣传和巩固自律理念。通过签署遵守外汇市场准则承诺声明、外汇展业公约、跨境人民币展业公约等方式，推动金融机构自觉落实自律规范。加强自律规范和自律意识的宣传和培训，广泛传播自律理念，激发行业遵守自律规范的自觉性。三是不断完善行业自律的激励约束机制。通过外汇市场自律行为评估，督促自律机制成员遵守自律规范，避免“劣币驱逐良币”，并为自律机制成员提供专业咨询建议。根据外汇市场自律行为评估结果，对外汇市场自律机制成员分层并赋予不同权利义务，引导自律机制成员更好地履行自律规范。外汇市场自律行为评估结果也是中国人民银行宏观审慎评估（MPA）的重要组成部分。四是积极扩大行业国际交流，2017 年 5 月作为创始成员加入全球外汇市场委员会，深度参与《全球外汇市场准则》的制定和完善。截至 2018 年 8 月末，中国外汇市场自律机制成员达 553 家，其中已经有 30 家签署了遵守外汇市场准则的承诺声明，16 家签署了跨境人民币业务自律公约，14 家签署了银行外汇业务展业公约。

【本章小结】

外汇市场安全是为了降低汇率价格波动给外汇市场参与者的市场行为带来的不确定性而进行的管理。外汇市场的参与者包括外汇银行、外汇经纪人、外汇交易商、进出口商、外汇投机者、中央银行及其他外汇供求者。这些外汇市场参与者在涉外经济活动中，其以外币计价的资产或负债，由于汇率的波动必然引起价值上涨或下跌，这就是外汇市场风险。

外汇市场风险可以分为交易风险、会计风险和经营风险。交易风险是指在以外币计价的交易中，由于外汇汇率的波动而引起应收资产或应付债务价值的变化使交易者蒙受损失的可能性；会计风险是指企业在进行会计处理和外币债权、债务结算时将必须转换成本币的各种外币计价项目加以折算时所产生的风险；经济风险是指由于非预期的汇率变动，使企业在将来特定时期的收益发生变化的潜在可能性。对于企业来说经济风险的影响比交易风险和会计风险更大，交易风险和会计风险的影响是一次性的、相对短期的，而经济风险的影响在长期、中期和短期都存在。

外汇市场风险是涉外经济活动中不可避免的一种风险，对一国政府、企业乃至个人都会产生很大影响。外汇市场参与者对待外汇市场风险时应积极主动进行风险管理，应通过风险识别、风险衡量、风险控制等方法，预防、规避、转移或消除外汇市场行为中的风险，从而减少或避免可能的经济损失。外汇市场参与者可以采取风险防范措施有两大类：一类是贸易类措施，即利用贸易谈判、合同商洽和经营决策来规避外汇市场风险，具体方法包括选好或搭配好计价货币，提前或延期结汇，运用保值条款等；另一类是金融类措施，即借助金融工具来规避外汇市场风险，具体方法包括即期外汇交易法、远期外汇交易法、掉期交易法、外汇期货交易法、外汇期权交易法、借款法、投资法、BSI 法和 LSI 法等。

【复习思考题】

一、名词解释

外汇市场风险　交易风险　会计风险　经营风险　外汇市场安全

二、选择题

1. 在以外币计价的交易中，由于外汇汇率变动而引起的应收资产与应付债务价值变化的风险为（　　）。

A. 交易风险　　B. 外汇买卖风险　　C. 经济风险　　D. 利率风险

2. 出口贸易中应当选择（　　）作为计价货币，在进口贸易中应选择（　　）作为计价货币。

A. 软币　软币　　B. 软币　硬币　　C. 硬币　硬币　　D. 硬币　软币

3. 外汇风险的不确定性是由于（　　）的频繁变化所致。

A. 价格　　B. 货币　　C. 资产　　D. 汇率

4. 外汇风险中一部分承担外汇风险的外币金额称为（　　）。

A. 外汇敞口　　B. 受险部分　　C. 货币头寸　　D. 外币存款

5. 中国外贸公司在出口时，按合同规定以美元计价，如果预测人民币对美元将升值，则应该与对方商量（　　）。

A. 提前收款　　B. 到期收款　　C. 延期收款　　D. 难以判定

三、问答题

1. 外汇市场风险有哪些种类？
2. 举例说明交易风险和会计风险。
3. 简述维护外汇市场安全的原则。
4. 外汇市场的参与者有哪些？
5. 简述维护外汇市场安全的措施。

选择题答案

1. A　2. D　3. D　4. AB　5. C

第七章

黄金市场安全

【教学目的和要求】

通过本章学习，使学生掌握黄金市场的概念、成功要素和功能，理解和掌握目前黄金市场存在的风险以及维护黄金市场安全的制度和措施，树立正确的价值导向和理财观念。

第一节　黄金市场概述

一、黄金市场概念

黄金市场（Gold Market）是指黄金的交易双方集中进行黄金买卖、黄金交易的场所。黄金市场为黄金投资者提供即期交易和远期交易，允许交易双方进行实物交易或者期货期权交易，投资者可以通过黄金市场进行投资、投机、套利、避险、套期保值等操作。

黄金本身具有良好的稳定性，作为全球最稀缺的资源，被人们称为财富储备，具有货币属性。黄金市场不仅是商品交易的市场，也是金融投资的市场，还具有货币市场的功能，因此黄金市场是一个集商品交易、金融投资和货币市场功能为一体的独特市场；是一个以黄金现货交易市场为主，以货币黄金交易为支撑，以金融投资黄金交易市场为主导的复合结构市场。

伴随着经济全球化的步伐，金融市场也得到了快速发展，黄金因其特殊的价值属性被各国视为重要的金融工具和财富储备资源，在市场投融资、国际贸易和国家间债权债务清算等方面都发挥着重要作用，而黄金市场也在不断地支持黄金产业和实体经济的发展中发挥着重要的作用。

黄金市场是金融市场和各国金融体系的重要组成部分，一个国家或地方能否形成黄金市场，需要具备以下四个基本条件。

一是发达的商品经济和信用制度。市场经济是黄金市场形成的基础和必要条件，只有发达的商品经济基础，才能实现黄金市场的交易基础。除了发达的商品经济，信

用制度对黄金市场的形成也起着促进作用。信用制度包括商业信用、银行信用和国家信用等，没有发达的商品经济和完善的信用制度，就无法顺利进行黄金交易，也就很难形成黄金交易市场。

二是自由的外汇制度。外汇和黄金都是一个国家必要的资源储备，是用于维护国家金融安全的保障资源。黄金市场的形成不仅需要黄金的自由买卖，还需要货币资金的支持。开放的外汇市场，允许各国货币自由兑换，才能实现黄金的自由买卖，形成黄金市场。

三是健全的法律制度。健全完善的规章制度是黄金市场交易顺利进行的基础，交易佣金的确定、黄金交割的办法、违约事件的处理都需要相关的法律法规作为依据。

四是稳定的政治经济环境。稳定的政治经济环境是黄金市场交易顺利进行的保障，动荡的政治经济环境不利于吸收资本，本国的资本也会受到影响转移到其他安全稳定的地区。瑞士苏黎世、中国香港黄金市场的形成都得益于稳定的政治经济环境。

目前形成主要黄金市场的国家和地点都位于金融市场较发达的地区，政治经济稳定，拥有自由的外汇制度和较为健全的法律制度，几大黄金市场的形成都满足了以上几个基本条件。黄金市场也是衡量一个国家和地区金融市场是否稳定健全的标志之一。

二、黄金市场的构成要素

目前全球主要的黄金市场都有近百年的发展历史，已经形成了较为完善的运营模式，从交易方式、产品种类到业务结构和交易系统都有详细的规章和制度。根据不同的作用和功能，可以将黄金市场的构成要素分为监督管理机构、交易所、行业自律组织以及各类法人机构和个人投资者四种类型。

（一）监督管理机构

为了保障黄金市场的公平和公正，维护黄金交易双方的合法权益，减少和禁止黄金交易市场操纵价格、不当经营等非法交易行为，各地黄金市场都建立了相关的监督体系，比如美国建立的商品期货交易委员会（CFTC），英国的金融服务管理局（FSA）、新加坡的金融管理局（MAS）等。在我国，内地监督管理黄金市场的机构为中国人民银行，香港特区的为证券及期货事务监察委员会（香港证监会）。《中华人民共和国中国人民银行法》规定，中国人民银行的职责包括监督管理黄金市场，持有、管理、经营国家外汇储备、黄金储备。除此之外，中国人民银行还有权对参与黄金市场的金融机构、其他单位及个人进行的黄金管理规定中的相关行为进行检查和监督。在中国人民银行行政监督下，中国证券监督管理委员会负责监管上海期货交易所的黄金期货业务以及上海证券交易所、深圳证券交易所上市的黄金 ETF 业务，中国银行保险监督管理委员会负责监管国内商业银行开展的黄金业务。

（二）交易所

交易所是为黄金投资者提供的一个公开、公平、公正的交易场所。交易所为会员提供交易场所、组织和安排合约上市、组织进行结算交割、实施风险管理、保证合约履行、发布市场信息、监督会员行为、指定交割仓库等相关服务。会员可以通过交易所进行有关黄金的各类投资行为，交易所可以在服务的基础上收取合理的费用实现经济利益，合理的费用包括会员的会费、交易的手续费和信息服务费等。目前，我国只有两家交易所经国务院批准可以开展黄金交易业务，分别是上海黄金交易所和上海期货交易所。

（三）行业自律组织

行业自律组织是指工商企业为了协调企业之间的经营活动，沟通信息，自发组织起来的社会中介机构。行业自律组织包括行业协会和商会两种类型，在黄金市场交易中，主要的行业自律组织是行业协会。行业协会的宗旨一般包括推广行业的方针、政策、法规，开展国际合作与交流，维护会员和行业的公平竞争，参与行业信息统计，组织产品的开发和推广，扩大行业产品应用领域等方面。行业自律组织作为联系政府与企业间的桥梁，在自律管理方面起着重要的作用。我国黄金市场的自律组织主要包括中国黄金协会和一些地方性的黄金协会。

（四）各类法人机构和个人投资者

黄金市场的主要参与者既包括进行黄金生产、加工、精炼、设计和销售等环节的企业，如各大金矿、黄金生产商、黄金加工企业和首饰店，也包括专门从事黄金交易的投资公司、商业银行、证券公司、经纪公司及个人投资者等。这些黄金市场的主要参与者按照对市场风险的偏好程度不同，可以分为风险厌恶型和风险喜好型两种类型。风险厌恶型参与者主要包括黄金生产商和黄金消费者，他们希望回避或转嫁风险，将市场波动的风险降到最低程度；而风险喜好者主要为各种对冲基金投资公司，他们希望能够从黄金价格波动中获取利益。

三、黄金市场的功能

黄金具有商品属性、投资属性和货币属性，因此黄金市场是一个集商品交易、金融投资和货币市场功能为一体的独特市场。黄金市场与货币市场、资本市场、外汇市场共同构筑了现代金融市场体系，对国家经济金融运行起着至关重要的作用，发挥着重要的功能。

（一）投融资功能

黄金因其特殊属性，长久以来一直是一种投资工具。黄金是一种独立资源，与其他金融工具的关联性较低，价值高，可以对抗通货膨胀、战争等灾难，因此投资黄金具有保值避险的功能。受多种因素影响，黄金价格呈现一定波动性，吸引投机者和套期保值企业涌入参与市场交易。在当前复杂多变的世界政治经济形势下，黄金已成为投资者理财规划和投资组合的重要标的品种，黄金的投融资功能也已经成为黄金市场的主要功能。

（二）套期保值功能

黄金市场涵盖了黄金现货市场和黄金衍生品市场，套期保值功能将两者有效衔接，

降低了黄金产业的生产经营风险，提高了黄金产业链及市场投资者的风险转移能力和风险管理水平。金融机构及产金、用金企业可以利用黄金市场的多层次结构进行有效的对冲交易，从而规避因价格波动而带来的市场风险。

（三）资产证券化功能

随着黄金市场的发展，黄金已经从最初单一的现货交易品种，发展到如今的包括黄金期货、黄金远期、黄金掉期、黄金期权、黄金 ETF 以及账户金业务等种类繁多的证券化产品，使得黄金市场的内涵更加丰富，进一步挖掘了黄金的金融属性，为黄金市场的参与机构和个人客户提供更加多元化的投资渠道。

（四）货币政策功能

由于我国货币市场、外汇市场仍处于发展阶段，货币政策传统机制不健全。黄金市场作为中央银行新的货币政策操作工具，正逐步发挥作用。央行可以通过黄金市场交易来调节国际储备的构成和数量，控制货币供给，回收流动性，应对通货膨胀的压力。虽然黄金市场这一作用十分有限，但是因其对利率和汇率的敏感性较弱，可以作为货币政策操作的一种对冲工具。随着我国国际收支持续双顺差，货币政策处于被动地位，黄金市场这一功能日益显现，通过开放黄金市场来深化金融改革是中国金融市场与国际接轨的客观要求。

（五）黄金储备是国际储备的重要组成部分

国际储备包括货币性黄金、外汇储备、国际货币基金组织（IMF）储备头寸和特别提款权（SDR）。黄金储备作为一国国际储备的重要组成部分，代表了一个国家对外经济贸易的资信程度，是衡量一个国家经济实力和国际支付能力的重要指标，尤其是当该国在国际贸易中长期处于逆差或外汇短缺时，黄金的作用就显得尤为重要。

四、世界黄金市场

世界黄金交易的地区主要分布在欧洲、北美洲和亚洲三个区域。随着黄金交易的不断发展，全球逐步形成了以美国纽约期货交易所（COMEX）、英国伦敦黄金市场协会（LBMA）、瑞士苏黎世黄金总库（ZGP）、日本东京商品交易所（TOCOM）、中国香港金银业贸易场（CSE）为中心的五大黄金市场。

按照交易方式划分，黄金市场可以分为场内交易和场外交易市场。以场内交易为主的黄金市场主要有纽约、东京、新加坡、上海、香港等地，其中纽约、东京、新加坡等地以黄金期货等衍生品交易为主，而上海、香港则以黄金现货交易为主；以场外交易为主的黄金市场主要有伦敦、苏黎世、迪拜等地。由于发展历史不同，各地黄金市场的交易主体、类型和市场监管也有很大不同，各具特点。

（一）美国纽约黄金市场

纽约黄金市场以经营黄金期货为主，是目前全球交易量最大也是最活跃的黄金期货市场（如表 7－1 所示）。

表 7－1　　纽约黄金市场基本详情

监管部门	美国联邦储备委员会及所属联邦储备银行、美国财政部和美国商品期货交易委员会
相关行业组织	美国期货业协会、美国黄金协会、美国珠宝首饰商会
管理法则	1. 美联储关于金银管理的法规 2. 财政部和美联储关于黄金储备的规定 3.《商品期货交易委员会法》 4. 期货交易规则、商品交易所条例等法律法规体系
市场特点	1. 美国商品期货交易委员会根据美国国会立法与期货交易所、期货协会共同管理黄金市场 2. 纽约黄金市场以经营黄金期货为主，是目前全球交易量最大也是最活跃的黄金期货市场 3. 纽约黄金市场的交易品种主要有黄金期货、迷你期货、微型期货、期权和基金

纽约黄金市场是伴随着商品交易逐步建立起来的，以黄金期货和期权交易为主。纽约商品交易所（COMEX）成立于 1933 年，并于 1975 年开始进行黄金期货交易。1994 年，纽约商品交易所并入纽约商业交易所（NYMEX），成为其金属交易的分部。2007 年，美国芝加哥商业交易所合并了芝加哥期货交易所（CBOT），2008 年又收购了纽约商业交易所（NYMEX），自此，芝加哥商品交易所成为全球规模最大且多元化的交易所集团。

根据芝加哥商业交易所界定，黄金期货交易归下属的纽约商品交易所负责，目前交易的品种有黄金期货、迷你期货、微型期货、期权和基金。参与纽约黄金期货交易的客户主要有三类：一是套期保值客户如生产商、提炼商、制造商、经营商、金属交易和用户终端；二是投机者，如大型对冲基金；三是场内职业投机者。发展至今，芝加哥商业交易所已经成为全球最大且交易商品最多元的期货交易所。

（二）伦敦黄金市场

伦敦黄金市场目前是全球最大的场外现货黄金交易市场（如表 7－2 所示），历史悠久，可追溯到 300 多年前。1804 年，伦敦取代阿姆斯特丹成为全球黄金交易的中心，1919 年伦敦金市正式成立，每天上午和下午进行两次黄金定价，该价格一直是世界各黄金市场基准价的主要参考标准，广泛应用于生产商、消费者和金融机构之间的交易结算，也是众多黄金衍生交易合约的定价基准。1987 年，伦敦金银市场协会（LBMA）成立，它是一家负责黄金和白银现货交易的全球金银行业公会，也是为会员和市场参与者提供服务的贸易行业中介机构。

表 7－2　　伦敦黄金市场基本详情

监管部门	英国金融服务局
相关行业组织	伦敦贵金属市场协会和英格兰银行
管理法则	1. 英国金融服务局关于金银管理的规定，以及金融服务法、证券法规中有关金银交易的规定 2. 伦敦贵金属市场协会章程及有关法规 3. 伦敦贵金属市场交易规则
市场特点	1. 典型的以伦敦贵金属交易市场为核心，以英格兰银行为储备机构的市场交易机制管理体系 2. 拥有金融性黄金和商品性黄金的完整运行体系 3. 是世界各地官方黄金交易的主要市场

近一个世纪以来，伦敦黄金定价已由原来的伦敦五大金商变为巴克莱银行、德意志银行、加拿大丰业银行、汇丰银行和法国兴业银行五家银行。然而由于该定价机制存在价格操纵的风险，因此国际上不断出现呼唤更加公平、公正、透明的黄金定价体系的声音。2015 年 3 月，伦敦金银市场协会将黄金定价机制转交给美国洲际交易所（ICE），采用全新的电子化报价方式提供现货黄金定价管理。2015—2016 年，中国银行、中国建设银行、中国工商银行和交通银行先后获准成为 LBMA 黄金定盘商，参与到国际黄金市场定价中，目前伦敦金银市场协会共有 13 家商业银行和投资机构作为定盘商。

（三）苏黎世黄金市场

苏黎世黄金市场是第二次世界大战后发展起来的黄金市场，是目前世界上最大的金币市场和私人黄金投资市场（如表 7－3 所示）。瑞士银行体系特殊，且建立了辅助性的黄金交易服务体系，为黄金交易提供了保密自由的环境。南非的大部分黄金、苏联和社会主义阵营国家的大部分黄金都通过苏黎世黄金市场进行交易，使瑞士苏黎世成为世界上最大的黄金中转站和私人黄金存储与借贷中心。苏黎世黄金市场由瑞士国民银行（SNB）监管，由瑞士银行、瑞士信贷银行和瑞士联合银行三家银行代理、结算。三家银行不仅可以代理客户交易，还可以开展自营，直接参与黄金交易。

表 7－3　　苏黎世黄金市场基本详情

监管部门	瑞士中央银行、瑞士国民银行
相关行业组织	苏黎世黄金总库（由瑞士银行、瑞士信贷银行和瑞士联合银行设立）
管理法则	1. 瑞士国民银行金银储备管理法规 2. 苏黎世黄金总库组织与瑞士国民银行制定瑞士苏黎世黄金交易市场的管理规则、章程及配套法规
市场特点	1. 瑞士黄金市场以瑞士私人银行体系和辅助性黄金服务体系为基础，为黄金交易提供自由保密的环境 2. 苏黎世黄金交易市场以三大银行为骨干，以民间私营黄金投资交易为基础，与私人银行业务相结合运行 3. 瑞士黄金交易系统具有极大的包容性，是私人投资黄金及理财的主要场所，也是东西方黄金交融的场所。南非、苏联和社会主义阵营国家的大部分黄金通过苏黎世黄金市场和西方交易 4. 瑞士是世界上最大的私人黄金存储与借贷中心

苏黎世黄金市场无金价定盘制度，交易单位为 99.5% 金，交割地点为苏黎世黄金库或其他指定保管库。苏黎世黄金市场的金条规格与伦敦黄金市场相同，便于参与者交易，增加了市场流通性。

（四）东京黄金市场

东京黄金交易所成立于 1981 年 4 月，主要从事黄金现货交易，其前身是由 14 家大商社组成的日本贵金属协会（如表 7－4 所示）。1982 年，东京黄金交易所开设了期货业务，成为日本政府唯一批准开立的黄金期货市场。1984 年，东京黄金交易所和东京橡胶交易所合并成为东京工业品交易所（TOCOM）。1991 年，东京工业品交易所实行动盘交易，引进电子屏幕交易系统实现了电子操作和远程控制。自 2005 年以来，日本黄金市场发展活跃，东京工业品交易所的集中购买更是影响了国际黄金价格，东京工业品交易所成为亚洲最大的黄金期货交易所，每年的黄金期货交易量仅次于纽约黄金市场，排名世界第二。

表 7-4　　东京黄金市场基本详情

监管部门	经济产业省商务情报政策局商务科
相关行业组织	交易所自律委员会、经纪商自律组织
管理制度	1. SPAN 保证金制度 2. 价格限制制度 3. 商品交易委托债务赔偿基金制度
市场特点	1. 黄金交易种类较为丰富 2. 市场投资者以中小散户为主 3. 各类中介组织具有良好信誉，市场环境高效透明

目前国际主要的黄金市场都实现了连续 24 小时不间断交易，黄金市场的 24 小时交易包含了两层含义：第一，对于单一的黄金市场而言，在正常的交易时间以外可以采用电子交易手段，使投资者能够在本市场进行 24 小时的黄金交易；第二，就各黄金交易商而言，通过电话、电报以及网络等手段在世界不同时区可以实现 24 小时不间断的交易状态。

五、我国黄金市场

（一）我国黄金市场的发展历史

1917 年，上海成立了金业公会，1921 年成立了上海金业交易所。之后，北京、天津、武汉等地也相继建立了黄金交易机构，一些证券交易场所也设立了黄金交易部门。1926—1931 年，上海的黄金市场交易非常活跃，交易量最高时近 2 万吨，成为当时世界第三大黄金市场。

抗日战争爆发后，国民政府实行黄金管制，黄金市场走向沉寂。抗日战争胜利后，国民政府决定实行黄金自由兑换，放开黄金价格。之后随着解放战争爆发，物价飞涨，人们纷纷抢购黄金，1947 年 2 月，国民政府停止了黄金兑换。

新中国成立以前，人民政府在解放区颁布了《金银管理暂行办法》，严禁走私倒卖金银等破坏人民币流通的行为。新中国成立后，我国黄金市场大致可分为全面管制、统购统配、过渡和全面市场化四个发展阶段（见表 7-5）。

表 7-5　　我国黄金市场发展阶段

时间	阶段	特点
1949—1982 年	全面管制时期	禁止民间黄金买卖，金银买卖由国家统一管理
1983—1992 年	统购统配时期	禁止金银私相买卖，由中央统一审批、购买
1993—2001 年	过渡时期	黄金统收统配，金价浮动制
2002 年至今	全面市场化时期	黄金实现自由买卖

1. 全面管制时期（1949—1982 年）。新中国成立后，出于稳定人民币市场流通和

保证外汇储备的目的，国家对私人黄金买卖实行全面管制，黄金的市场流通需向中国人民银行申请配额，冻结民间金银买卖，规定国内的金银买卖统一由中国人民银行经营管理。

2. 统购统配时期（1983—1992 年）。随着国家经济不断发展和国民收入的提高，黄金饰品市场恢复。1983 年 6 月，国务院颁布了《中华人民共和国金银管理条例》，明确规定国家对金银实行统一管理、统购统配的政策。在中华人民共和国境内，一切单位和个人不得计价使用金银，禁止私相买卖和借贷抵押金银；金银的收购，统一由中国人民银行办理；凡需用金银的单位，必须按照规定程序向中国人民银行提出使用金银的申请，由中国人民银行审批、供应。

3. 过渡时期（1993—2001 年）。20 世纪 90 年代初，邓小平南方谈话和党的十四大提出发展社会主义市场经济，以辽宁感王镇民营黄金市场为代表的黄金私卖乘势而起。1993 年国务院办公厅国办函〔1993〕63 号文件回应了当时社会关于黄金市场化改革的争论，对黄金仍实行统收统配，国内金价由固定制改为浮动制，但未来将对黄金市场逐步推行市场化改革。

4. 全面市场化时期（2002 年至今）。2001 年 4 月，我国取消了黄金“统购统配”的管理体制，2002 年 10 月成立了上海黄金交易所。上海黄金交易所的成立实现了国内黄金生产、消费、流通体制的市场化，标志着中国黄金市场走向全面开放，黄金市场迎来了大发展时期，黄金交易品种不断增加，市场规模持续提升。

与此同时，商业银行陆续推出了面向个人客户的黄金业务，上海期货交易所于 2008 年推出了黄金期货。目前中国黄金市场已初步形成了上海黄金交易所黄金现货及衍生品市场、上海期货交易所黄金期货市场和商业银行场外市场共同发展的多层次、多元化的黄金市场格局。

（二）我国黄金市场的现状

我国黄金市场主要分为黄金现货市场和黄金期货市场，其中现货市场主要在上海黄金交易所，而期货市场则在上海期货交易所（如表 7－6 所示）。上海黄金交易所作为经国务院批准，由中国人民银行组建，中国唯一的专门从事黄金交易的机构，既承担着发展黄金市场的重任，也肩负着监测、维持黄金市场稳定的重担。

表 7－6　我国黄金市场基本详情

监管部门	中国人民银行、证监会、银保监会
相关行业组织	中国黄金协会、各地方黄金协会
管理法则	1. 中国人民银行金银管理规定，以及银保监会、证监会法规中有关金银交易的规定 2. 上海黄金交易所与期货交易所制定的章程及有关规定
市场特点	1. 市场架构比较完整 2. 参与主体类型多样 3. 与实体经济和黄金产业密切关联 4. 投资与风险分散功能进一步得到发挥

上海期货交易所的黄金期货是目前企业规避黄金价格风险的主要产品。上期所的产品均为场内标准化合约产品，采用中央对手方清算机制，不存在合约对手方违约的风险。

1. 上海黄金交易所。上海黄金交易所（Shanghai Gold Exchange，SGE），简称上金所，是经国务院批准，由中国人民银行组建，在国家工商行政管理部门登记注册的，不以盈利为目的，实行自律管理的会员制法人。上海黄金交易所成立于 2002 年 10 月 30 日，遵循公开、公平、公正和诚实信用的原则组织黄金、白银、铂金等贵金属交易，它的成立实现了中国黄金生产、消费、流通体制的市场化，是中国黄金市场开放的重要标志。

2016 年 4 月 19 日，上海黄金交易所发布了“上海金”集中定价合约，是全球首个以人民币计价的黄金基准价格。“上海金”定价机制是中国金融要素市场创新开放、融入全球一体化进程的重要尝试，为黄金市场参与者提供了良好的风险管理和创新工具，加快了中国黄金市场的国际化进程。

2. 上海期货交易所黄金期货市场。随着我国金融市场的发展，以黄金为标的的投资活动逐渐活跃，单一的黄金现货已不能满足市场需求，2008 年 1 月，黄金期货合约正式在上海黄金期货交易所挂牌交易。

黄金期货合约的上市交易是对国内黄金现货市场的重要补充，进一步挖掘了黄金的金融属性，有利于发挥黄金期货价格发现功能，促进了黄金定价机制的完善和发展。

上海期货交易所是在中国证监会集中统一监督管理下，组织期货交易并实行自律管理的法人，目前挂牌有铜、铝、锌、铅、镍、锡、黄金、白银、螺纹钢、线材、热轧卷板、原油、燃料油、石油沥青、天然橡胶 15 种期货合约。上海期货交易所下属 4 家子公司，现有会员 190 多家，在全国各地开通远程交易席位 1600 多个。

3. 香港黄金市场。香港黄金市场由香港金银业贸易市场、香港伦敦金市场和香港黄金期货市场组成，分别进行场内现货交易、场外本地“伦敦金”交易和黄金期货交易（如表 7－7 所示）。香港金银业贸易市场的起源可以追溯至 1910 年香港金银业行成立，其发展已逾百年，是实行会员制自律管理的法人组织。虽然与伦敦黄金市场相比，香港黄金市场起步相对较晚，但是自 1974 年香港政府撤销了对黄金进出口的管制，香港黄金市场开始快速发展。香港黄金市场在时差上正好填补了纽约黄金市场收市和伦敦黄金市场开市前的空档，连贯亚洲、欧洲和北美黄金市场，形成连续且完整的世界黄金市场，因此伦敦五大金商、瑞士三大银行等机构纷纷在香港设立分公司，它们将在伦敦的黄金交易带至香港，形成了一个无形的“伦敦金”市场。

表 7－7　香港黄金市场基本详情

监管部门	香港金管司、香港证监会
相关行业组织	香港黄金交易员协会、期货协会
管理法则	1. 香港金管司关于金银管理条例及商业银行、证券公司、经纪公司法规关于黄金的条款 2. 证监会关于期货交易所管理的法规

续表

市场特点	1. 香港金银贸易市场，以华人资金商占优势，有固定买卖场所，交易方式是公开喊价，现货交易 2. 香港伦敦金市场，以国外资金商为主体，没有固定交易场所 3. 香港黄金期货市场，性质与纽约和芝加哥商品期货交易所的黄金期货性质一样，交投方式正规，制度比较健全

第二节　黄金市场风险

【案例导入】

中国黄金第一案

2006年6月到7月，宋某利用中国工商银行黄金买卖交易系统漏洞，通过电话委托方式，买卖黄金超过2100千克，获利2100多万元。2012年6月，山东省高院作出最终判决，撤销被告宋某2006年进行的126笔交易。这是银行业第一起因为"纸黄金"系统漏洞引发的诉讼案件，涉案金额巨大，被冠以"中国黄金第一案"。

案件经过：

2006年5月，宋某从外地携款2.7万元出差到济南，看望大学同学刘某。因身份证已过期，宋某用同学刘伟的身份证，在济南某银行开设黄金买卖账户，采用电话银行方式做黄金买卖交易。

6月底，宋某要回外地，他在走之前进行电话委托。当时黄金价为每克160元左右，宋某输入了参考价145元。5天后，宋某从外地归来后发现，自己的委托成功了。于是，宋某开始输入远低于即时正常黄金价格的买入价格，并逐渐探底。截至7月8日，共操作买入交易65笔，卖出交易61笔，获利21930382.24元。

没过几天银行就找到了宋某及其同学，银行认为宋某等人的上述交易具有明显的恶意操作性质，随即将其交易获利款项划走，并请求法院撤销上述126笔黄金买卖交易。然而，宋某却认为自己根据银行提供的交易系统，按正常电话语音提示逐步操作，输入的交易命令也得到了系统认可，并不存在违规现象，合法有效。他要求银行归还其被划走的2100多万元交易所得。

最终判决：

2010年9月，济南中院依法作出一审判决，支持银行关于撤销宋某2006年6月29日至7月8日期间进行的126笔交易的诉讼请求。被告宋某不服一审判决，上诉到山东省高级人民法院。而本次二审作出维持原判的终审判决。

2012年6月，山东省高院作出终审判决，驳回被告上诉，维持2010年9月济南市中院的一审判决，撤销被告2006年6月29日至7月8日期间进行的126笔交易。

资料来源：涉案3.2亿元中国黄金第一案终审，所有交易撤销［EB/OL］．［2012－06－26］．http：//news. sohu. com/20120626/n346532453. shtml.

思考题： 1. 你认为该案应该如何判决？

2. 如何避免黄金交易存在的风险？

一、黄金市场风险的概述

当今时代，风险无处不在，尤其在金融市场领域，各类风险交织并彼此相互作用。黄金市场作为金融市场重要组成部分，同样也存在诸多风险。对于黄金市场的参与者而言，黄金市场的风险主要有以下特点。

（一）客观性

风险的客观性不会因为市场参与者的主观意愿而消失。黄金市场风险是由不确定的因素共同作用而形成的，而这些不确定因素是客观存在的，市场参与者无法控制，更无法预测到未来影响黄金价格因素的变化，因此风险客观存在。

（二）广泛性

在黄金市场中，风险存在于各个环节，从黄金的生产、销售，到黄金的投资研究、行情分析、投资方案、投资决策、风险控制、资金管理、账户安全等环节都存在一定的风险，因此黄金市场风险具有广泛性特点。

（三）可预见性

黄金价格不是一成不变的，也会受到诸如政策经济环境、美元走势等因素的影响，但是这些因素对黄金价格的影响具有一定的可预见性。黄金市场参与者可以基于对这些因素的分析采取相应的措施规避风险，因此黄金市场风险具有一定的可预见性。

（四）相对性

黄金市场的风险具有相对性，对于风险偏好型市场参与者来说，价格的波动意味着投机的机会；而对于风险厌恶型的市场参与者来说，价格的波动意味着风险，所以黄金市场的风险具有相对性。

二、黄金市场风险分类

黄金市场的风险主要包括价格风险、信用风险、市场风险、汇率风险、流动性风险、操作风险和其他风险。

（一）价格风险

黄金市场的价格风险主要是指黄金价格波动给投资者带来的风险。布雷顿森林体系解体后，黄金开始进入非货币化进程。黄金可以自由买卖，使黄金的流动性增强，黄金的价格不再是固定的，而是受市场供需、政治经济形势、欧元美元等汇率、石油

价格等多种因素共同影响。随着黄金衍生品种类的日益丰富，影响黄金价格的因素也越来越多，价格波动和风险程度也在逐步加强。

（二）信用风险

信用风险是违约风险的一种形式，信用风险主要是由于交易的一方无法按约定的合同或协议履行相应的责任而给交易的另一方造成经济损失的风险。黄金市场在进行延期交易时常存在信用风险。在进行延期交易时，因为采用的是保证金交易形式，所以在交割申报或中立仓申报时存在违约的可能。一旦出现违约，就会产生信用风险。

（三）市场风险

市场风险主要是指因为市场变化带来的黄金价格急剧波动或不利变动而导致损失的风险。布雷顿森林体系瓦解之后，黄金与美元脱钩，使得投资、投机黄金市场的机构和个人越来越多，黄金价格不仅受市场供求关系的影响，还受到国际外汇市场、证券市场、期货市场以及全球政治经济等因素的影响，市场风险较大。

（四）汇率风险

汇率风险，又称外汇风险，指的是金融机构、企业和个人持有以外币计价的债权或需要以外币偿还的负债等资产时，由于汇率变动而蒙受损失的可能性。黄金价格与全球宏观经济数据联系紧密，与美国经济和美元走势更是相关度极大，对投资者而言，应随时密切关注国际经济数据对黄金价格走势的影响。

（五）流动性风险

流动性风险是指投资者的现金流不能满足支付需要而带来的风险。在黄金投资中，更多被关注的是资产无法在不遭受损失的情况下迅速变现的风险。在黄金投资中，尤其是在延期交易中，会员单位和客户的资金管理至关重要。良好的流动性管理不仅有助于企业控制风险、长久发展，还有助于企业把握市场机会、提升自身竞争能力。

（六）操作风险

操作风险是指由于金融机构的信息系统、交易系统或内部风险监控系统控制失灵而造成意外损失的风险，这种风险一般由人为错误、系统失灵、操作程序发生错误或控制失效而引起，包括人员风险（员工操作“乌龙指”、不熟练不敬业或欺诈）、过程风险（模型风险、交易风险、控制风险等）、技术风险（系统失灵、程序错误、通信故障等）。对于黄金市场参与方，尤其是会员单位而言，应该借鉴科学的管理方法，重视操作风险管理。这类风险目前主要体现在业务流程管理和员工的道德风险、职业操守要求上。

（七）其他风险

黄金等贵金属投资中面临的其他风险还包括非法黄金交易活动、交易过程中的网络安全风险、提取实物后的保管风险、实物回购风险等。近年来，我国黄金市场的交易量和客户规模出现显著增长，一些非法黄金交易活动开始乘势而起，这些非法公司通过代理客户操作交易或与做市商对赌的形式诱骗客户资金。部分金融机构和金店仅回购自己销售的黄金产品，且附加凭借票据、折价等回购条件，总体而言，现阶段实物黄金的回购渠道并不十分通畅。

三、黄金市场风险成因

黄金市场的风险来自多方面，从交易起源和交易特征分析，其风险成因主要有四个方面：价格波动、保证金交易的杠杆效应、交易者的非理性投机和市场机制的不健全。

（一）价格波动

在市场经济条件下，商品价格受供求关系因素的影响而上下波动。在延期市场上，现货价格波动也会导致延期合约价格波动。延期合约的价格具有远期性和预期性，通常会受到更多不确定因素的影响，加上延期市场特有的运行机制，会加剧延期合约价格波动的频繁程度乃至出现异常波动，从而产生风险。

（二）杠杆效应

延期交易实行保证金制度，投资者只需支付延期合约价值一定比例的保证金即可进行交易。保证金比例通常为延期合约价值的10%左右，以此作为交易的履约担保。这种以小博大的高杠杆效应既吸引了众多投机者的加入，也放大了本来就存在的价格波动风险，导致价格的小幅波动就可能使投资者损失大量的保证金。市场状况恶化时，他们可能因无力支付巨额亏损而违约。期货交易的杠杆效应是区别于其他投资工具的主要标志，也是延期市场高风险的主要原因。

（三）非理性投机

投机者是延期合约中不可缺少的组成部分，他们既是价格风险的承担者，也是价格发现的参与者，不仅可以促进合理价格的形成，而且能提高市场的流动性。但是，在风险管理制度不健全、实施不严格的情况下，投机者受利益驱使，极易利用自身的资金实力、市场地位等优势进行市场操纵等违法行为。这种行为既扰乱了政策的市场交易秩序，也扭曲了价格，影响了价格发现功能的发挥，还会造成不公平竞争，给其他投资者带来交易风险。

（四）市场机制不健全

延期市场在运行过程中，由于相关管理法规和市场机制不健全等原因，可能会产生流动性风险、结算风险和交割风险等一系列风险。在延期市场发展的初期，这种不健全的市场机制产生的风险始终存在，有关部门应给予高度重视并应及时出台、修订和完善各项法规，不断优化市场交易机制，使得投资者避免因市场机制不健全而承担风险。

第三节 黄金市场安全

一、黄金市场风险控制管理制度

为保证黄金市场交易的正常进行，规范市场交易行为，防范黄金市场交易风险，维护投资者的合法权益，上海黄金交易所制定了《上海黄金交易所风险控制管理办

法》，该《办法》主要包含以下9项制度。

（一）保证金制度

保证金制度和涨跌停板制度是上金所延期交收合约的基础风险控制制度。上金所规定会员的黄金延期交收合约最低交易保证金比例为6%，并根据市场情况利用相关模型确定实际保证金水平。当合约出现诸如连续数日累积涨跌幅或持仓量增幅达到一定水平、达到涨跌停板、市场风险明显变化等情况时，上期所可以采取单边或双边、同比例或不同比例、部分会员席位或全部会员席位提高交易保证金和结算准备金，限制部分会员席位或全部会员席位出金，暂停部分会员席位或全部会员席位开新仓，调整涨跌停板幅度，限期平仓，强行平仓等措施中的一种或多种措施。

上海黄金交易所合约保证金冻结方式可分为双向冻结和单向大边冻结两种方式。

1. 双向保证金冻结方式。双向保证金冻结方式是目前上海黄金交易所对保证金合约市场采取的默认方式。在双向冻结方式下，客户对任一保证金合约进行报单、撤单操作或达成交易时，上海黄金交易所会分别按多头和空头应冻结金额双向冻结保证金。

2. 单向大边保证金冻结方式。为有效控制黄金市场风险，合理提升会员和客户的资金使用效率，上海黄金交易所引入了大边保证金模式，可按市场情况将单个或多个合约设置为大边保证金合约组合。当该组合有效，客户在同一席位下对同一组合内的任一合约进行报单、撤单操作或达成交易时，系统实时判断报单、撤单或成交后，该组合整体的多头应冻结资金和空头应冻结资金，只冻结该组合应冻结资金较大方向上的保证金。

（二）涨跌停板制度

涨跌停板制度是由上海黄金交易所制定的，各上市合约每日最大价格波动幅度的制度。涨跌停板是指在一个交易日中，合约价格的波动不得高于或低于规定的涨跌幅度，超过该涨跌幅度的报价指令被视为无效指令。黄金延期交收合约的涨跌停板为5%，白银延期交收合约的涨跌停板为7%；现货实盘合约的涨跌停板为30%，现货即期合约的涨跌停板为10%。当现货实盘合约和现货即期合约出现涨跌停板时，下一交易日仍维持合约原有的涨跌停板比例。涨跌停板制度与保证金制度相结合，是有效执行当日无负债结算制度的前提。通过设定涨跌停板的幅度小于合约保证金比例，能够锁定交易所会员及其客户每一交易日所持有合约的最大亏损金额，能够有效防止客户穿仓，维护保证金制度的实施。

（三）延期补偿费制度与超期费制度

上海黄金交易所的延期交收合约实行延期补偿费制度。当出现下列情况时，上海黄金交易所可调整延期补偿费率，确保延期交收业务的顺利进行。

1. 价格波动剧烈或异常；

2. 延期交收合约长期交收异常；

3. 延期交收合约与现货之间价差偏离正常幅度；

4. 市场出现价格操纵情况；

5. 上海黄金交易所认定的其他需要调整的情况。

延期补偿费是延期交收合约的主要交割机制，同样也是重要的风险控制制度，延期补偿费率调整时，上海黄金交易所提前三个交易日公告。

上海黄金交易所的延期交收合约实行超期费制度。当出现某延期交收合约的持仓量超过一定水平，或出现市场过热状况时，上海黄金交易所可以对连续持有时间超过一定期限的部分或全部持仓加收超期费。

超期费制度涉及持仓超期的时间和超期费率两项参数的设定，上海黄金交易所可以设定多档超期期限并针对每档期限设定不同的超期费率。正常情况下超期费率为零，超期费启用、停用和超期期限、费率的调整按照交易所的相关公告执行。对于持仓期限，超期费制度属于“软限制”，客户自主对超期持仓进行平仓后再开仓时，超期期限将重新计算。

（四）限仓制度

限仓是指上海黄金交易所规定会员席位或客户对某一合约单边持仓的最大数量，上海黄金交易所对会员自营席位和代理席位分别进行限仓管理。

上海黄金交易所采用限制会员席位持仓和限制客户持仓相结合的办法，控制市场风险；会员席位和客户的持仓数量不得超过上海黄金交易所允许的限仓额度。因中立仓申报而生成的持仓不受当日限仓额度的限制。

会员自营席位的初始限仓额度，黄金延期交收合约为 4 吨、白银延期交收合约为 80 吨；代理席位的初始限仓额度，黄金延期交收合约为 6 吨、白银延期交收合约为 200 吨。会员可根据实际需要向上海黄金交易所申请调整会员自营代理席位的限仓额度，上海黄金交易所根据市场情况进行审批。上海黄金交易所可以根据会员席位申请的席位限仓额度，相应调整其自营席位或代理席位最低结算准备金余额标准。

上海黄金交易所对法人客户的黄金延期交收合约限仓额度为 2 吨，对自然人客户的黄金延期交收合约限仓额度为 1 吨，各席位可在上海黄金交易所客户限仓额度内设定各自客户的限仓额度，会员可代客户向交易所申请调整客户限仓额度。一个客户可在不同会员处开户，上海黄金交易所对其在不同席位上的持仓量进行合并计算，当其合计持仓量超出持仓限额时，上海黄金交易所可以指定有关会员对该客户超额持仓执行强行平仓。

上海黄金交易所对套期保值额度单独进行管理。套期保值额度有效期原则上不超过一年。会员或客户已建仓的套期保值持仓到期后未做平仓或交割处理的，上海黄金交易所将按照普通持仓进行管理，超出其持仓限额的，上海黄金交易所可以按规定执行强行平仓。上海黄金交易所对客户在不同会员席位上的套期保值限仓额度合并管理。在进行套期保值交易时，会员或客户有欺诈或违反上海黄金交易所规定行为的，其已建仓的套期保值持仓按普通持仓管理或予以强行平仓，并按《上海黄金交易所违规处理办法》的有关规定处理。

（五）交易限额制度

交易限额是指上海黄金交易所规定的会员或者客户对某一合约在某一期限内开仓交易的最大数量。上海黄金交易所可以根据市场情况，对不同的上市品种、合约，对

部分或者全部的会员席位、客户，设定交易限额。具体交易限额执行标准由上海黄金交易所提前公布。套期保值交易不受交易限额规定限制。

（六）大户报告制度

当会员自营席位持仓量或代理席位持仓量、单一客户持仓量达到交易所限仓规定的 80% 时，或者上海黄金交易所要求会员或客户报告时，会员或客户应当向上海黄金交易所报告其资金、头寸等情况，客户应当通过会员报告。

会员或客户持仓达到上海黄金交易所报告标准或者交易所要求报告的，应当于下一交易日收市前向上海黄金交易所报告。上海黄金交易所有权对会员或客户提供的材料进行核查。

会员应当监控客户的持仓状况，当客户达到上海黄金交易所的大户报告标准时，督促客户及时提交报告。客户在不同会员处开户的，上海黄金交易所对其在不同席位上的持仓量进行合并计算，当其合计持仓量达到报告标准，由上海黄金交易所指定并通知有关会员，负责报送该客户应当报告情况的相关材料。

（七）强行平仓制度

强行平仓是指上海黄金交易所按照有关规定对会员席位或客户持仓实行平仓的一种强制措施。

当出现会员自营席位或代理席位保证金账户结算准备金不足，且未能在规定时限内补足的；席位或客户持仓量超出上海黄金交易所的限仓规定的；会员或客户因违规受到交易所强行平仓处罚的；根据交易所的紧急措施应予强行平仓时，上海黄金交易所有权对会员或客户持仓实行强行平仓。

强行平仓分为会员执行和上海黄金交易所执行两种情况。需要强行平仓的头寸先由会员在开市后 2 小时内执行，上海黄金交易所另行规定的除外。会员未在规定时限内执行完毕的，上海黄金交易所有权强制执行。上海黄金交易所向有关会员下达的强行平仓要求，除交易所特别通知以外，以当日向有关会员发送的结算数据和结算单据形式告知，会员可以通过相关系统获得相关数据。

1. 会员执行。属于保证金账户结算准备金不足且未能在规定时限内补足的强行平仓，平仓头寸由会员自行确定，只要在规定时限内平仓释放的保证金补足结算准备金即可。会员对其客户强行平仓时应当符合双方协议规定的标准和条件，并以约定的方式通知客户。其他情况需要强行平仓的，强行平仓头寸由交易所确定。

2. 上海黄金交易所执行。属于保证金账户结算准备金不足且未能在规定时限内补足的强行平仓，当席位持有多个合约或席位下多个客户持有多个合约时，上海黄金交易所按上一交易日收市后席位或客户持有的合约和持仓方向市值从大到小的顺序执行强行平仓直至补足结算准备金。若多个会员席位需要强行平仓的，按需要追加的保证金由大到小的顺序，先平仓需要追加保证金大的会员席位。其他情况需要强行平仓的，上海黄金交易所区分不同情况对会员和客户执行强行平仓。

强行平仓的价格通过市场交易形成。因受价格涨跌停板限制或其他市场原因制约而无法在规定时限内完成全部强行平仓的，其剩余持仓头寸可以顺延至下一交易日继续平仓，直至结果符合交易所要求。

由于价格涨跌停板限制或其他市场原因，有关持仓的强行平仓只能延时完成，而因此发生的亏损，仍由直接责任人承担；未能完成平仓的，该持仓持有者须继续对此承担持仓责任或实物交割义务。由会员执行的强行平仓产生的盈利仍归直接责任人；由上海黄金交易所执行的强行平仓产生的盈利按有关规定执行；因强行平仓发生的亏损由直接责任人承担。直接责任人是客户的，强行平仓后发生的亏损，由该客户的代理会员先行承担后，自行向该客户追索。

强行平仓执行后会员的结算准备金仍然不足且未能在规定时限内补足的，上海黄金交易所有权暂停其办理出库、借出、质押等实物业务，并有权将其名下相应价值的实物库存转移至专用保管账户，并进行处置，直至满足其保证金账户结算准备金最低余额的要求。实物库存处置执行后会员的结算准备金仍然不足且未能在规定时限内补足的，交易所保留继续追偿的权利。

（八）风险警示制度与异常交易监控制度

风险警示制度及异常交易监控制度是指当上海黄金交易所认为必要时，可以分别或同时采取要求报告情况、谈话提醒、书面警示、公开谴责、发布风险警示公告等措施中的一种或多种，并结合其他风险控制措施，以警示和化解风险。

上海黄金交易所根据各合约的不同特点确定不同的风险管理制度，实施风险监控系统，实现实时监控和预警市场风险，量化分析和测算风险状况，有效控制和化解黄金市场风险。

二、维护黄金市场安全的措施

维护黄金市场安全，不仅要依靠健全的法律法规，还要有相应的措施，维护黄金市场安全的措施主要体现在对黄金市场投资者的权益保护、对黄金市场会员单位的风险控制措施两个方面。

（一）黄金市场投资者权益保护

随着我国金融市场改革发展的不断深化以及互联网信息技术的不断进步，金融产品与服务日趋丰富，呈现出机构种类多样、产品结构复杂、跨市场产品增多、交易频率高、跨境流动快、风险传递快、影响范围广等特点，吸引着越来越多的个人投资者参与其中。但是金融产品服务的行为不规范，金融消费纠纷频发，金融消费者权益保护意识不高等问题也随之出现。

2012 年全国金融工作会议指出，“把金融消费权益保护放在更加突出位置加强制度和组织机构建设，加强金融消费者教育”。近几年，国务院要求相关金融主管部门进一步强化金融消费者权益保护工作，于 2015 年 11 月出台了《国务院办公厅关于加强金融消费者权益保护工作的指导意见》（以下简称《指导意见》）。《指导意见》对金融消费者权益保护工作提出全面、系统的要求，明确了金融管理部门和金融机构在金融消费者权益保护工作中的责任，进一步规范和引导金融机构行为，促进公平竞争，保护金融消费者合法权益，提升金融消费者信心，同时对于维护金融稳定、促进金融支持实体经济发展

都具有重要意义。《指导意见》的出台有助于防范和化解金融风险，促进金融领域形成公平正义的社会环境，使金融改革发展成果更多更公平地惠及广大金融消费者。

2016 年 12 月，根据《指导意见》精神要求，中国人民银行出台了《中国人民银行金融消费者权益保护实施办法》（以下简称《实施办法》）。《实施办法》明确了适用范围、效率层级等基本问题，还明确了金融机构行为规范、消费者保护职能，建立健全金融机构消费者保护机制，同时还明确了个人金融信息保护要求和投诉受理、处理机制和人民银行金融消费者权益保护工作的监督与管理机制。《实施办法》的制定和出台，既是贯彻落实国务院《指导意见》的重要举措，也是对实践工作的总结，同时也为人民银行各项工作开展提供了新的制度依据，在改善个人金融信息保护，提升金融消费者保护法治化等方面发挥了积极的促进作用。

2017 年 7 月，习近平总书记在第五次全国金融工作会议上的讲话中进一步指出，要形成投资者合法权益得到有效保护的多层次资本市场体系，加快建立完善有利于保护金融消费者权益的机制。

黄金市场凭借着黄金兼具商品与货币的特点，与货币市场、资本市场以及保险市场共同组成完整的金融市场体系。对我国而言，黄金市场也是金融市场不可或缺的重要组成部分，2002 年 10 月上海黄金交易所的成立，标志着我国黄金自由交易市场正式建立，包括货币市场、资本市场、外汇市场、保险市场在内的中国主要金融要素市场基本建成，中国金融市场体系更加完整。在中国人民银行的领导下，2017 年上海黄金交易所跃居全球场内黄金交易量第二位。因此，黄金市场投资者权益保护，也是我国金融消费者权益保护的一个重要组成部分。上海黄金交易所作为经国务院批准，由中国人民银行组建，专门从事黄金交易的国家级金融要素市场，始终认真贯彻落实《指导意见》和《实施办法》，将“金融消费者权益保护”作为工作的重中之重，在依法履职的过程中不断总结金融消费者权益保护工作经验，完善相关工作措施，提高对消费者的服务水平，切实保障金融消费者合法权益，真正发挥服务实体经济和促进黄金市场健康发展的重要作用。任何损害金融消费者权益的行为，不仅是对当事人权益的损害，更会对整个黄金市场造成多方面的危害。

黄金市场投资者权益包括知情权、自主选择权和信息安全权。保护黄金市场投资者权益的措施主要体现在制度建设和投资者教育两个方面。

1. 制度建设。投资者权益保护需要一系列有效的基于全流程的制度安排，以立法制度建设作为保护黄金市场投资者权益的事前防范措施，强化金融监管为事中控制的重要手段，将对于违规行为的处罚制度建设作为事后处理机制。投资者权益保护制度建设涵盖监管部门、金融机构以及行业自律组织三个层面，注重构建公开、公平、公正的市场环境，科学、合理的黄金市场监管体系以及高效的黄金市场监管制度，最大限度地保护投资者的合法利益。

一是加强顶层设计，推进相关立法工作。《中华人民共和国宪法修正案》（2004 年）明确规定“公民的合法的私有财产不受侵犯”“国家依照法律规定保护公民的私有财产权和继承权”。全国人大常委会通过的《刑法修正案（六）》《刑法修正案

（七）》对虚假陈述、内幕交易、操纵市场、欺诈客户等犯罪行为都进行了明确规定，中国人民银行也于2016年印发《金融消费者权益保护实施办法》（银发〔2016〕314号），健全了金融机构消费者保护机制，同时明确了个人金融信息保护要求、投诉受理和处理机制，有力地保障了金融消费者的合法权益。现代市场中消费者维护自身权益的法律依据是《消费者权益保护法》，这也是保护消费者合法权益、维护社会经济秩序的基本法。《消费者权益保护法》的对象涵盖市场中所有类型消费者，对于金融领域的消费纠纷事件不具有直接适用性和可操作性，一定程度上对于金融市场领域纠纷的解决并无直接作用。下一步，应将保障金融消费者合法权益作为立法工作的重中之重，将保护金融消费者权益确立为金融监管目标。

二是在监管部门层面有效建立起监督管理机制。《指导意见》明确界定了金融监管部门的职责和权限范围，相关金融监管部门要强化沟通合作和信息共享加强金融消费者权益保护协调机制建设。金融监管部门应加强日常监管，严格行政执法和处罚，从而促进市场依规有序竞争，提升金融机构服务水平，保障金融消费者的合法权益。通过规章制度来降低交易双方信息不对称的程度，规避道德风险，实现激励相容，保证代理人利益与委托人的利益尽可能地一致，切实保护黄金投资者利益。

三是金融机构应确立投资者保护工作的行为规范。《指导意见》阐明了金融机构权利和义务，作为金融机构，应切实维护金融消费者财产安全权、知情权、自主选择权、公平交易权、依法求偿权、受教育权、受尊重权和信息安全权等基本权利，各类金融机构负有保护金融消费者基本权利、依法合规开展经营活动的义务。在黄金市场，上海黄金交易所通过制定章程、交易规则、会员管理办法等，实现其组织黄金市场的职责，保证投资者的知情权和公平交易权，达到保护黄金投资者权益的目的。

四是积极推进行业自律组织机制建设。我国黄金市场行业自律组织为中国黄金协会，中国黄金协会是黄金市场投资者权益保护机制的重要组成部分，可以通过强化中介机构自律或建立从业人员资格授予、信息共享、同业竞争等行业执业标准来保障投资者的合法权益。

完整的投资者权益保护制度建设本质上应该体现市场机制、政府监管、法律制度三者间的辩证统一关系。市场机制能够自发、灵活地配置资源，可以对市场本身存在的问题快速作出反应，但无法解决内生的失灵问题；监管机构运用执法权对黄金市场进行宏观调控和监督管理，可以弥补市场失灵的缺憾，但无法完全避免监管缺位的局限；法治作为黄金市场的制度保障，可以在一定程度上消除市场失灵和监管失效，但法律法规对于市场的作用存在一定滞后性。三者只有相互补充、相互协调，将各自优势充分发挥出来，同时最大限度地弥补单一机制的缺陷，妥善处理好监管与市场的关系，加快建设多层次的黄金市场体系，共同为黄金投资者提供完善的保护制度。需要指出的是，黄金投资者权益保护是一项系统工程，涉及监管机构、交易所、投资者、中介机构等多个方面，是一项长期而艰巨的建设过程。虽然对黄金投资者权益保护已经成为黄金市场各方参与者的共识，但无论是外部法律制度的完善，还是内部治理机制的建立，都不可能一蹴而就，必须注重顶层设计、精心谋划，并且注重不断完善保

护机制，最大限度地保护黄金投资者的利益，才能为中国黄金市场的稳健、可持续发展奠定坚实的基础。

2. 投资者教育。近年来，国内黄金市场正逐步建立和完善系统的投资者教育体系，开展互联网投资者教育素材展示、黄金知识巡讲等一系列富有特色、注重实效的投资者教育活动，投资者自我保护机制与自我保护意识日益增强和完善。为了使金融消费者更好地学习金融、了解金融，享受金融业改革发展的成果，从 2013 年开始，中国人民银行确定每年 9 月统一开展全国性的“金融知识普及月”活动。“金融知识普及月”针对包括黄金市场投资者在内的各类金融消费者，设计并开展具有针对性的金融知识普及宣传活动，使消费者掌握符合其需求的金融知识。金融知识普及活动扩大了金融服务受众面，使更多的金融消费者能够享受金融业改革发展的成果；强化了普通投资者的风险意识和责任意识，帮助金融消费者树立“买者有责、卖者余责”的理念；引导投资者识别相关金融产品或服务的风险点，更清晰地理解金融机构的风险责任和金融消费者自身的风险责任及应对措施。

作为肩负着中国黄金市场建设和创新职责的国家级金融要素市场，维护金融消费者权益、促进市场规范也是上海黄金交易所的使命和责任所在。为此，上海黄金交易所于 2014 年初专门成立了投资者教育及市场推广部，加强黄金市场投资者教育工作，专业化、系统性的投资者教育工作随之启动。同年 7 月，上海黄金交易所联合会员单位创立了“黄金大讲堂”公益品牌，“黄金大讲堂”旨在通过多种方式普及黄金市场及黄金投资知识，培养黄金市场合格投资者，并着力搭建金融监管部门、消费者权益保护部门、会员单位和黄金市场投资者的全方位交流互动平台。活动推出以来，迅速获得会员单位和广大投资者的欢迎。交易所业务专家亲自授课，逐步改变了以往上海黄金交易所与百姓投资无关的印象，塑造了“上海黄金交易所，就在你身边”的亲民形象，在投资者中获得了良好的反响。为破除普通投资者对于黄金交易的神秘感，使投资者对于上海黄金交易所增进了解，上海黄金交易所在“黄金大讲堂”成功举办的经验基础上，创办了“走进金交所”（现名为“走进上金所”）活动，主动邀请投资者来到交易所参观，开展良性互动，有效地打破了投资者与交易所之间的隔阂，取得了良好的社会效益及公众影响。

上海黄金交易所在建立之初便推出了“黄金交易员资格”的授权培训和现场考试，10 年间共培养黄金交易员约 8.3 万人。随着业务范围的不断拓展，为进一步提升黄金交易员培训考试工作效率，发挥其在市场培育方面的重要作用，上海黄金交易所在对同业市场考培工作调研的基础上，于 2016 年 4 月推出了“全国黄金交易从业水平考试”。18 周岁以上有志于黄金交易的考生可在全国 31 个省份的近 1000 个考场同时在线考试。作为制度配套，上海黄金交易所还出台了《上海黄金交易所黄金业务培训机构认证及管理办法》，向全社会公开遴选认证培训机构。全国黄金交易从业水平考试已成为普及黄金市场、加强风险教育的重要载体。

为扩大财经、金融类高校学生对黄金市场的了解，培育未来的合格市场从业者，履行在市场人才培育方面的社会责任，上海黄金交易所于 2017 年 5 月创办了面向高校学生的投资者教育活动“黄金知识校园行”，在上海同济大学首次“黄金知识校园行”的成功举办，有效地普及了黄金市场与黄金投资知识，提高高校学生对黄金金融和上海黄金交易所的认知，为高校学生提供良好的参与投资交易的渠道、风险控制的教育培训，引导学生了解合法正规的黄金投资模式；也使高素质黄金从业人员的范围进一步扩大，为中国黄金市场的未来发展奠定了良好的人才基础。

（二）会员单位的风险控制措施

投资者在投资实践中，获取利润是最终目的，但是掌握风险控制方法是保证投资者获利的基础，在此针对会员单位的内部风险控制措施进行介绍。

1. 制订投资计划。对于黄金生产、冶炼、加工贸易公司以及金融机构和专业的投资公司而言参与黄金市场的目的不尽相同。因此，会员单位应该分析自身类型，并根据自身特点明确投资目的、资金特点（即期限、资金成本、投资规模和流动性要求），这是进行风险控制和制订投资计划的首要步骤。以此制订黄金投资计划，内容有投资品种、投资金额、投资周期、投资目标、投资机会分析、投资策略和投资风险控制等。

2. 做好资本充足率管理。投资主体的自有资本是稳健经营的基础，资本充足性的要求和自我控制是自身风险防范的首要条件。会员单位应该合理确定资金来源比例，尤其是对自有资金比例的掌握。制定相应的资本充足率标准，以避免信用风险的发生。

3. 完善投资决策机制，做好财务风险控制。投资决策中，应完善健全公司的投资决策机制，由公司董事会或者股东大会决议，形成公司的有效投资管理体系，包括投资额度、权限等。

对于公司的自营业务，应该根据投资计划出入资金，取得完整的交易记录，分析公司的盈亏情况。对于公司的代理业务，应该建立完善的二级交易系统同时取得完整交易记录。而针对融资或者占用客户资金的情况，尤其应该注意进行风险保证金的管理。

对于财务的监督，必须坚持财务结算的真实性，建立对于客户和自身交易过程的全程监督和动态监测机制。同时，加强内部员工管理，提高业务能力健全岗位职责和岗位管理制度，以防范交易员和内部员工不规范操作可能导致的道德风险和操作风险。

4. 控制客户信用风险。

（1）严格开户程序。会员单位要根据上海黄金交易所的要求和制定的标准，建立健全客户管理制度，履行客户开户环节的标准验证工作，做好对客户的适当性管理。对于一些资信较差，不符合投资要求的客户应将其拒之门外。

（2）严格委托程序。在接受客户委托时，严格依法操作，注意及时提醒客户风险，依法履行通知义务，为客户追加保证金留出合理时间，对客户执行强行平仓要适度，避免发生不必要的法律风险。

（3）根据客户资信情况进行风险管理。控制交易风险，会员单位一般在上海黄金交易所规定的保证金基础上再加上一定的比例向客户收取保证金，否则极易产生交易风险。因此，不少会员单位对客户有最大持仓限额要求，控制其交易规模。

（4）对客户进行必要的培训。加强其风险识别和管理意识，提高客户的交易技能，

减少大幅度亏损的可能性。

5. 严格执行保证金制度。保证金是客户履约的保证，会员单位的保证金标准一般要高于上海黄金交易所的保证金收取标准。如果保证金达到最低限额，投资者需要在规定时限内追加保证金，如果没有缴纳，保证金亏损后即直接强行平仓，将投资者的黄金卖出。对于客户在途资金的处理，也是风险控制的重要环节，由于银行结算系统的限制，还会发生个别退票和空头支票的现象。因此，客户在途资金一般不能用于开新仓，只可作为追加保证金；在市场价格波动剧烈时，在途资金也不能作为不被强行平仓的依据。

6. 严格经营管理。会员单位必须及时公开市场信息、数据，理性地参与市场。严禁为牟取私利而采用违规手法，扰乱正常交易。对财务的监督，必须坚持财务、结算的真实性，坚持对客户和自身在交易全过程中的资金运行进行全面的监管。

7. 健全信息技术管理，做好技术保障。会员单位自身过错导致的技术系统故障给客户交易造成损失的，会员单位应当承担相应的责任。会员单位还应加强对信息技术的投入和管理，避免因技术问题引发的纠纷和风险事件。

8. 加强对从业人员的管理，提高业务运作能力。会员单位要加强人员培训，提高从业人员素质，健全场内、场外经纪人及其他工作人员的岗位责任制和岗位管理守则，加强经纪人的职业道德教育和业务培训，增强市场竞争能力。

【本章小结】

黄金市场是交易双方集中进行黄金买卖、交易的场所。黄金市场的构成要素有监督管理机构、交易所、行业自律组织以及各类法人机构和个人投资者。作为金融市场的重要组成部分，黄金市场具有重要的投融资功能、套期保值功能、资产证券化功能和货币政策功能，黄金储备也是国际储备的重要组成部分。世界黄金市场主要集中在欧洲、北美和亚洲地区。主要黄金市场有美国纽约期货交易所（COMEX）、英国伦敦黄金市场协会（LBMA）、瑞士苏黎世黄金总库（ZGP）、日本东京商品交易所（TOCOM）和中国香港金银业贸易场（CSE）。我国黄金市场主要分为黄金现货市场和黄金期货市场，其中现货市场主要在上海黄金交易所，而期货市场则在上海期货交易所。黄金市场的风险主要包括价格风险、信用风险、市场风险、汇率风险、流动性风险、操作风险。维护黄金市场安全，主要体现在制度和措施两个方面：在制度上要建立完善的黄金市场监管制度和风险控制管理制度；措施主要体现在对黄金市场投资者的权益保护和对黄金市场会员单位的风险控制措施两个方面。

【复习思考题】

一、名词解释

黄金市场　黄金市场风险　保证金制度　强行平仓

二、选择题

1. 目前，（　　）黄金市场已成为世界上交易量最大和最活跃的黄金期货市场。

A. 纽约　　B. 伦敦　　C. 苏黎世　　D. 东京

2. 上海黄金交易所是由国务院批准设立，由（　　）组建，在国家工商行政管理部门登记注册，不以盈利为目的，实行自律管理的法人。

A. 保监会　　B. 证监会　　C. 中国人民银行　　D. 银监会

3. 不属于我国进行黄金投资交易的合法渠道的是（　　）。

A. 商业银行　　B. 上海黄金交易所

C. 上海期货交易所　　D. 天津贵金属交易所

4. 保证金制度是上金所延期交收合约的基础风险控制制度。上海黄金交易所规定会员的黄金延期交收合约最低交易保证金比例为（　　）。

A. 4%　　B. 6%　　C. 8%　　D. 10%

5. （　　）黄金市场是全球最大的场外现货黄金市场。

A. 美国纽约　　B. 英国伦敦　　C. 瑞士苏黎世　　D. 日本东京

6. 以下属于黄金市场风险的是（　　）。

A. 价格风险　　B. 信用风险

C. 流动性风险　　D. 宏观经济政策与货币政策风险

7. 下列关于交易所强行平仓执行原则错误的是（　　）。

A. 强行平仓先由会员单位自行平仓，若在规定时间内，会员单位没有执行完毕，则由交易所强制执行

B. 强行平仓不需要通知会员单位，交易所可以随时进行平仓

C. 会员单位执行强行平仓前，要先通知客户自行进行平仓，若在规定时间内，客户没有进行平仓，则由会员单位进行强行平仓

D. 会员单位可以根据自己的风险控制指标，随时对客户进行强行平仓

三、问答题

1. 黄金市场有哪些风险？

2. 如何控制客户信用风险？

3. 黄金市场风险控制管理包括哪些制度？

4. 黄金市场的功能是什么？

5. 什么是强行平仓制度？

选择题答案

1. A　2. C　3. D　4. B　5. B　6. ABC　7. BD

第八章

保险市场安全

【教学目的和要求】

通过本章学习，使学生了解保险市场的概念、保险市场的特点、保险市场的参与者及保险市场的分类；掌握保险市场面临的主要风险及成因；熟悉维护保险市场安全的方法和措施。

第一节　保险市场概述

一、保险市场的概念和特征

（一）保险市场的概念

保险市场是保险商品交换关系的总和或是保险商品供给与需求关系的总和。在保险市场上，交易对象是保险人为保险消费者所面临的风险提供的各种保险保障及其他保险服务。

完善的保险市场是由不同要素所构成的。从各国保险市场看，无论保险市场模式属于何种市场结构类型，它们都具备保险商品供给方、保险商品需求方、保险市场中介方、保险市场的客体、保险监督管理者几个典型的要素。

（二）保险市场的特征

1. 保险市场是直接的风险市场。尽管任何市场都存在风险，交易双方都可能因市场风险的存在而遭受经济上的损失，但是一般商品市场所交易的对象，其本身并不与风险联系，而保险市场所交易的对象是保险保障，所以直接与风险相关联。保险商品的交易过程，本质上是保险人聚集与分散风险的过程。风险的客观存在是保险市场形成和发展的基础和前提。没有风险就没有通过保险市场购买保险保障的必要，所以，保险市场是一个直接的风险市场。

2. 保险市场是非即时清结市场。所谓即时清结市场，是指市场交易一旦结束，供需双方立刻就能够确切知道交易结果的市场。一般的商品交易市场都是能够即时清结的市场，而保险交易活动因损失的不确定性和保险合同履行的射幸性，交易双方都不能确切知道交易结果，所以不能立刻清结。保险双方当事人需要通过订立保险合同来确立保险关系，并且依据保险合同履行各自的权利与义务。因而，保险单的签发看似是保险交易的完成，实则是保险保障的开始，最终的交易结果要看双方约定的保险事故是否发生。所以，保险市场是非即时清结的市场。

3. 保险市场是特殊的“期货”交易市场。由于保险合同的射幸性，保险市场上所成交的交易，都是保险人对未来风险事件发生所致经济损失进行经济补偿的承诺。保险人是否履约，取决于保险合同约定时间内是否发生约定的风险事故以及这种风险事故造成的损失是否达到保险合同约定的补偿条件。只有在保险合同所约定的未来时间内发生保险事故，并导致经济损失，保险人才可能对被保险人进行经济补偿。实际上，这种交易就是一种“灾难期货”，因此，保险市场可以理解为是一种特殊的“期货”市场。

二、保险市场的参与者

保险市场的参与者通常包括保险商品供给方、保险商品需求方、保险市场中介方和保险监督管理者。

（一）保险商品供给方

保险商品供给方是指在保险市场上，提供各类保险商品，承担、分散和转移他人风险的各类保险人。它们以各类保险组织的形式出现在保险市场上，如国有保险人、私营保险人、合营保险人和合作保险人等。通常，它们必须是经过国家有关部门审查认可并获准专门经营保险业务的法人组织。在我国，保险人的组织形式只能是法人组织，不允许个人经营保险。我国提供各类保险商品的是各类保险公司，它们构成了我国保险市场的供给方。在保险市场运行过程中，完善的组织结构和供给主体是先决条件，也是保险市场发育成熟的主要标志。

（二）保险商品需求方

保险商品需求方是指保险市场上所有现实的和潜在的保险商品的购买者，即各类投保人。保险商品需求方面临特定的风险，期望获得保险保障，并具有一定支付能力和消费理念。它们有各自独特的保险保障需求，也有各自特有的消费行为。保险商品需求方的组成多种多样，包括个人、家庭、各类企业、政府机构等。根据保险需求方不同的需求特征，可以把保险商品需求方划分为个人投保人和团体投保人。只有大量需求方的存在，才能使保险的基本原理“大数法则”得以体现，才能满足风险分散的要求。因此，他们是保险市场生存和发展的前提。

（三）保险市场中介方

保险市场的中介方既包括活动于保险人与投保人之间，充当保险供需双方的媒介，把保险人和投保人联系起来并建立保险合同关系的人，也包括独立于保险人与投保人之外，以第三者身份处理保险合同当事人委托办理的，有关保险业务的公证、鉴定、理算、精算等事项的人。保险市场中介方包括保险代理人、保险经纪人、保险公估人、保险律师、保险理算师和保险精算师等。

（四）保险监督管理者

保险经营涉及众多被保险人和社会公众的利益，而且保险经营中的交易方式是一种特殊的交易方式，所以，在完善的保险市场中，应设立保险监管部门。虽然各国的保险监管方式不同，但具有保险监督管理职能的机构必须建立和存在。在我国，保险监督管理部门是指中国银行保险监督管理委员会。保险监管部门的主要目的是为了维护保险市场的秩序，保护被保险人和社会公众的利益。

需要指出的是，在我国，中国银行保险监督管理委员会是保险市场的直接监管者，但在保险市场上还有一些政府监管机构也对保险市场实施监督管理，如工商管理机构、税务管理部门等。但是这些政府部门不是保险监督管理部门，它们对保险公司的监管不属于保险监管。此外，保险监督管理部门与其他政府管理部门对保险市场的监管重点也不同。保险监督管理部门与其他政府管理部门形成了保险市场监管的合力。

三、保险市场的功能

（一）保险市场具有合理安排风险，维护社会稳定的功能

保险市场通过保险商品交易合理分散风险，提供经济补偿，在维护社会稳定方面发挥着积极的作用。一方面，保险市场可以为城镇职工、个体工商户、农民等没有参与社会保险制度的劳动者提供保险保障，有利于扩大社会保障的覆盖面；另一方面，保险市场能够提供灵活多样的保险产品，可以为社会提供多层次的保障服务，提高社会保障水平，减轻政府在社会保障方面的压力。通过保险应对灾害损失，不仅可以根据保险合同约定对损失进行合理补偿，而且可以提高事故处理效率，减少当事人可能出现的各种纠纷，为维护政府、企业和个人之间正常有序的社会关系创造有利条件，减少社会摩擦，起到“社会润滑剂”的作用，大大提高社会运行的效率。

（二）保险市场具有资金融通，优化资源配置的功能

一方面，由于保险保费收入与赔付支出之间存在时间差；另一方面，保险事故的发生不都是同时的，保险人收取的保险费不可能一次全部赔付出去，也就是保险人收取的保险费与赔付支出之间存在数量差和时间差。这些都为保险资金的融通提供了可能。保险市场通过资金融通将保险资金中的闲置部分重新投入社会再生产过程中，充分发挥资金的时间价值，优化资源配置，为国民经济的发展提供动力。随着经济的发展，特别是金融创新的日新月异，保险资金融通功能发挥的空间非常广阔，保险市场在金融市场中占据非常重要的地位，是资产管理和股市的重要参与者。

（三）保险市场具有实现均衡消费，提高人民生活水平的功能

保险市场为减轻居民消费的后顾之忧提供了便利，使之能够妥善安排生命期间的消费，提升人民生活的整体水平。人们通过购买不同类型的保险产品，当被保险人遭受各种天灾人祸或收入损失时，就可以帮助被保险人重建家园，安定被保险人的生活。

（四）保险市场具有促进科技进步，推动社会发展的功能

科技进步已逐渐成为经济发展最主要的推动力，采用新技术可以提高企业的劳动生产率，使产品升级换代，扩大市场份额。但对于新技术的开发，企业面临着重大风

险，这是企业进行新产品研发的一个重要挑战。保险市场运用科学的风险管理技术，为社会的高新技术提供保障，促进新技术的推广应用，加快科技现代化的发展进程。

四、保险市场的分类

保险市场是一个庞杂的体系，按照不同的分类标准，可以分成不同种类，但是这些不同种类的保险市场并不是截然分开的，是相互交叉重合的。

（一）按照保险承保的方式划分，可以分为原保险市场和再保险市场

原保险市场也称直接业务市场，是保险人与投保人之间通过订立保险合同而直接建立保险关系的市场。在保险市场中，原保险市场是主要组成部分。

再保险市场是再保险商品交换关系的总和或是再保险商品供给与需求关系的总和，是原保险人将已经承保的直接业务通过再保险合同部分或全部转给再保险人而形成保险关系的市场。再保险市场是在原保险市场的基础上形成发展的，是原保险市场的有力延伸。在再保险市场上，交易的对象是再保险人为原保险人所面临的保险风险提供的各种再保险保障。

（二）按照保险承保的标的划分，可以分为寿险市场和非寿险市场

寿险市场可以分为人寿保险市场、健康保险市场和意外伤害保险市场。非寿险市场可以分为财产保险市场、责任保险市场和信用保险市场。财产保险市场是提供各种财产保险商品的市场，又可分为水险市场和火险市场。

（三）按照保险活动的空间进行划分，可以分为国内保险市场和国际保险市场

国内保险市场是专门为本国境内提供各种保险商品的市场，按照经营区域范围又可分为全国性保险市场和区域性保险市场。国际保险市场是国际间进行各种保险和再保险业务的市场。国际保险市场又可细分为全球性国际保险市场和地区性国际保险市场。

（四）按照保险市场的竞争程度进行划分，可分为自由竞争型保险市场、垄断型保险市场、垄断竞争型保险市场

自由竞争型保险市场是保险市场上存在数量众多的保险人、保险商品交易完全自由、价值规律和市场供求规律充分发挥作用的保险市场。垄断型保险市场是由一家或几家保险人独占市场份额的保险市场，包括完全垄断型保险市场和寡头垄断型保险市场。垄断竞争型保险市场是大小保险公司在自由竞争中并存，少数大公司在保险市场中分别具有某种业务的局部垄断地位的保险市场。

（五）按照保险组织形式进行划分，可以分为保险公司市场、保险经纪公司市场和“劳合社”市场

保险公司市场和保险经纪公司市场的参与者都是具有法人资格的公司，而且是以正式保单的方式进行承保，目前大多数国家都采取这样的保险组织形式。“劳合社”市场是英国特有的一种个人保险组织形式，是一个采取特定承保方式的保险市场。

保险市场虽然按照不同的标准划分成了不同种类，但是它们彼此之间具有联系，不能孤立理解其中任何一个保险市场。

第二节 保险市场风险

一、保险市场风险概念

保险作为现代金融的重要组成部分，具有金融行业的共性，高负债经营使其面临着巨大的风险。保险市场风险是指由于各种因素的影响而带来的保险市场发展结果的不确定性。总体来看，保险市场中存在着多种类型的风险，从参与者的角度可以将保险市场风险分为保险供给方风险、保险需求方风险和保险中介风险三类。

二、保险市场风险分类

（一）保险供给方风险

1. 保险公司面临风险。保险公司自身在经营管理过程中会面临多种类型的风险，这些风险主要包括：资产风险、负债风险、资产负债匹配风险、经营管理风险、并购重组风险和竞争风险等。

（1）资产风险。资产风险是指保险公司在经营过程中，债权变成坏账、投资收益下降或资产的市价下跌，而产生损失的风险。债权变成坏账是指保险业资金运用中的投资业务，因借款人没有按时缴付本息所致。一般保险公司的贷款有不动产抵押、有价证券质押及寿险保单质押。当坏账情况发生时，保险人就需将担保品加以拍卖处理，以保全其债权，但仍不能完全保证其不受损失。投资收益的下降将明显影响公司的经营业绩，投资业绩的好坏用投资收益率来表示。投资收益率越低，表明公司运用投资资产的效率越差。由于我国的金融市场不完善，可以提供的投资渠道和投资产品有限，并且我国证券市场的风险较大，因此不利于寿险公司的长期投资和投资风险的分散，投资风险较大。保险业高速发展时期推行的大量趸缴的投资型产品不容易产生稳定的现金流，并往往会掩盖保险业的潜在风险，最终可能导致现金流出现风险而影响保险公司的偿付能力。保险公司的偿付能力越低，公司面临的破产风险就越高。资产贬值导致资本不足的风险实际是相关市场的风险，也与宏观环境有关。保险公司的资产包括股票、债券、银行存款、直接投资等。市场价格的波动，相关企业经营效果的好坏都会影响资产的实际价值。这种风险会使保险公司的资产实际价值减小，从而资本和盈余减少，造成偿付能力不足。

（2）负债风险。负债风险主要表现为定价风险、巨灾风险和准备金风险等。定价风险即保险费率风险，是指因被保险人索赔频率和数额的不确定性、保险公司投资收入的不确定性以及保险公司运营成本的不确定性导致保险公司保费收入不足，危及财务稳定和偿付能力的风险。影响保险费率厘定的因素包括保单成本、保险公司的利润要求、政府保险监管部门对保险费率的管制政策、保险市场竞争等。在实践中，由于风险事故发生的不确定性、纯费率计算的基本假设本身的局限性、统计资料处理过程中出现的偏差，以及随着时间的推移、新的风险因素增加等，都将导致损失分布的波动，再加上某些特殊的巨灾风险在费率厘定时无法充分体现出来，所有这些因素都将影响到保险费率厘定的准确性。

巨灾风险是指因重大自然灾害、疾病传播、恐怖主义袭击或人为事故而造成巨大损失的风险。近年来由于世界环境不断恶化，自然灾害更加频繁，同时社会财富的价值更高、集中度也更高，因此每次巨灾所造成的损失对整个保险业来说都是沉重打击。目前我国对巨灾风险转移机制并不十分完善，一旦发生巨灾会让我国保险业遭受重创，因此它应该是非寿险公司重视的一种系统性风险。

在保险业发展初期或激烈竞争时期，很容易出现保险定价不足和责任准备金提取不足的情况，这会导致保费收入难以覆盖风险，长期累积下来必定会影响保险公司的偿付能力和经营的稳定性。保险公司负债的主要项目是各种责任准备金，责任准备金具体指保险公司为了承担因承诺保险业务而引起的将来的负债或已有的负债而提取的基金，包括未决赔款准备金、寿险责任准备金、长期健康责任准备金。各种保险责任准备金是保险公司的主要负债，在资产负债表内披露。保险公司因责任准备金制度不健全、提存方法不合理或者没有准确提取和提足各项准备金而影响保险公司偿付能力和经营稳定的风险就是准备金风险。产险公司和寿险公司因其经营的风险特性不同，对准备金的提取要求也有所差异，相应地，准备金风险发生的领域也就不同，而未到期责任准备金则是寿险公司资产负债表中最大负债，寿险公司的准备金风险主要体现为未到期责任准备金的提取不足。鉴于产险公司和寿险公司准备金风险差异，对准备金风险管理的侧重点也就有所不同。保险准备金风险既源自保险公司精算技术缺乏、偿付能力有待提高、对长尾责任风险管理不力和保险实务中理赔程序变化等内部因素，也源于保险监管部门对保险公司责任准备金的监管不力、通货膨胀等外部因素。

（3）资产负债匹配风险。资产负债匹配风险源于目前须给保单所有人的现金给付可能超过当前来自保费或投资的现金收入。造成的结果是保险公司必须低价变卖资产或举债以应付现金短缺，这种情况即使在账面上的投资足以应付负债时也会发生。资产负债匹配风险大致可以分为总量的不匹配风险和结构的不匹配风险。总量的不匹配风险是指资产与负债在总量方面应当保持大致平衡，资产小于负债就会出现我们常说的“资不抵债”即亏损的情况；资产大于负债过多，杠杆效应没有充分发挥，公司的盈利能力下降，没有良好发展。结构的不匹配风险是指由于保险公司经营的特殊性，保险人面对的是具有不确定性的风险。因此，保险公司的资产应当保持一定的流动性，以保证对被保险人的支付。特别是财产险公司，承保的大部分是短期业务，负债期限大多在一年左右，而投资一般以长期投资居多。因此，如何合理估计到期负债及合理分配投资比例将成为产险公司面临的重要问题。

资产负债匹配风险主要体现在流动性风险和价值波动风险上，是指由于市场利率及通货膨胀的变化对保险公司的资产和负债两者的影响程度不同而导致保险公司负债价值超过资产价值的风险。流动性风险是指保险公司在需要资金周转时所面临的资产无法及时变现的风险，这种风险由新业务大量减少和保单大量退保或短时间内的大量索赔而引起。我国的利率市场化正处于全面放开了存款、贷款利率管制，正在完善利

率传导机制和调控机制的阶段，汇率变化也越来越和国际接轨，随着更多投资连结类产品的投入市场，我国保险业也将面临更多这方面的市场风险，保险产品特别是寿险产品的长期性特征使得这些潜在的变化对保险公司的资产负债匹配构成很大威胁。

（4）经营管理风险。保险公司经营管理风险包括承保风险、理赔核赔风险、投保人的道德风险等。承保是保险经营环节中的重要一环，承保质量的高低直接影响保险公司的经营稳定性。为了追求规模以期迅速发展壮大，提高市场竞争力，一些保险公司盲目降低费率，对承保标的的风险控制过于宽松，特别当遇到风险系数较大的标的时，如果没有一个严格的风险控制体系，整个公司将面临巨大的风险损失。理赔核赔是保险经营的另一重要环节。严格把好这一环节是对全体投保人负责，也是对保险公司的稳定经营负责。目前对于财产保险公司，由于标的的多样化及复杂性，理赔核赔的难度很高且成本较大。道德风险指保险合同主体或关系人为图谋赔款或保险金，有意促成保险事故发生的风险，如虚构保险标的、谎报保险事故、夸大保险事故、故意制造保险事故、违反如实告知义务等。

（5）并购重组风险。随着保险业开放，保险业并购重组主要包括三个方面：第一，我国保险公司之间出于增强自身竞争实力而产生的并购重组行为；第二，我国保险公司通过并购重组国外保险公司实现“走出去”战略；第三，外国保险公司通过并购重组我国保险公司达到在我国保险市场增强渗透力，扩大保险份额和保险服务领域的目的。保险业的并购重组在增强公司竞争力、扩大市场份额、整合各自优势等方面之外，也面临着并购重组的风险。不同的公司有着不同的资本结构、人力资源、企业文化，能否对其进行整合以及整合效果将决定保险公司并购重组的成败。同时伴随全球金融综合经营的大趋势，保险公司将更多地参与到银行、证券、信托等其他金融行业的并购重组中，这对于现在还处于分业经营的中国金融业来说，不可避免地会产生政策风险和监管风险，以及由综合经营而带来的行业间的风险传递。

（6）竞争风险。在市场竞争中，竞争的基本动机和目标是实现收益最大化。但是，竞争者的预期利益目标并不是总能实现，实际上，竞争本身也会使竞争者面临不能实现其预期利益目标的风险，甚至在经济利益上受到损失。这种实际实现的利益与预期利益目标发生背离的可能性，就是竞争者面对的竞争风险。在市场竞争中，不确定性因素很多，必然会有某些竞争者要承受竞争风险带来的损失。竞争风险的大小主要取决于三个基本因素：市场竞争的规模、市场竞争的激烈程度和市场竞争的方式。竞争双方投入的竞争力量和成本越大，竞争规模越大，市场风险就越大。市场竞争的激烈程度，主要表现为企业间在争夺市场占有率、提高销售额和利润率等方面的抗衡状态。市场竞争越激烈，竞争双方所面临的风险就越大。市场竞争的方式是竞争双方在竞争时所采取的手段和策略，一般可以划分为价格竞争和非价格竞争两类。一般来说，价格竞争越激烈，特别是竞争双方轮番降价，经常造成两败俱伤。

国际金融、保险创新使得传统的分业经营模式被打破，中国保险业不仅要面临外资保险公司迅速发展的竞争压力，同时也要面对其他金融机构的激烈竞争。金融、保险机构之间的业务相互交叉、高度融合、产品替代率远大于从前，这种竞争虽然有助于提高保险效率，但也削弱了单个保险公司的市场份额和利润空间，从而降低了整个保险行业抵御风险的能力。为了在竞争中求生存，各保险公司不断针对潜在保险需求推出新产品，以提高竞争力。保险创新产品的风险控制需要先进的精算技术和丰富的历史数据，如果缺乏对市场风险的分析以及历史数据的搜集，易造成产品竞争方面的被动以及未来理赔的不确定性。

2. 保险业务风险。

（1）承保风险。保险业务承保风险主要表现为：承保费率与保险责任不匹配风险、突破条款规定承保风险、超能力承保风险、核保审核不严格风险、承保流程不规范风险、承保单证管理不规范风险等六个方面。

第一，承保费率与保险责任不匹配风险。保险经营遵循大数法则，保险精算人员基于既定的死亡率、疾病发生率，结合保险公司期望的利润率进行产品定价。保险公司收取的保险费应当能够履行对投保人所负担的赔款并建立各种准备金，以及支付保险企业在经营上的支出。如果保险公司为了追求市场份额，无原则下调承保费率，导致承保费率低于产品设计之初的精算假设，会导致公司赔付成本增加，经营风险增大，最终陷入亏损经营的局面。

第二，突破条款规定承保风险。保险条款是保险人和投保人之间订立的保险合同的重要组成部分，是保险人履行保险责任的重要载体之一。在实际经营过程中，保险公司为了承揽保单，满足投保灵活多样的需求，擅自变更报备的保险条款，以批单、特别约定等方式给予投保人条款约定以外的其他利益，尤其在团体保险中，这种现象比较明显，具体表现为：第一种，承保人群突破了条款规定的投保范围。保险定价基于特定人群的风险发生概率，当实际的承保人群突破产品设计的投保范围时，实际的风险发生率会偏离预期的风险发生率，不符合保险经营的基本规律，造成巨大的经营风险。例如，贷款者意外伤害保险是为了防止贷款人在贷款期间身故或残疾而无法偿还金融机构贷款而推出的保险，其被保险人应为在金融机构取得贷款的自然人。在实务操作中有些法人单位进行贷款，贷款人为法人，被保险人主体不明确。但因为该类业务贷款额度高，对应的保费收入也相当可观，保险公司为了承揽该类业务，会将贷款金额拆分，将单位高管甚至家属均作为被保险人，扩大了承保范围，增大了保险公司的经营风险。第二种，以特别约定方式扩大或缩小保险责任。银保监会要求保险公司应销售经核准备案的保险条款，而通过特别约定方式扩大或缩小保险责任，其实质为修改保险条款，突破了保险精算基础，导致经营风险发生。如果特别约定表述有歧义，还会造成后续的理赔纠纷甚至给保险公司带来诉讼风险，尤其是缩小保险责任承保，涉嫌侵害被保险人权益，不利于发挥保险的保障功能。第三种，以协议方式承诺给客户条款之外的特殊收益。此种承保方式多见于团体分红保险等享有分红收益的产品。为了满足客户追逐团体分红保险高收益的要求，保险公司会在保单和条款之外与客户签订补充协议，承诺在一定期限内给客户相应的高收益率，将正常的保障型保险产品操作成理财型保险产品，背离了保险产品最基本的保障功能。一旦承诺客户的收益率无法实现将可能出现客户退保风潮，影响保险公司的稳定经营。

第三，超能力承保风险。保险公司获取保单的能力与其资本金配置、风险管控、经营服务等多项经营管理指标密切相关，当保险公司为了片面追求保费规模，无视自身承保能力和承保技术，盲目承保与自身风险控制能力不相匹配的风险，会导致赔付成本无法控制，给公司健康发展带来沉重负担。

第四，核保审核不严格风险。核保人员进行风险评估和风险管控是保险公司控制承保风险的重要措施之一。如果保险公司内部核保管理制度不健全，会导致保险公司风险识别和管控能力不足，从而不能准确地进行风险评估与定价，无法起到应有的风险管控的作用，人为增加了公司经营风险。

第五，承保流程不规范风险。承保流程包括接受投保申请、审核验险、接受业务和缮制单证等步骤。规范承保流程要求保险公司按照契约管理规定，对投保进行受理、核保、保单缮制和送达。如果保险公司违反契约管理规范，会导致系统外手工单、无名保单、假保单现象发生，严重损害投保人和被保险人权益。

第六，承保单证管理不规范风险。承保单证是指保险公司在承保业务处理及服务环节所涉及的与客户权益有关的单证，按签发后是否即时产生法律效力又可分为有价单证和非有价单证。其中有价单证一经填写、打印后即时生效，成为保险公司承担经济责任的重要凭证。基于上述特性，有价业务单证一般由保险公司总公司统一设计、印制，由分支机构进行领用、发放和核销。目前承保单证管理不规范主要表现为：分支机构未经总公司同意私自印制承保单证，未按要求建立单证管理台账，没有准确记录单证的领用、发放、回销。尤其是和中介代理机构合作的业务，对承保单证在代理机构的使用过程和使用情况缺乏必要的管控，致使有价单证作废回销不及时，损坏甚至丢失情况严重，存在极大的风险隐患。

（2）理赔风险。理赔风险主要表现为：超额赔付风险、保险费率下降导致的理赔风险、理赔制度不完善导致的理赔风险、保险欺诈导致的理赔风险、道德风险和逆向选择导致的理赔风险等几个方面。

第一，超额赔付风险。保险理赔程序包括接受损失通知书、审核保险责任、进行损失调查、赔偿给付保险金、损余处理及代位求偿等步骤。从保险人接到投保人或者被保险人的赔付请求，到查勘、定损、报价、核损、理算、核赔、付款，几乎每个环节都可能存在问题，如管控不严，发生不能准确定损，报价不准确等现象都可能造成理赔风险。另外，我国《保险法》规定，保险人未及时履行赔偿或给付保险金义务的，除支付保险金外，应当赔偿被保险人或受益人因此受到的损失，这些都会引起保险公司的超额赔付。

第二，保险费率下降导致的理赔风险。在保险公司竞争激烈的情况下，保险公司之间可能存在恶性竞争，造成理赔风险。当有新的保险公司进入市场，由于各保险公司之间的竞争加剧，为了在市场中占有一席之地，提升市场占有率，一些保险公司会降低费率，甚至有些保险公司忽略成本，从而造成“低保费，高赔付”的局面，承保数量上升，承保质量下降，会造成保险公司巨额的保险赔付额。

第三，理赔制度不完善导致的理赔风险。完善的理赔制度是保证保险理赔顺利实施的基础。实际中，一些保险公司缺乏完善的理赔规范，导致理赔人员在理赔过程中行为不规范，诱发风险。而且一些保险公司的理赔考核制度缺乏有效性，这会使理赔人员在工作中的主观性较强，工作质量参差不齐，进而导致理赔服务水平与客户要求相差甚远。另外，理赔过程中调查工作不深入也会导致道德风险的出现。在人身保险理赔中，有时需要相关医疗机构提供的病史来确定理赔金额，而在很多情况下病史是否能完全反映相关主体的实际状况还有待考量，加之出具病史的相关单位并不承担相应的经济责任，所以并不排除制造虚假信息的可能。如果保险公司出于成本考虑或者没有进行详尽的调查工作，那么理赔金额可能会远远超出实际水平。目前，仍有一些保险公司存在理赔手续烦琐、拖赔错赔现象，导致客户对保险公司的信心下降，严重损害了保险行业形象。保险理赔服务与客户需求的不匹配，会加大理赔风险，不利于保险企业的长久发展。

第四，保险欺诈导致的理赔风险。保险欺诈问题在投保人与保险人当中均存在。凡保险关系投保人一方不遵守诚信原则，故意隐瞒有关保险标的的真实情况，诱使保险人承保，或者利用保险合同，故意制造或捏造保险事故给保险公司造成损害，以谋取保险赔偿金的，均属投保方欺诈。凡保险人在缺乏必要偿付能力或未经批准擅自经营业务，并利用拟订保险条款和保险费率的机会，夸大保险责任范围，诱导、欺骗投保人和被保险人的，均属保险人欺诈。由保险欺诈行为导致的理赔风险一旦发生，有可能造成巨额损失。

第五，道德风险和逆向选择导致的理赔风险。道德风险是指投保人或者被保险人在投保后，通过某种行为造成对保险公司不利的后果。在健康保险市场中道德风险尤为严重。由于保险人无法完全参与到被保险人的治疗过程中，从而保险人不能有效了解被保险人的实际医疗服务情况以及医疗服务供给方是否提供了适当医疗服务。被保险人在有保险的情况下，会更倾向于选择更好的治疗途径、更好的治疗药物，会有过度治疗的现象发生。另外，不同的医疗机构、不同的诊断医生对患者判断的区别，也会导致治疗过程中的花费不同，这些都在无形中增加了道德风险。逆向选择是由信息的不对称性导致的，在健康保险市场中尤其严重。逆向选择发生于当投保者相对于保险公司拥有更多有利于自己的信息时，包括他们自身的健康状况、发病率等信息，在这种情况下，自由市场一般是无效的。有效的市场要求根据不同的风险类型拟定不同的契约合同，并且从低风险设计的合同中得到的收益可以用来资助高风险的合同。然而，这种分配方式不能作为自由市场的均衡状态持续存在，因为公司可以拒绝那些总是亏损的合同的申请。这样一来，当需要高风险合同的主体了解这种情况时，他们就会有动机去掩盖一些导致高风险的事实，从而冒充符合低风险的合同契约。从而，在自由市场中，就不存在不同合同之间的交叉补贴了，保险公司所接受的几乎全是高风险的合同，理赔风险大大增加，相应的政策措施就需要解决这种问题。无论是道德风险还是逆向选择，都增加了保险公司的赔付率。

（3）互联网保险业务风险。互联网保险业务风险主要表现为信息技术与数据安全风险、逆向选择与网络欺诈风险、产品设计风险、操作风险、声誉风险、法律风险等。

第一，信息技术与数据安全风险。互联网保险依托于互联网计算机平台进行保险产品的交易，受互联网本身安全性的影响，互联网保险在经营过程中不可避免面临着信息技术与数据安全的风险。第一种，信息技术风险。目前互联网保险面临的信息技术风险主要包括网络系统运行的安全风险、内外部非法入侵风险、信息传送风险等。第二种，数据安全风险。基于保险的最大诚信原则，保险公司要求客户在投保时要如实填写个人资料，其中就包括职业、家庭情况、银行卡、身份证等敏感信息。客户在网上投保后，这些信息会在保险公司或保险中介机构的互联网平台上形成客户信息数据库，这些数据信息虽然可以方便保险公司准确定位客户特性，但同时也存在泄露客户信息的安全隐患。一旦保险公司的网站受攻击或者保险公司内部人员的恶意操作行为使客户信息泄露，就可能造成客户的经济损失，同时保险公司的声誉也会受影响。第三种，在线核保风险。由于互联网保险公司的核保是在线上平台进行的，无法像线下保险公司一样能与客户进行面对面的沟通和详谈，客户的身份识别认证以及对承保保险标的情况问询等成为保险公司在线核保中最为谨慎的环节。而对客户来说，投保后所交纳的保费是否安全地进入保险系统、交易记录是否得到保存是他们最关心的问题。目前，还没有完全可靠的网络技术来保证在线核保、交易过程万无一失。

第二，逆向选择与网络欺诈风险。与传统保险相比，在互联网保险业务中，由于缺乏保险人与投保人之间的有效沟通，保险公司无法完全了解被保险人的风险，投保人由于客观方面原因不能将自己的投保信息披露给保险公司，或因为逆向选择故意不履行如实告知义务，这些都导致互联网保险的信息不对称，因而会加大保险公司的经营风险。与实体交易不同，网络销售依托的是互联网的虚拟交易市场，互联网保险也不例外。另外，由于我国目前的征信系统不完善，也导致我国目前诚信缺失严重，这些都导致互联网保险网络欺诈现象的发生。

第三，产品设计风险。在互联网保险公司设计、上线新产品时，不仅要关注产品本身的设计，还要考虑线上投保流程的操作，如在线咨询、投保方案展示、风险提示、保单检验、理赔查询、后续服务等基础服务。总体来说，目前我国互联网保险产品呈现出低价值、低黏度、同质化的特点，在产品属性设置、产品定价、产品附加服务、产品结构等方面都有一些不足。一是保险公司为了吸引消费者，增加保费收入，以较高的收益率将互联网保险产品打造成纯粹的理财产品，脱离了保险的实质。二是互联网保险兴起时间不长，缺少保险数据方面的积累，在新产品开发定价中存在不可避免的风险，需要根据市场条件强劲还是低迷来判定。比如，在市场整体表现良好的时候，投资连结保险的销量较好，就会造成一些万能险的退保。三是产品的附加服务（除基本保险责任以外的服务）没有得到深度挖掘，不能建立客户对品牌的忠诚度，降低了客户黏性。四是虽然互联网产品种类较多，但是产品大同小异，缺乏创新。目前来讲我国互联网保险市场上销售的产品主要以车险和理财类寿险为主，各家保险公司大打价格战，实际上大大压缩了保险公司的盈利空间。

第四，操作风险。根据《巴塞尔新资本协议》，操作风险可以分为由人员、系统、流程和外部事件所引发的四类风险，可见操作风险与其他风险关联紧密，甚至是引发其他风险的重要因素。近几年，操作风险得到了国际金融界的高度重视，金融机构数量与日俱增以及产品的多样化和复杂化，使得操作上的失误可能带来极其严重的后果。互联网保险平台的虚拟化，导致保险公司不好排查因客户操作带来的风险。公司业务员因操作不娴熟所导致的保单失误，可能经由互联网发酵，带来恶劣的影响，如果有大量业务到来，会增大出单员出单时出现失误的概率。

第五，声誉风险。声誉风险是由于声誉事件的发生导致公众、企业对公司评价下降，从而对公司造成危险和损失的风险。保险公司在利用互联网的便利性向广大互联网用户推广保险产品的同时，也要注意到互联网会使小的失误、声誉上的瑕疵、客户的不满等不利消息迅速扩散。若保险公司不能很好地处理日常工作中发生的问题，一旦在互联网传播，势必会严重影响公司的声誉，造成客户流失和潜在客户的不信任。另外，除去专门的互联网保险公司，互联网保险业务的保费收入占保险公司保费总收入的比重较低，很难得到管理层的重视，导致保险公司对于互联网保险声誉风险的控制和处理力度不足。

第六，法律风险。如今，互联网保险的发展超出预期，新的问题接踵而至，我国相关配套法律存在一定的滞后性，很难满足互联网保险的实际发展要求。对保险公司而言，在出现法律纠纷时，法院认为保险公司具备更多的信息优势，会更多支持消费者的利益诉求，使得保险公司处于劣势；对客户而言，由于互联网相关法律法规不健全加之对保险知识缺少了解，一些客户购买的保险产品并不能完全覆盖自身的风险需求，易造成经济损失。无论是保险公司还是个人受到利益损失，都会对整个互联网保险行业产生消极影响。

（二）保险需求方风险

1. 保险销售误导风险。保险消费者在购买保险产品时往往会面临保险销售误导风险，保险销售人员提供虚假或让人误解的信息，致使保险消费者对所购买的产品发生重大认知失误，侵害保险消费者的利益。具体表现在：保险营销人员夸大保险责任或收益、隐瞒缴费期限和退保损失等合同的重要内容、以其他金融产品的名义进行不实宣传等。保险产品的销售误导在银行代理保险渠道表现比较突出，银行储蓄人员误导销售的情况屡有发生，导致消费者对银行保险产品的性质不明、主体不明以致保险纠纷不断。

2. 保险公司服务风险。保险机构的经营理念直接影响消费者获得服务的质量，当保险机构将业绩作为衡量公司发展程度的主要指标时，会导致营销人员潜意识将提高销量作为营销活动的主要目的，营销人员注重将保险产品销售出去获得佣金而忽视后续的理赔工作。这样的理念将影响到消费者从保险公司获得服务的质量。另外，保险公司营销人员的流动性也会对消费者的服务质量产生一定程度的影响。

3. 保险产品认知风险。由于保险合同的专业性及保险消费者知识水平的局限性，一般的保险消费者很难对保险合同的每一条款都理解透彻，这就会导致消费者所购买的保险保障与自身的风险需求不一定完全匹配。另外，保险消费者在购买保险产品时往往不会认真阅读保险合同条款、不会行使相关权利，所以当自身权益受到侵害时，

往往缺乏相关证据支持，使合法权益难以得到有效保护。

（三）保险中介风险

保险中介风险是指保险中介市场主体由于自身内控管理薄弱、违法违规问题突出对保险中介市场和保险市场稳定健康发展，乃至对社会稳定和社会发展造成损失的不确定性，具体表现在以下几个方面。

1. 从业人员市场准入风险。保险是一项专业性较强的工作，对从业人员素质要求较高。2015 年 8 月，中国保监会发布了《关于保险中介从业人员管理有关问题的通知》，该通知明确了资格证书不再作为职业登记管理的必要条件，规定从业人员只需要所属公司到中国保监会保险中介监管信息系统进行执业登记即可从业。这意味着以后庞大的保险营销员不再以代理资格证书作为上岗的前提，保险从业人员的门槛进一步降低。

保险从业人员准入门槛的降低使保险中介从业人员的数量大幅增加，仅保险代理人就从 2014 年末的 300 万人左右增加到 2018 年的 800 多万人。从业人员数量的增加使保险业务得到了迅速发展，然而，营销人员人数的激增也给保险机构带来了许多隐患。首先是投诉事项的个数快速增长；其次是新增营销员素质水平参差不齐，这直接影响到我国保险业的声誉，不利于我国保险业的长期健康发展；最后是营销员准入门槛的降低，造成了保险机构人员流动性加大，脱落率提高。因为新增的营销员无法留存，保险机构就需要再招募新的营销员，这不仅会造成额外的雇用成本，还会给保险机构带来较大的经营管理压力。

2. 操作风险。保险中介机构作为保险公司与投保人之间的桥梁和纽带，还处于发展的初级阶段，法律法规不健全，从业人员专业化水准不高，市场竞争越来越激烈，违法违规行为屡禁不止。保险中介市场行为风险主要表现在以下几个方面：第一种，假冒保险公司名义，未经许可擅自设立分支机构，印制假保单，非法开展保险业务；第二种，保险中介机构在招募销售人员时，虚假宣传，掩盖职业性质，以股权激励为名，夸大职业收益，涉嫌非法集资诈骗；第三种，保险中介机构没有设立和使用代收保费专户，利用个人银行卡收缴保费，涉嫌挪用、侵占和拖欠保费；第四种，给予投保人和被保险人合同以外的其他利益；第五种，业务、财务数据不真实。一些保险中介机构没有按规定建立完整的业务台账和业务档案，财务核算没有严格遵循保险中介公司会计核算办法规定，甚至出现代收保费、手续费不入账，虚列费用等问题。

3. 公司治理、内部控制缺位风险。目前，我国很多中介机构未能建立起责任明确、相互制衡的组织架构以及科学高效的决策、激励和约束机制，未能建立起事前防范、事中控制和事后评价的内部控制动态机制。一些中介机构虽然建立了形式上较为完善的公司治理结构和内部控制机制，但执行效果较差。如一些中介机构的管理层缺乏独立性，投资人干预日常经营管理，公司治理结构形同虚设；一些保险中介机构以加盟、挂靠形式发展分支机构，法人机构按协议对分支机构进行管理，造成内控执行力层层减弱，风险在分支机构沉积；有的保险中介机构在没有分支机构的地区建立业务团队，有的还挂牌展业、远程出单，涉嫌非法设立网点；个别中介机构在股东或高管变更以及跨市县迁址后产生拖欠保费支付、监管政策不掌握、后续服务不到位等问题，产生较大风险隐患。

4. 监管风险。监管风险，主要指因未能遵循法律法规、监管要求、自律公约等，而可能受到法律制裁、行政处罚或财产损失的风险。依法合规是保险中介机构健康可持续发展的关键。目前，保险中介机构内部管理方面存在较多漏洞，一些中介机构缺少法律专业人才，部分人员存在侥幸心理。我国的保险中介机构数量多、地域分散，保险监管力量薄弱、技术手段落后，这种现状致使保险中介机构合规风险管理薄弱。随着市场竞争的加剧，商业贿赂、洗钱、诈骗等重大司法案件在保险行业中暴露出来，社会影响恶劣。一旦发生合规风险，对于资本实力弱小的保险中介机构来讲，受到的处罚可能不仅仅是经济上的，可能会使机构失去生存能力。

保险中介市场的上述风险和问题，影响不仅局限在行业内，更涉及社会公众的切身利益，在一定程度上损坏了保险业社会公信度，破坏了保险市场资源，对保险业拓展服务领域、发挥保险功能产生了不利影响。

【案例导入】

代理人集资诈骗案

泛鑫公司于2007年7月注册成立，刘某担任法定代表人兼总经理。被告人陈某、谭某于2010年初与刘某签订协议挂靠泛鑫公司开展寿险代理销售业务，并同意支付刘某营业收入的2%作为管理费用。此后陈某、谭某以泛鑫公司江苏路营业部名义对外开展业务，陈某任负责人并负责财务，谭某任市场总监并负责业务、人事管理，其他方面的决定权由陈某和谭某共同商定。2010年初，陈某与谭某合谋后，将保险公司20年期的寿险产品拆分成1～3年的短期理财产品对外销售，骗取投资人资金，并将骗得的资金对相关保险公司谎称为泛鑫公司代理销售的20年期寿险产品的保费，通过保险公司返还手续费的方式套现，即“长险短做”业务，因此，泛鑫公司迅速发展。2011年泛鑫公司的法定代表人变更为陈某。2012年6月30日刘某与陈某签订了《股权转让协议》。泛鑫公司江苏路营业部以及收购之后的泛鑫公司实际由陈某及谭某控制。

陈某还伙同被告人江某于2012年以收购的方式先后实际控制了永力公司和中海盛邦公司。2010年2月至2013年7月，陈某、江某先后以泛鑫公司、永力公司和中海盛邦公司名义与昆仑健康保险股份有限公司上海分公司和浙江分公司、幸福人寿保险股份有限公司上海分公司和浙江分公司、阳光人寿保险股份有限公司上海分公司和浙江分公司、光大永明保险有限公司上海分公司、海康人寿保险有限公司、泰康人寿保险股份有限公司上海分公司签订了销售保险产品的《保险代理协议》，并在上海、浙江招聘了400余名保险代理人组成销售团队，由代理人或

通过银行员工在江苏、浙江、上海等地向4433人推销上述虚假的保险理财产品计人民币13亿余元，并利用上述手续费返还的方式套取资金约10亿元；至案发，共造成3000余名投资人实际损失8亿余元。2013年7月28日，陈某、江某将4999.8万元港元转至香港后，携带83万余欧元等巨额现金和首饰、奢侈品等财物潜逃境外。陈某、江某，因涉嫌犯非法吸收公众存款罪于2013年8月17日被上海市人民检察院第一分院批准逮捕，同年8月19日在斐济群岛共和国被抓获，遣返回国后被执行逮捕。

资料来源：典型案例之上海泛鑫保险集资诈骗案［EB/OL］.［2018-06-08］. https://mp.weixin.qq.com/s? __biz=MzU1NzYyNDQ5Nw%3D%3D&idx=3&mid=100000006&sn=ba0589008f9a50cb8d72dbe13a016508.

思考题：保险中介风险包括哪些类型？

三、保险市场风险成因

保险市场风险产生的原因是多方面的，既有行业自身内在的原因，也有外部因素的影响。

（一）内部因素

1. 保险监管立法不健全。尽管银保监会经常出台规范性文件，但是多数都是有关保险公司偿付能力和财务管理方面的，针对保险中介机构和保险中介从业人员的甚少，例如，我国对保险代理人监管的法律条文和规范性文件并不多，即使有也比较粗放，仅限于一些原则性的规定，且缺乏可操作性，导致保险中介监管执行低效。

2. 保险公司风险管理机制不到位。第一，我国大多数保险公司建立的风险管理机制并不完善，比较落后，无法满足公司业务发展的要求。传统的风险管理模式只重视关键风险，而对其他风险常予以忽略，由于这种片面风险管理模式，不能够全面把握整体风险、不同风险之间的相关性，因此常常会出现许多风险管理漏洞和缺陷。第二，我国大多数保险公司均对风险管理不够重视，没有正确的风险管理意识。和国外发达国家相比，我国保险公司风险管理理论发展时间比较短，在面对风险管理时常常存在侥幸应付心理。对保险业务只一味追求速度增长，却不能够有效控制风险，久而久之，势必会影响我国保险业的可持续发展。第三，我国大多数保险公司存在较为严重的轻质量重速度的不良行为风气。为了获得业绩，不惜违反授权规定，常常发生违规操作事件，如擅自签单承保等。所以，我国保险公司一直存在过度承保的风险。另外，为获取更多的市场份额，很多保险公司大量招揽工作人员，并未严格考核保险从业人员的责任意识和专业素质，进而大大增加了保险公司的经营风险，严重影响了保险业的可持续发展。第四，针对一些投资管理风险，一些保险公司对其并未谨慎预计，且未获取较为理想的投资收益率，导致保险公司资产大量流失。因为积累过多的呆账和违规资金运用，严重降低保险公司的偿付能力，大大增加了保险公司的资金管理风险。

3. 保险营销体制存在弊端。现行的保险营销体制在推动保险业快速发展中发挥了重要作用，但其弊端也非常明显。一是营销员市场准入门槛低，整体素质不高，容易出现销售误导等违规问题。二是营销员承担责任小，违规成本和市场退出的成本低。三是由于法律身份不明确，一些营销员处于“边缘人”状态，归属感低，容易形成人员的大进大出和较高的脱落率。四是金字塔式的层级管理模式和首次佣金比例较高的激励机制极易引发短期行为，特别是保险公司将增员即新增人力作为考核指标，政策风险较大。

（二）外部因素

目前我国市场经济秩序还不是很规范，金融业发展风险较大，这是保险市场风险产生的宏观外部环境。我国的保险市场还面临很多的外部风险因素。

1. 保险产业链不发达。在一个成熟的保险市场体系中，保险产业链各个组成部分非常发达且分工精细。保险产业链组成部分主要包括成熟的保险需求方即保险消费者群体、发达的保险产品供给方即保险人、保险中介人（保险营销员、保险中介机构等）以及保险市场的辅助人（精算师、审计师、注册会计师等）。目前我国保险产业链还不够发达和完善，这将对中国保险市场的长期发展产生深远影响，形成潜在的不确定性风险。例如，由于保险消费者的不成熟，很多消费者不会主动接受保险和购买保险，客观上造成保险密度和保险深度低，维护保险业正常经营的“大数法则”得不到有效发挥，对保险企业的承保利润构成潜在威胁；由于保险供给方发展不够完善，造成保险业的发展不能适应经济社会发展需要，不能满足广大人民群众日益增长的保险需求；由于保险双方之间桥梁和纽带的保险中介人欠发达，诚信意识不强，出现了一些诸如销售误导、欺诈保险消费者和欺骗保险人的失信现象；由于保险市场辅助人欠发达，引发保险业精算基础薄弱、保险产品定价不科学等现象。

2. 保险市场调节机制不完善。在成熟发达的市场经济中，市场机制自动发挥在资源配置中的基础性作用，经济运行效率非常高。而在一个欠发达的市场经济中，市场机制发挥在资源配置中的基础性作用就会受到制约。目前，市场机制在我国保险市场发展中发挥的调节作用有限，客观上造成保险市场运行成本耗损较为严重。例如，大型保险公司市场份额占比较高，中小型保险公司整体的市场份额偏低，这导致保险市场竞争不够充分，保险消费者的利益得不到有效保护；在保险产品定价、保险承保、保险理赔过程中有时会受到行政干预，这些在客观上会束缚保险企业的经营，导致保险市场风险产生。

3. 保险业创新诱发新风险。近年来，我国保险业在组织制度、监管制度、保险产品、营销渠道等方面不断进行创新。但在创新同时，也伴随着新的保险市场风险不断产生，例如，因创新导致的销售误导风险、因组织制度创新引发的潜在威胁等。同时，保险监管与保险创新之间的“博弈”也可能会产生新的保险市场风险。例如，保险市场竞争不充分，保险公司创新动力弱化；保险创新产品缺乏法律法规保护，创新的风险成本难以实现补偿；保险监管政策导致保险创新空间有限等。

第三节　保险市场安全

一、维护保险市场安全的原则

（一）依法监管原则

依法监管原则是指保险监督管理部门必须依照有关法律或行政法规实施保险监督管理行为。保险监督管理行为是一种行政行为，不同于民事行为。凡法律没有禁止的，民事主体就可以从事；对于行政行为，法律允许做的或要求做的，行政主体才能做或必须做。凡法律、行政法规和国务院未明确授予的职权，都是监督管理部门并不享有的职权，保险监督管理部门不得超越职权实施监督管理行为。另外，保险监督管理部门又必须履行其职责，否则属于失职行为。依法监督管理原则是市场经济的客观要求。

（二）独立监管原则

独立监管原则是指保险监督管理部门应独立行使保险监督管理的职权，不受其他单位和个人的非法干预。保险监督管理部门实施监督管理行为而产生的责任（如行政赔偿责任）也由保险监督管理部门独立承担。

（三）公平公开原则

公平原则是指保险监督管理部门对各监督管理对象要公平，监督管理对象在法律面前应平等，在服从监督管理的问题上平等。保险监督管理部门对各保险公司和各保险中介必须采取同样的标准，不能区别对待。市场经济要求公平竞争，公平监督管理可以创造公平竞争的市场环境。

公开原则是指保险监督管理的各种信息，除涉及国家机密、企业商业秘密和个人隐私的以外，应尽可能向社会公开，增加保险监督管理的透明度。这样既有利于提高保险监督管理的效率，也利于保险市场的有效竞争。

（四）保护被保险人利益原则

保护被保险人利益原则是指保险监督管理的根本目的是保护被保险人利益和社会公众的利益。保护被保险人利益和社会公众利益应当是保险监督管理各项工作的出发点，同时也是评价保险监督管理部门工作的最终标准。

（五）不干预监管对象经营自主权原则

保险公司、保险中介等保险监督管理对象是自主经营、自负盈亏的独立企业法人。在市场经济的条件下，保险对象有权在法律法规规定的范围内，独立决定自己的经营方针和政策。企业法人如果不能享有经营自主权，也就难以承担自负盈亏的责任。保险监督管理部门对监督管理对象享有实施监督管理的权力，但是，保险监督管理部门不干预监督管理对象的经营自主权，也不对监督管理对象的盈亏承担责任，这是保险监督管理部门依法监管应遵循的基本原则。

二、维护保险市场安全的措施

（一）完善保险市场安全的基础环境

完善保险市场安全的基础环境首先要加强保险企业内部控制。保险企业的内部控制是保险市场安全的基础，只有保险机构形成良好的、严格的内部控制，外部的保险监管才有效。外部的监管不能替代保险企业日常的自我约束，这就需要保险企业的内部控制保证经营行为的规范，提高监管的准确性和可靠性。加强保险企业的内部控制，首先要完善保险企业内部控制系统的环境。第一，要提高保险企业的内控意识和风险理念；第二，企业的组织结构设计要合理；第三，提高从业人员的素质和道德水平；第四，对于有分支机构的保险企业，要形成合理的管理控制方法。加强保险企业的内部控制，其次要完善保险公司法人治理结构。规范股东会、董事会、监事会的职责权限，达到分权制衡和对经营者多层控制和约束的目的，特别是要达到企业实际控制权的制衡。公司领导层应充分重视内部控制制度，降低经营风险。同时切实注重对人的监管和控制，完善保险市场安全的基础环境。最后要建立良好的保险市场机制包括保险市场准入机制和有效的市场退出机制。在此基础上要规范保险企业市场行为。

（二）提高保险监管效能

与成熟市场经济国家的金融改革相比，我国保险市场化改革的特殊性在于以市场改革为中心，目标是建立符合现代市场要求的市场化运行和监管体系。从没有市场到逐步建立市场是一个复杂的过程，在此过程中，市场的功能是逐步释放的，市场化过程本身已经具备增长的动力，但由于市场发育不健全，市场本身未必能够实现其功能，需要建立相应的制度基础，给予适当的政策引导。从这个意义上讲，监管改革是我国保险市场化的重要组成部分。在这个过程中，监管要扮演复合型角色。

首先，监管要致力于化解市场深化中产生的脆弱性，妥善解决市场风险，维护市场稳定。我国保险市场化改革必须要立足于妥善解决新的风险暴露，防范保险乃至金融体系的系统性风险。其次，监管承担着引领我国保险体系市场化改革的重任。我国保险监管制度设计必须将促进市场体系发育作为制度设计考量的关键因素。政府应逐步从资源配置的前台退出，在监管体系中弱化行政管制，通过逐步完善监管制度促进市场机制的完善和有序运行，为市场化转型提供良好的制度环境。

在未来的一段时间里，我国要进一步提高监管效能，调整思路、观念、方法，综合运用各种科学合理的手段、制度和载体，提升防范化解风险的能力和效率，提高促进市场化不断深入的能力，积极营造有利的政策环境，激发市场主体的自我约束。

（三）加强保险市场风险管控制度建设

保险市场风险客观存在，承保、理赔、批退环节违规问题屡禁不止，严重影响保险行业形象。未来，监管部门要加强对系统性风险、跨行业、跨市场风险的监测、评估和预警，跟踪分析宏观经济形势、金融市场的运行情况和发展趋势，以及其他可能影响保险市场的环境因素，充分利用信息披露、内部控制、风险责任人等监管工具和机制，降低存量风险，控制增量风险，防范突发风险，关注新的风险，牢牢守住不发

生系统性区域性风险底线。一是要加强风险预警监测，防范满期给付和非正常退保风险，防范化解流动性风险。二是要持续监测“偿二代”切换后各公司的偿付能力状况，强化分类监管措施。三是要严防资金运用风险，促进保险资产负债管理从软约束向硬约束转变，实现安全性、流动性和收益性的统一。四是要防范公司治理风险，完善公司治理监管制度，建立全面覆盖治理架构、运行效果、关联交易、内控内审的公司治理检查监督体系。五是要积极研究互联网金融以及综合经营背景下风险结构与风险特征的变化，建立交叉性金融产品风险和金融风险跨境跨市场传递的防范机制。

（四）加强行业自律

《保险法》明确行业协会是保险业的自律性组织，保险公司应加入行业协会。保险行业自律是维护保险市场秩序，积极发挥保险市场功能的重要力量。保险行业协会要发挥基本职能，要求其成员严格遵守行业自律规则，做好内控建设，提高风险防范能力，成为保险业交流和合作的平台及保险经营与政府沟通的桥梁，为防范保险市场风险作出应有的贡献。

（五）提高全民保险与风险管理意识

培养社会大众的保险与风险管理意识，能够让普通消费者及企事业单位选择通过保险的方式转嫁风险，也有利于保险企业更加精确预测风险。虽然我国保险业已经过很长时间的发展，但人们的保险知识和风险意识却没有从根本上得到改观。未来，应进一步提高全民的风险意识和保险知识，降低保险市场的消费者风险，促进保险业快速发展。政府和新闻媒体要做好正面的宣传和引导作用，普及保险知识，提高消费者的风险和保险意识。同时，保险企业要加强对保险代理人的管理和培训，通过保险代理人员的宣传间接提高消费者对保险的认知，从而降低保险市场的消费者风险。

【本章小结】

保险市场是保险商品交换关系的总和或保险商品供给与需求关系的总和。在保险市场上，交易对象是保险人为保险消费者所面临的风险提供的各种保险保障及其他保险服务。保险市场的参与者通常包括保险商品供给方、保险商品需求方、保险市场中介方和保险监督管理者。保险市场按照保险承保的方式划分，可以分为原保险市场和再保险市场；按照保险承保的标的划分，可以分为寿险市场和非寿险市场；按照保险活动的空间划分，可以分为国内保险市场和国际保险市场；按照保险市场的竞争程度划分，可分为自由竞争型保险市场、垄断型保险市场、垄断竞争型保险市场；按照保险组织形式划分，可以分为保险公司市场、保险经纪公司市场和“劳合社”市场。

保险市场中存在着多种类型的风险，从参与者的角度可以将保险市场风险分为保险供给方风险、保险需求方风险和保险中介风险三类。保险供给方风险包括保险公司面临风险及保险业务风险。主要表现为资产风险、负债风险、资产负债匹配风险、经营管理风险、并购重组风险和竞争风险、承保业务风险、理赔业务风险、互联网保险业务风险等。保险需求方风险主要是保险消费者在保险市场中面临的风险，主要表现为保险销售误导风险、保险公司服务风险、保险产品认知风险等。保险中介风险集中表现为从业人员市场准入、市场行为不规范等操作风险、公司治理、内部控制缺位、监管风险。

基于保险市场面临的诸多风险，未来应从完善保险市场安全的基础环境、提高保险监管效能、加强保险市场风险管控制度建设等方面不断改进，促进我国保险市场的健康发展。

【复习思考题】

一、名词解释

保险市场　道德风险　监管风险

二、选择题

1. 保险市场的参与者包括（　　）。

A. 保险商品供给方　　B. 保险商品需求方

C. 保险市场中介方　　D. 保险监督管理者

2. 由于保险销售人员提供虚假或让人误解的信息，致使保险消费者对所购买的产品造成重大的认知失误，侵害保险消费者的利益的风险属于（　　）。

A. 法律风险　B. 销售误导风险　C. 操作风险　D. 保险公司内部控制风险

3. 保险市场按照承保方式划分，可以分为（　　）。

A. 寿险市场和非寿险市场　　B. 国内保险市场和国际保险市场

C. 原保险市场和再保险市场　　D. 自由竞争型保险市场、垄断型保险市场和垄断竞争型保险市场

三、问答题

1. 保险市场的概念和特征是什么？
2. 保险市场的分类有哪些？
3. 保险市场存在哪些风险？这些风险的成因是什么？
4. 维护保险市场安全的原则有哪些？
5. 维护保险市场安全的措施包括哪些？

选择题答案

1. ABCD　2. B　3. C

第九章

金融衍生品市场安全

【教学目的和要求】

通过本章学习，使学生掌握金融衍生品市场的概念及特征；熟悉金融衍生品市场的交易工具；理解金融衍生品市场的功能；了解国内外金融衍生品市场的发展状况；掌握金融衍生品市场的风险类型以及维护金融衍生品市场安全的措施。

第一节　金融衍生品市场概述

一、金融衍生品市场的概念及特征

（一）金融衍生品市场的概念

金融衍生品市场（Financial Derivative Instrument）是由一组规则、一批组织和一系列产权所有者构成的一套市场机制，它是一种以证券市场、货币市场、外汇市场为基础派生出来的金融市场。金融衍生品市场是利用保证金交易的杠杆效应，以利率、汇率和股价的趋势为对象设计出大量的金融商品，以支付少量保证金及签订远期合同进行互换和掉期等的金融衍生产品的交易市场。其交易的对象是各类金融衍生工具，交易的目的是为了转移基础金融资产的风险，或降低交易双方的成本。

（二）金融衍生品市场的特征

1. 零和博弈。在金融衍生品交易中，在不考虑任何交易成本及费用的情况下，交易的买方和卖方盈亏呈负相关关系，若一方盈利另一方必然亏损，且二者盈亏金额完全相同，即金融衍生品交易的净损益之和等于零。因此金融衍生品市场是一个零和博弈的市场。

2. 跨期性。金融衍生品是买卖双方通过对标的资产价格或基础变量变化趋势的预测，约定在将来某一特定的时间和地点按一定的条件发生交易或选择是否发生交易的合约。金融衍生品交易会影响交易者在未来一段时间内或未来某时点的现金流，因此金融衍生品市场具有跨期性。

3. 联动性。金融衍生品的价值与其基础变量或标的资产的价值紧密联系。通常，金融衍生品与其基础变量或标的资产相联系的支付特征由金融衍生工具合约所规定，其联动关系既可以是线性关系，也可以是非线性关系。所以金融衍生品市场具有明显的联动性。

4. 高风险性。金融衍生品交易的损益直接取决于交易者对标的资产价格或基础变量变化趋势预测的准确程度。标的资产价格的或基础变量的波动性决定了金融衍生品市场的高风险性。

5. 高杠杆性。金融衍生品交易采取保证金制度或类似保证金制度，即交易者在买卖金融衍生品合约时，只需按照合约价值的一定比率缴纳保证金作为履约保证，即可进行数倍于保证金的金融衍生品交易。因此金融衍生品市场有明显的高杠杆性。

6. 契约性。金融衍生品交易是对其基础变量或标的资产在未来某种条件下权利和义务的处理。因此，从法律上看，金融衍生品市场的交易是一种建立在高度发达的社会信用基础上的经济合同交易，具有契约性。

7. 交易对象的虚拟性。金融衍生品的交易对象并不是基础变量或标的资产，而是由其派生出来的权利和义务，如期货的标准化合约、期权的买权和卖权、互换的交换义务等。因此可以说，金融衍生品市场交易的对象具有一定的虚拟性。

8. 交易目的的多重性。金融衍生品交易往往有套期保值、投机、套利和资产负债管理四大目的。其交易的主要目的不在于所涉及的基础变量或标的资产所有权的转移，而在于转移与其相关的价值变化风险，或通过风险投资获取经济利益，所以金融衍生品市场交易的目的是多重的。

二、金融衍生品市场的交易工具

金融衍生品市场以各种金融衍生品为交易对象，具体包括：

（一）金融期货合约

金融期货合约（Financial Futures Contracts）是指在特定的交易所通过竞价方式成交，承诺在未来的某一特定日期或某一期限内，以事先约定的价格买进或卖出一定标准数量的某种金融工具的标准化合约。

（二）金融远期合约

金融远期合约（Forward Contracts）是指双方约定在未来的某一确定时间，按照确定的价格买卖一定数量的某种金融资产的合约。金融远期交易最早是作为一种锁定未来价格的工具，双方都必须履行协议。一般来说，双方协议确定合约的各项条款，其合约条款是为双方量身定制的，满足了双方的特殊要求，一般通过场外交易市场达成。

（三）金融互换

金融互换（Financial Swaps），也称掉期，是指两个或两个以上当事人按照商定条件，在约定时间内交换一系列现金流的合约。在大多数情况下，由于互换双方会约定在未来多次交换现金流，因此金融互换可以看作是一系列远期的组合。由于其标的物以及计算现金流的方式很多，互换的种类也就很多，其中最常见也最重要的是利率互换和货币互换，此外还有股权类互换和远期互换等。

（四）金融期权

金融期权（Option）又称为选择权，是指赋予其购买者在规定期限内按双方约定的价格或执行价格购买或出售一定数量某种金融资产权利的合约。期权是给予买方购买或出售标的资产的权利，可以在规定的时间内根据市场状况选择买或者不买、卖或者不卖，既可以行使该权利，也可以放弃该权利。而期权的卖出者则负有相应的义务，即当期权买方行使权利时，期权卖方必须按照指定的价格买入或者卖出。期权在交易所交易的是标准化的合约，也可以在场外市场交易，它是由交易双方协商确定合同的要素，为满足交易双方的特殊需求而签订的非标准化合约。本书所讲期权，为交易所内交易的标准化期权合约。

三、金融衍生品市场的功能

金融衍生品市场自产生以来，之所以不断发展壮大并成为现代市场体系中不可或缺的重要组成部分，源于金融衍生品市场难以替代的功能。

（一）规避风险功能

金融衍生品市场规避风险的功能是金融衍生品市场的基本功能之一，从最初的金融远期合约，到后来的金融期货、金融互换以及金融期权，其市场产生的根本目的就是为交易者提供一种规避风险的渠道。交易者可以利用金融衍生品市场与现货市场建立一种盈亏冲抵机制，以达到规避价格风险的目的。

（二）价格发现功能

价格发现功能是指由于金融衍生工具普遍具有跨期性所以其价格能够预期未来现货价格的变动，发现未来的现货价格。这一功能在金融期货市场表现得最充分，这是由期货市场的特征决定的。

相关研究表明，信息不完全和不对称会导致价格扭曲和市场失灵，而金融期货市场是一个近乎完全竞争的高度组织化和规范化的市场，聚集了众多的买方和卖方，采取集中公开竞价的方式，各类信息高度聚集并迅速传播。因此，价格机制更为成熟和完善，能够形成真实反映供求关系的期货价格。

（三）资产配置功能

随着全球化程度日益加深以及全球经济不稳定因素增多，国际大宗商品市场波动加大，各国金融市场中参与主体面临的风险增多，因此在后金融危机时代，越来越多的投资者开始重视金融衍生品市场，并期望借助金融衍生品市场的独特优势为其持有的资产进行优化配置。而金融衍生品市场的迅猛发展以及大宗商品交易金融化程度的提高，也为越来越多的机构和个人提供了资产配置平台，金融衍生品市场也相应具备了资产配置的功能，从而在一定程度上满足了投资者对于规避风险以及个性化、分散化、多元化资产配置需求。

四、国内外金融衍生品市场的发展

经过长期的发展，国际金融衍生品市场形成了金融远期、金融期货、金融互换、金融期权四大类产品相互补充的完整架构，金融衍生品市场交易品种不断增加，交易规模不断扩大，已成为金融市场不可或缺的一部分。

（一）金融远期市场

欧洲的远期交易萌芽于古希腊和古罗马时期，而现代化远期合约最早作为一种套期保值工具兴起于20世纪80年代。第一个外汇远期市场于19世纪70年代诞生于维也纳，而真正兴起却是在布雷顿森林体系结束后，各国汇率风险加剧，外汇远期合约于1973年应运而生。截至2014年6月，其名义本金金额已居远期市场第二位，居于第一位的是于1983年诞生于伦敦银行间同业拆借市场的远期利率协议。目前，远期利率协议和远期外汇协议占到远期市场名义本金金额的90%以上。

我国的远期交易要追溯到春秋时期，但是现代化的远期协议合约却是20世纪末才开始起步的。1997年中国银行开始进行远期结售汇试点，2003年四大国有商业银行全面展开远期结售汇业务。在亚洲金融危机后，离岸市场出现了人民币无本金交割远期（NDF）。由于我国资本管制，境内人民币远期市场迟迟得不到发展，直到2005年启动人民币汇率机制改革，中国人民银行才正式建立人民币远期市场，而人民币远期利率协议直到2007年才正式推出。

此外，受2008年金融危机影响，世界各国纷纷将场外业务纳入场内结算，实行中央对手方结算体系，中国也适时建立上海清算所，为场外市场提供结算服务。目前，上海清算所已推出了外汇远期、人民币远期运费协议等远期合约。

（二）金融期货市场

随着第二次世界大战后布雷顿森林体系解体，20世纪70年代初期国际经济形势发生急剧变化，固定汇率制被浮动汇率制取代，利率管制等金融管制政策逐渐取消。汇率、利率频繁剧烈波动，促使人们向期货市场寻求避险工具，金融期货市场应运而生。1972年5月，芝加哥商业交易所设立国际货币市场分部，首次推出包括英镑、加元、西德马克、法国法郎、日元和瑞士法郎等在内的外汇期货合约。1975年10月，芝加哥期货交易所上市的国民抵押协会债券期货合约是世界上第一个利率期货合约。1977年8月，美国长期国债期货合约在芝加哥期货交易所上市，是国际期货市场上交易量较大的金融期货合约。1982年2月，美国堪萨斯期货交易所开发了价值线综合指数期货合约，股票价格指数也成为期货交易的对象。中国香港在1995年开始个股期货的试点，个股期货登上历史舞台。目前，金融期货已经在国际期货市场上占据了主导地位，对世界经济产生了深远影响。

我国的金融期货市场起步于2010年4月，中国金融期货交易所（以下简称中金所）推出沪深300指数期货交易。随后中国金融期货交易所进一步推出了上证50、中证500股指期货合约以及2年期、5年期、10年期国债期货合约，使得我国金融期货交易品种更加丰富。中金所的统计数据显示，2019年，中金所共成交期货合约6628.34万手，成交金额达69.62万亿元人民币，其中股指期货成交5325.13万手，成交金额为54.80万亿元，同比分别增长225.81%和248.17%。

（三）金融互换市场

互换市场的起源可以追溯到20世纪70年代末，当时的货币交易商为了逃避英国的外汇管制而开发了货币互换。1981年IBM与世界银行在伦敦签署的利率互换协议是世界上第一份利率互换协议，并于1982年引入美国。自那以后，互换市场发展迅速，成为增长速度最快的金融衍生品市场之一，其中利率互换已成为所有互换交易乃至所有金融衍生品中最为活跃、交易量最大、影响最深远的品种之一。

早期的互换交易中，金融机构扮演着经纪人角色，为客户寻找交易对手并赚取佣金。但是短期内匹配对手相当困难，因此，许多国际金融机构引入了做市商制度，作为交易双方的对手方，为互换市场提供了充足的流动性。与此同时，互换的标准化也稳步推进。1985年国际互换商协会（International Swaps Dealers Association，ISDA）成立，于1993年更名为国际互换与衍生品协会（International Swaps and Derivatives Association，ISDA），并制定了互换交易的行业标准、协议范本和定义文件等。国际互换商协会（ISDA）制定的ISDA主协议已成为全球金融机构签订互换及其他多种OTC衍生产品的范本。ISDA主协议具有三项特殊的制度基础，即单一协议、瑕疵资产与终止净额结算，包括协议主文、附件和交易确认书三部分，有效维系了国际金融衍生产品市场的平稳发展，并为越来越多国家或地区的立法机关所认可。

我国互换市场起步较晚，2005年11月25日，中国人民银行在银行间外汇市场与包括4家国有银行在内的10家商业银行首次进行了美元与人民币1年期货币掉期（中国人民银行一般称货币互换为货币掉期）业务操作，宣告中国人民银行与商业银行之间的货币掉期业务正式展开。自此，货币互换参与机构不断增加，业务不断丰富，2007年商业银行之间可以两两进行交易，2011年允许外汇指定银行对客户开展人民币外汇货币掉期业务，2012年汇丰银行在外汇市场上达成了首笔无本金交换人民币外汇货币掉期业务，现阶段银行间远期外汇市场已开展了美元、欧元、日元、港元、英镑、澳大利亚元兑人民币6个货币对的货币掉期业务。利率互换则是伴随着我国利率市场化逐渐兴起的，2004年中国人民银行扩大金融机构贷款利率浮动区间，2006年开展了利率互换试点，国家开发银行与光大银行进行了第一笔利率互换交易。经过两年试点，2008年人民币利率互换交易开始正式全面推进，并且自2010年之后，利率互换市场发展尤为迅速，成交量不断增加。

此外，股票互换也获得了较大突破，2013年1月，中国证监会批准光大证券以场外交易形式开展金融衍生品交易。

（四）金融期权市场

期权萌芽于古希腊和古罗马时期，在17世纪30年代的“荷兰郁金香”时期出现了最早的期权交易。到19世纪，美国和欧洲的农产品期权交易已相当流行，但均为场外交易，直到1973年芝加哥期权交易所（Chicago Board Options Exchange，CBOE）建立后第一张标准化期权合约出现。1982年芝加哥期货交易所推出了以长期国债期货为标的物的期权交易，1983年芝加哥商品交易所推出了S&P500股价指数期权。随着指数期权的成功，1984—1986年，芝加哥期货交易所陆续推出了大豆、玉米、小麦等品种的期货期权。美国期权交易带动了世界各国期权市场的发展。目前，全球有影响的期权市场有韩国期货交易所（KOFEX）、CBOE、欧洲交易所、纽约泛欧交易所等。

伴随着场内标准化期权的繁荣，场外期权也获得了长足发展。20 世纪 90 年代之后，场外期权日益增多，既保证了交易者的个性化需求，同时也满足了开发者的利润空间。场外期权越来越有竞争力，反过来迫使一些交易所开始推出非标准化的期权交易，如灵活期权。另外，交易所合作日益加强，购并浪潮不断涌现，如纽约泛欧交易所收购了群岛交易所（ARCA），纳斯达克 OXM 集团收购了费城股票交易所（PHLX）。

中国银行在外汇期权的创新方面走在前列，2002 年 12 月 12 日，中国银行上海分行在中国人民银行的批准下，宣布推出个人外汇期权交易“两得宝”，打响了中国期权交易的第一枪。初期的外汇期权业务交易的品种为普通欧式期权，客户只能办理买入外汇看涨或看跌期权业务。2011 年 11 月国家外汇管理局规定客户可以同时买入或卖出期权形成外汇看跌风险逆转期权组合和外汇看涨风险逆转期权组合。

另外，我国场内期权也获得了突破性进展，2015 年 2 月 9 日，上证 50ETF 期权正式在上海证券交易所挂牌上市，掀开了中国衍生品市场产品创新新的一页，2019 年 12 月，沪深交易所同时推出沪深 300ETF 期权，与此同时，我国首个金融期权——沪深 300 股指期权也在中金所正式推出。随着股票期权、股指期权、商品期权的陆续推出，形成远期、互换、期货、期权完整的衍生品体系，为广大投资者提供良好的资产组合工具。

第二节　金融衍生品市场风险

一、金融衍生品市场风险的概念及特征

金融衍生品市场风险是指由各种不确定因素而带来的对于市场参与者以及市场本身未来发展结果的不确定性。

金融衍生品在运作时多利用财务杠杆，即用交纳保证金或类似于保证金的方式进行交易。这样市场的参与者只需动用少量资金，即可交易资金额较大的合约。财务杠杆的作用可以显著提高资金的利用率和经济效益，但也不可避免带来巨大的风险，金融衍生品市场的风险具有以下特征。

（一）流动性风险极大

金融衍生品的种类繁多，不仅有场内交易的标准化产品还有大量的场外交易的非标准化产品。这些场外交易产品可以根据客户要求的时间、金额、杠杆比率、价格、风险级别等参数“量身定做”，满足客户保值避险的需求。但是，这些个性化的金融衍生品在到期前难以在市场上转让，流动性风险极大。

（二）风险的高复杂性

金融衍生品对基础商品、利率、汇率、期限、合约规格等进行组合、分解，所产生的金融衍生品日趋复杂，不但业外人士如在云里雾中，连专业人士也经常看不懂。近年来发生了一系列金融衍生品灾难，一个重要原因就是专业人士对衍生品特性缺乏

深层次了解，无法对交易过程进行有效监督和管理，运作的风险在所难免。

（三）风险发生的突然性

一方面，金融衍生品市场的交易是表外业务，不在资产负债表内体现；另一方面金融衍生品市场具有极强的杠杆作用，这使其表面的资金变化与潜在的盈亏相差很远。同时，由于金融衍生品市场交易技术性很高、很复杂，会计核算方法和监管一般不能对金融衍生品市场潜在风险进行充分反映和有效管理。因此，金融衍生品市场风险的爆发具有突然性。

（四）风险的联动性

金融衍生品市场的发展打破了衍生产品同基础产品之间以及各国金融体系之间的传统界限，将金融衍生品市场的风险扩散到全球金融体系的每一个角落。一方面，由于金融衍生品市场与基础资产市场的紧密联系，一个市场体系发生金融动荡必然导致另一个市场体系很快被蔓延和波及；另一方面，金融衍生品交易在国际范围内进行，一国金融衍生品市场的风险极易跨国界传染，诱发超越本国范围的金融衍生品风险，甚至导致全球金融危机。

二、金融衍生品市场风险的种类

（一）政策风险

我国金融衍生品市场尚不完善，其市场相关法律法规和一些交易制度仍在调整阶段，这些政策的调整有可能引起市场的波动。比如，2017 年 2 月 10 日股指期货的松绑，是监管部门综合评估风险，在可控范围内作出的调整，顺应了广大投资者的呼声。除此之外，现货市场和衍生品市场相辅相成，现货市场一旦调整其有关法律法规也有可能会引发衍生品市场的动荡。

（二）信用风险

信用风险又称违约风险，是指衍生品交易双方中的一方受到损失是由另一方没有按约定履行合约造成的。金融衍生品交易普遍具有跨期性，这种交易是建立在双方信用之上的，当合约到期时，交易双方是否具有履约能力及意愿，对于金融衍生品市场能否健康发展至关重要。场内衍生品交易由于事先交纳过保证金，即使一方违约亦可由交易所替代违约方继续履行合约弥补另一方损失，因此信用风险多发生在场外交易过程中。风险的大小和交易方的信用等级以及双方信息对称程度有很大关系。

（三）流动性风险

流动性风险包括两方面内容：一是市场的流动性风险，即在市场参与率低或监管缺失的情况下，交易者无法获得市场价格或者找不到交易对手，使得交易无法达成产生的风险；二是资金流动性风险，即用户流动资金不足，出现合约到期无法履行支付义务或无法按合约要求追加保证金，被迫进行平仓造成损失的风险。随着现代计算机系统的发展和合约的标准化程度提高，流动性风险正在逐渐降低。

（四）操作风险

操作风险又称营运风险，通常被分为两类：一类是由于内部监管体系不完善，经营管理上出现漏洞，工作流程不合理或者衍生品交易制度本身设计不合理等，使交易决策出现人为的或非人为的失误而带来的风险；另一类是由于各种偶发性事故或自然灾害，如电脑系统故障、通讯系统瘫痪、地震、火灾、工作人员的差错等给衍生品交易者造成损失的可能性。

（五）法律风险

法律风险多发生在场外交易，由于法律的滞后性导致很多交易处于法律空白地带，无法可依。交易不受法律保护，交易双方利益受损在现有法律中却找不到维权方式，平白带来损失。法律风险与一国法律的完善程度有极大的关系。

三、金融衍生品市场风险的成因

（一）信息不对称是金融衍生品市场风险的主要成因

1. 交易双方的信息不对称。一方面，交易一方不具备在金融市场进行衍生品交易的资格却隐瞒交易另一方与其进行交易；另一方面，交易一方具有交易资格但采取激进的投资策略进行高风险高收益投资而隐瞒为风险厌恶者的另一方，给其带来损失，此类情况多发生在场外。

2. 交易者与经纪机构间的信息不对称。由于交易者大多不具备金融投资方面的专业知识和技能，亦无法判断经纪机构中代理人的能力、素质、专业水平和经纪机构专业设备的质量，即无法辨别经纪机构的好坏。因此投资者只能根据市场上的平均水平进行选择，按平均价格支付代理费用。致使低水平的经纪机构获利、高质量的经纪机构成本高于收益造成亏损进而被挤出市场，“劣币驱逐良币”现象出现，进而衍生品市场的整体水平被拉低，增加了衍生品市场的风险。

（二）经济转型对金融衍生品市场的影响

当前，我国经济正处于转型过程中，宏观经济政策、相关法律法规都会随着经济的发展而不断调整，这些调整都有可能引起基础金融产品或者金融变量的波动，进而导致金融衍生品价格的波动，对金融衍生品市场的健康发展带来一定的影响。

（三）法律制度不健全导致的风险

我国的金融衍生品市场发展的时间较短，相应的法律、法规还很不健全，存在较多的空白，特别是场外交易市场相关的法律制度更加不完善，严重阻碍了金融衍生品市场的健康发展。法律制度不健全具体体现在两个方面，一是法律不精准不具针对性，二是法律的滞后性。一方面，我国现有的金融市场的法律包括《证券法》《公司法》等一系列基础法律在内，都只能对衍生品交易做一个基础性的规定，具体的操作方案及惩罚手段都没有提及，给衍生品市场的监管带来很大的难度；另一方面，金融衍生品的创新力度不断加大，灵活性不断增强。本应该监管创新再监管再创新的衍生品市场在我国体现为法律跟不上衍生品一再创新造成监管无法可依的局面。

【知识链接 9－1】

德国金属公司案例分析

德国金属公司是一家已有100多年历史的老牌工业集团，经营范围包括金属冶炼、矿山开采、机械制造、工程设计及承包等，在德国工业集团中排位约在第十三、第十四名。由于德国金属公司具有很强的实业背景，本身就是金属、能源等产品的生产和消费大户，它在世界商品交易市场上相当活跃。德国金属公司介入各商品交易所的现货、期货和期权交易，除为本工业集团服务外，还向其他投资（或投机）和套期保值的企业提供经纪服务。德国金属公司下属的一家美国子公司名叫德国金属精炼及市场公司（以下简称德国金属），专门从事石油产品交易，它在1993年夏天与客户签订了一个长期供货合约。签约之初，恐怕谁也想不到这笔交易给德国金属公司带来的会是怎样的一个噩梦。

这个合约实际上是一个特殊的供货合同加上一些金融衍生交易成分。德国金属承诺在10年内以固定价格向美国的油品零售商（以下简称用户）提供汽车油、取暖油和航空燃油。具体供应量分两部分，一部分定期定量交货，另一部分交货时间由用户随时指定。合约的特殊性体现在供货价格长期固定，不像普通长期供货合约一样随通货膨胀因素调整；另外，交货的时间和数量也不完全确定。所谓金融衍生交易成分是指德国金属授予用户的一个选择权（Option），在合约的10年有效期内，如果世界油品市场价格有利于用户（即现货市价高于合约定价），用户有权决定是否要求德国金属将未交货部分油品以市场价格和合约定价之价差折算成现金收益付给用户，从而提前终止合约。合约赋予用户的利益是显而易见的：一是长达10年的固定价格；二是选择履约的灵活性。至于德国金属，它接受合约条件的原因是多方面的。当然主要是想利用特殊的合约条件吸引大用户，开拓市场。其次，德国金属公司曾投资一家美国石油勘探和炼油公司，具有一定的供应商背景。在合约签订时，合约定价比现货市价高出3~5美元，对供方还是有一点吸引力的。但是，如果单有上述原因，德国金属大约是不会选择成交的，真正促使德国金属签订这个合约的因素，还是其对自身在全球商品市场交易的丰富经验及在金融衍生品交易方面的技术能力的充分自信。德国金属为这个合约制定了一套套期保值的策略，试图将油品价格变动风险转移到市场上去。具体来讲，它采用了在纽约商业交易所（New York Mercantile Exchange）买入石油标准期货合同和在店头市场做合同（SWAPS）的方式来将它与用户契约所引起的价格风险转移。从常规的回避和控制风险的角度去评判，这似乎是无可非议的，总体上也符合德国金属公司经营稳健的风格。然而，一系列技术性的因素却造成了套期保值失败，事后甚至有人评论，不是简单的套期保值失败，而是套期保值行动本身导致了更大更高级的风险，使德国金属非但没有达到回避或降低风险的目的，反而招致了灾难性的后果。

在1993年底世界能源市场低迷、石油产品价格猛烈下跌时，德国金属在商业交易所和店头市场交易的用于套期保值的多头短期油品期货合同及互换协议形成了巨额的浮动亏损，按期货交易逐日盯市（Mark to the Market）的结算规则，德国金属必须追加交纳足量的保证金；对其更为不利的是，能源市场一反往常现货升水的情况而变成现货贴水（Contango，或称期货升水），石油产品的现货价格低于期货价格，当德国金属的多头合约展期时，非但赚不到基差，还要在支付平仓亏损外，贴进现金弥补从现货升水到现货贴水的基差变化。为了降低出现信用危机的风险，纽约商业交易所提出了把石油产品期货合约初始保证金加倍的要求，这一下无疑是火上浇油，使德国金属骤然面临巨大的压力。

其时，德国金属公司自身也面临流动资金的短缺，无法帮助德国金属交付巨额的保证金和合约滚动展期的成本。消息传出，金融圈内一片哗然，不光债权人对德国金属公司融通资金信心不足，连大股东们对德国金属公司能否渡过危机也十分怀疑。作为德国工业巨子之一的德国金属公司竟然出现了前所未有的融资危机，出人意料地突然滑到了破产的边缘。

第三节　金融衍生品市场安全

一、维护金融衍生品市场安全的制度

为了维护金融衍生品市场的安全，各国金融衍生品市场特别是场内交易市场普遍制定了相关制度与规则，以对市场风险实施有效控制。本节主要介绍金融衍生品场内交易市场的相关制度与规则，这些制度与规则主要有以下几个。

（一）保证金制度

金融衍生品市场普遍采用了保证金制度或类似制度以控制市场风险。保证金制度是指金融衍生品交易的双方或一方需按照合约价值的一定比率缴纳资金，用于结算和保证履约。保证金制度是金融衍生品市场风险管理的重要手段。

（二）涨跌停板制度

金融期货、金融期权等场内金融衍生品市场普遍采用了涨跌停板制度。涨跌停板制度又称每日价格最大波动限制制度，即衍生品合约在一个交易日中的交易价格波动不得高于或低于规定的涨跌幅度，超过该涨跌幅度的报价将被视为无效报价不能成交。

涨跌停板制度的实施，能够有效减缓、抑制一些突发性事件和过度投机行为而造成的衍生品价格的狂涨暴跌，减小交易当日的价格波动幅度，会员和客户的当日损失也被控制在相对较小的范围内。

（三）持仓限额制度

持仓限额制度是指金融衍生品市场对交易者的某一合约持仓头寸的最大数额进行

限制的制度。通过实施持仓限额制度可以使交易所对持仓量较大的会员或客户进行重点监控，了解其持仓动向、意图，有效防范操纵市场价格的行为；同时，也可以防范金融衍生品市场风险过度集中于少数投资者。

（四）强行平仓制度

强行平仓制度是指按照有关规定对会员或客户的持仓实行平仓的一种强制措施，其目的是控制金融衍生品市场的交易风险。

二、维护金融衍生品市场安全的措施

（一）完善针对金融衍生品市场的监督、立法体系

由于金融衍生品自身具有高风险、高杠杆等特性，而我国现阶段以金融衍生品为对象的会计计量、信息披露等规范性较差，在金融衍生品交易的过程中风险突发、扩张的概率较高，为减小金融衍生品市场风险，我国必须建立并不断完善以金融衍生品市场为对象的监管、立法体系。立法体系的建立是维护金融衍生品市场安全的有效途径，所以需要结合不同金融衍生品的特征而制定有针对性的条款，通过法律法规的不断健全，实现对金融衍生品交易的规范。而监管体系建立的过程中考虑到金融衍生品交易通常具有跨市场、跨区域等特征，所以监管方式应满足功能监管的要求。结合西方发达国家的相关经验可以发现，必须将银行、保险等机构纳入金融衍生品监管的范围，通过全范围的有效监管保证市场经济运行的稳定性，在此过程中现阶段在金融衍生品市场发展过程中形成的交易所、场外市场等也要引起高度重视。参与金融衍生品交易的组织者和管理者，在确定交易规则的前提下，为杜绝交易被恶意操纵，而对场所内发生的操作、财务状况等进行监督，使交易在市场交易规则的基础上完成，从而形成交易所监管制度。我国市场参与者在参与国际市场中为保护个人利益而使用的ISDA 主协议等都是现阶段我国金融衍生品监管的有效依据，但现阶段我国监管体系中缺乏针对国际金融衍生品交易的相关制度，所以现阶段在金融衍生品监管体系完善过程中应积极与国际组织协调合作，强化国际相关交易的监管。

（二）推动金融衍生品市场和现货市场协调发展

在金融衍生品市场发展的过程中可以发现，现阶段随着产品种类的增多，产品定价准确性要求越来越高，而在定价相关信息获取过程中金融衍生品发挥着重要的作用，其有利于市场透明度的提高。而且在企业逐渐海外上市的推动下，我国和国际主流交易所共同发展的可行性不断提升，而金融衍生品可提升现货市场的流动性；在国际竞争不断加剧的过程中，衍生品被复制的可能性增加，对现货市场的发展具有推动作用，所以金融衍生品市场与现货市场的发展密不可分。在现货市场平稳发展的过程中金融衍生品的种类、结构、资源配置，甚至市场规模与功能等方面都可以得到优化，可见其在对提升资本市场的稳定性，使市场经济抵御风险的能力增强等方面都具有积极的作用。现货市场交易量与金融衍生品市场发展之间呈现出较显著的正相关性，所以在市场经济发展的过程中应有意识地搭建完整的价值链，使两者相互推动发展，抑制风险的发生。为促进金融衍生品市场和现货市场协调发展，我们应有意识推动现货市场

的发展，对各类交易机制进行完善，不断丰富金融衍生品市场结构，加强监管协调。

（三）增强金融衍生品市场交易的透明性

分析发达国家的信息披露和相关政策公布情况可以发现，其均具有较严格的程序作支撑，在经济发展的过程中所有出现泄密、恶意造谣行为的个体或组织都要受到严格处罚，使金融衍生品交易的公平、公正得到保证。金融衍生品交易大部分为表外业务，资产负债表很难对其进行全面有效反映，使其自身具有一定的隐蔽性，可见金融衍生品交易的开展和深化，需要与之对应的披露制度对其价格、风险等信息揭示进行规范，对相关主体在市场信息披露中的义务进行明确，所以要有效维护金融衍生品市场的安全，需要通过不断强化金融衍生品市场信息披露制度使相关产品和市场的透明度得到提升。金融衍生品的发展很大程度上发挥丰富风险管理工具的作用，例如，机构投资者可以通过金融衍生品实现对手中有价证券套期保值等。我国要通过提升金融衍生品交易的透明性，强化风险管理，首先，监管机构应不断强化对金融衍生品运行的了解，对金融衍生品交易对银行、证券等机构产生的影响进行有效分析；其次，监管机构应有意识通过有效手段或方法，使银行等交易机构信息披露的范围进一步扩大，将其交易总量、收益状况等信息都得到体现，进而为投资者或债权人更全面了解金融衍生品交易状况提供条件；最后，我国金融机构应有意识地将金融衍生品交易头寸报表添加在财务报表结构中，并按照相关要求对其资本充足率指标进行确定，以此提升市场透明度和风险管理程度。

（四）提升金融衍生品市场投资主体的素质

投资者是金融衍生品市场风险的直接承受主体，其对风险控制的需求最为强烈，我国要维护金融衍生品市场的安全，应使投资者掌握风险管理的能力，我国政府可通过开展针对投资者的风险教育使其在掌握相关知识的基础上进行理性投资，并结合金融衍生品市场规律、相关信息等掌握金融衍生品应用与管理的相关技能。另外，通过建立完善的风险内控和管理机制，使投资风险得到有效控制，在建立的过程中可以将国际上高度认可的风险衡量和管理方法、风险管理技术等引入，实现对金融交易市场信用、流动性、结算、操作等多方面风险的有效控制，为投资者进行金融衍生品交易创造条件。

（五）为金融衍生品交易创造良好的环境

首先，我国应在完善法律体系和监管体系的基础上加大市场基础设施建设，例如强化金融衍生品设计、交易、风险管理队伍的专业性和技能性，提升金融从业人员、企业管理人员等对金融衍生品的应用管理能力，深化金融衍生品定价、风险管理等方面的理论实践研究。为形成市场均衡价格，创造良好的市场环境，加强利率、汇率的市场化改革和金融企业改革，使银行业、交易者对金融衍生品市场风险的管理能力提升等。其次，落实针对金融衍生品的风险评估，不断完善风险预警制度，在金融衍生品市场发展的过程中金融机构应有意识组建专业的金融衍生品风险管理部门，其主要职责是通过对金融衍生品交易风险的全面有效评估，建立具有可靠性和可操作性的风险评估模型，对金融衍生品交易不同阶段的风险进行判断，特别是极端状况下的风险

程度，使金融机构可以结合风险评估进行风险预警并提前制定具有针对性的救援机制，以此对可能发生的金融衍生品市场风险进行预防和控制，优化金融衍生品市场的交易环境。

【本章小结】

金融衍生品市场是近些年来发展较快的市场之一，已经逐渐成为金融市场体系的重要组成部分。本章首先介绍了金融衍生品市场的概念及特征，金融衍生品市场的交易工具，金融衍生品市场的功能。然后介绍了金融衍生品市场的风险以及维护金融衍生品市场安全的措施。

【复习思考题】

一、名词解释

金融衍生品市场　信用风险　资金流动风险　操作风险

二、选择题

1. 金融衍生品市场的交易工具有（　　）。

A. 金融远期　　B. 金融期货　　C. 金融期权　　D. 金融互换

2. 我国的金融期货市场起步于 2010 年 4 月，中国金融期货交易所推出（　　）期货交易。

A. 美元　　B. 中证 500 指数　　C. 国债　　D. 沪深 300 指数

3. 2015 年 2 月 9 日，上证 50ETF 期权正式在（　　）挂牌上市，掀开了中国衍生品市场产品创新新的一页。

A. 中国金融期货交易所　　B. 上海证券交易所

C. 深圳证券交易所　　D. 上海黄金交易所

4. 金融衍生品市场风险的特征是（　　）。

A. 流动性风险大　　B. 风险复杂性高

C. 风险发生的突然性　　D. 风险的联动性

三、问答题

1. 金融衍生品市场的特点是什么？
2. 金融衍生品市场的功能是什么？
3. 金融衍生品市场的风险有哪些？
4. 维护金融衍生品市场安全的措施有哪些？

选择题答案

1. ABCD　2. D　3. B　4. ABCD

第十章

金融市场监管

【教学目的和要求】

通过本章学习，使学生能够正确理解金融市场监管的含义和必要性，了解金融市场监管的目标、原则和手段；熟悉各金融子市场——货币市场、证券市场、外汇市场、黄金市场、保险市场和金融衍生品市场的监管体系和监管情况；能够正确认识金融市场监管对于维护金融市场安全和稳定的重要作用。

第一节　金融市场监管概述

一、金融市场监管的含义和必要性

（一）金融市场监管的含义

金融市场监管是指一国政府为了维护经济金融体系稳定和有效运行以及满足经济主体的共同利益要求，通过一定的金融主管机关，依据法律规则和法规程序，运用适当的手段如行政手段、法律手段和经济手段，对金融市场体系中各金融主体和金融市场运行实行检查、稽核、组织和协调。

金融市场监管是经济监管的重要组成部分。从金融市场监管的实践来看，金融市场监管的主要对象和内容，因各个国家金融体制的不同而有所差异，但总的来说，都是对金融市场构成要素的监管，即对金融市场主体、客体和媒体的监管。金融市场监管的主体主要是中央银行与其他金融监管机构。金融市场监管主体作为社会公共利益的代表，是运用国家法律赋予的权力去监管整个金融体系的特殊机构。

（二）金融市场监管的必要性

金融体系内在的脆弱性、金融主体行为的有限性和金融资产价格的内在波动性都可能导致资源配置不合理、收入分配不公平和经济大幅度波动等后果。因此，必须对金融市场采取有效的监管措施，以提高金融市场效率，增强金融系统稳定性，保护市场参与者合法利益，为经济发展创造良好金融环境。从金融市场本身的特点出发，金融市场监管的必然性体现在以下三个方面。

1. 金融外部性是监管的必然要求。金融领域负外部性主要表现在单个金融机构的破产可能会殃及行业中其他运行状况较好的金融机构，从而导致整个行业大面积陷入困境并引发大规模破产倒闭。随着经济和金融全球一体化的发展，一国金融市场发生的问题会传染和影响到其他国家的金融市场，甚至是全球金融市场，如东南亚金融危机和美国次贷危机都是从单个地区出现的金融危机扩散至全球。所以，为减少这种负外部性在一国金融市场和国际金融市场上的扩散和影响，对金融市场进行监管是必要的。

2. 信息不对称是监管的客观需要。信息不对称是指在市场交易中，当市场的一方无法观测和监督另一方的行为或无法获知另一方行动的完全信息，或者观测和监督的成本高昂时，交易双方掌握的信息所处不对称状态。金融市场上的信息不对称问题的严重程度远远超过产品市场信息结构失衡造成的后果，因为金融交易涉及的不确定性因素更多，交易各方更易于隐藏自己的动机和行为，而且监督成本高，信息的搜集、获取、甄选、辨别成本太高，信息不对称的具体表现形式更复杂。金融市场的信息不对称，导致逆向选择和道德风险问题，影响金融市场的有效运行。

3. 金融脆弱性是监管的内在需求。金融市场具有脆弱性，当突发事件出现时，市场参与者的信心会受到打击，从而引发市场波动，甚至严重扰乱金融秩序，引发金融危机。金融市场脆弱性的根源在于市场参与者的行为是非理性的，他们的从众行为是使金融体系爆发系统性风险的一个重要因素。这些市场参与者的非理性行为导致金融资产价格出现意外波动，也使金融市场的运行存在一定程度的脆弱性。

二、金融市场监管的目标

金融市场监管的目标是实现金融市场有效监管的前提和监管当局采取监管行动的依据，也决定了一国具体监管制度的建立和监管政策的实施，不同时期不同国家在金融监管目标的确定上虽有差异，但从具体监管的层次看，有以下三个目标。

（一）维护金融体系的稳定与安全

金融是现代市场经济的核心，在市场经济中，金融机构作为信用中介、支付中介，起到了调节资金余缺，促进资源的合理配置的作用。任何一家金融机构倒闭或经营出现严重问题都会引起连锁反应，扰乱金融市场秩序，甚至引发金融危机和经济危机。因此，对金融机构进行监督和管理，能够维护信用、支付体系的稳定，有效地防范和化解金融机构的风险，维护金融机构的安全稳健运行，为国家经济发展创造良好金融环境，保障国民经济健康发展。虽然金融监管当局在目标选择上存在安全与利益两个方向，即一方面要维持金融体系的稳定，另一方面要给予经济一定的支持，但历史反复证明，金融监管要始终秉持安全第一的理念，才能保持经济的持续健康发展。

（二）保护金融消费者的利益

金融消费者是金融市场最基础、数量最多的参与主体，由于存在信息不对称，他们对金融市场信息的了解程度远低于金融机构，所以更容易受到各种交易风险的损害，这就需要金融监管当局给予保护。因此，为了保证金融消费者获得足够的信息，金融监管制度设定了金融机构信息披露的各项规定和要求，使金融消费者可以全面了解金融机构的资本状况、资产运用、内部控制及管理能力，防止和避免金融机构的过度投资和投机行为，维护金融消费者的合法权益。

（三）实现金融市场有序竞争和提高效率

竞争是现代市场经济的重要特征之一，但金融机构之间的无序竞争必然带来金融秩序混乱、金融市场动荡，从而降低整个金融市场的运行效率。金融监管主体通过一系列的审慎监管法规，可以使金融机构在平等条件下开展竞争，从而维护金融秩序、金融市场的稳定，促进金融业降低成本、提高效率，为社会公众提供高质量的金融服务。随着金融创新的不断出现，金融监管也要不断鉴别金融创新，约束金融违规，提高金融服务的效率。

三、金融市场监管的原则

（一）依法监管与严格执法原则

各国金融监管当局都将依法监管与严格执法放在首要位置。金融监管必须依据现行的金融法规，保持监管的严肃性、权威性、强制性和一贯性，不能随心所欲、凭个人好恶。金融监管当局及其工作人员在进行监管的各个环节，如办理金融机构的市场准入、业务范围核准、经营项目界定、金融新产品审批以及例行检查、违规处理等工作过程中，都必须坚持依法办事、严肃执法。金融监管工作者自身也必须遵守各种法律法规，坚持执法的连贯性、一致性和不可例外性。

（二）公平、公正、公开原则

不管金融机构的性质、规模和背景如何，监管机构都必须在同一标准下按照同一、公正和公平的监管标准对其实施监管，加强金融监管的透明度。只有在金融监管时明确法规、政策和监管要求，使金融机构在明确监管要求的前提下接受监管，才能从根本上规范金融机构的市场行为，保证金融市场良好有序地运行。

（三）监管适度与合理竞争原则

监管的根本宗旨是通过适度的金融监管，实现适度的金融竞争，形成和保持金融适度竞争的环境和格局。而检验监管效果的根本标准是能否促进金融业和社会经济的顺利发展。如果监管过严或过度，就必然限制金融业的健康发展，削弱一个国家金融业的市场竞争力；反之，如果金融监管不到位，金融市场将出现恶性竞争，引起金融经济秩序混乱，加剧金融风险。

（四）内控与外控相结合原则

世界各国传统不同，金融监管分别采用了自律模式、法治化模式和政策干预模式。但是，要保证监管的及时和有效，客观上需要外控与内控相结合。有时外部强制管理不论多缜密严格，也只能是相对的，如果监管对象不配合、不协作，而是设法规避监管，则外部监管难以达到预期目标；相对而言，如果只采取内控，则各家金融机构会冒险开展违规经营，从而加剧金融风险。

（五）稳健运行与风险预防原则

世界各国共同坚持的监管政策之一是确保金融机构安全稳健地经营业务。安全稳健与风险预防及风险管理是密切相连的，必须进行风险监测和管理。因此，所有监管技术手段指标体系都是着眼于金融业安全稳健及风险预防管理。安全稳健不是金融业存在发展的最终目的，它的最终目的是满足社会经济的需要，促进社会经济稳健协调发展。

（六）有机统一原则

有机统一原则是要实现以下几个层面的统一：一是各级金融监管机构要统一监管标准和口径，不能各自为政、各行其是、重复监管、自相矛盾或留下缺口；二是宏观金融监管与微观金融监管要统一，微观金融政策、措施、监管方法不能与宏观金融政策、制度、措施相矛盾；三是国内金融监管与国际金融监管要统一，尤其是在各国国内经济与世界经济逐步接轨的情况下，国内金融监管政策、法规、措施也要与国际接轨，基本符合巴塞尔银行监管委员会颁布的《有效银行监管核心原则》的规定。

（七）综合性与系统性监督原则

这一原则包括：各种金融监管手段如经济手段、行政手段、法律手段等要综合运用，以实现有效监管；金融监管的方式、方法、工具要综合运用，即监管工具要现代化、系统化，日常监管与重点监管要同时运用；金融监管机制和方案要科学化、系统化、最优化，确保金融监管的优质高效。

四、金融市场监管的手段

金融市场监管的手段是监管主体行使其职责、实现其金融市场监管目标的工具。金融市场监管的权威来自国家政治权力或者公众所认可的某种权力。金融市场监管需要多种管理手段兼用才能确保效果最佳。通常情况下，金融市场监管的手段包括：法律手段、经济手段、行政手段和自律管理。

（一）法律手段

法律手段是指运用经济立法和司法来管理金融市场，即通过法律规范来约束金融市场行为，以法律形式维护金融市场良好的运行秩序。法律手段是金融市场监管的基础手段。法律手段的约束力主要体现在两个方面：一是对金融监管部门本身具有约束力；二是对各金融机构具有约束力。金融法律可以强制约束金融机构规范经营，减少垄断、欺诈等现象，营造良好竞争环境。法律制度越健全，条款越细致，越利于金融监管工作的开展。

但是法律手段也有一定的局限性。法律虽然具有通用性，但不可能包罗万象，实际监管中会有生硬的地方。同时，面对现实中不断出现的新事物和新问题，既成的法律条文部分内容可能已不适应，即使修订也有一定的滞后性。

（二）经济手段

经济手段是指政府以管理和调控金融市场为主要目的，采用利率政策、公开市场业务、税收政策等手段间接调控金融市场运行和参与主体的行为。如中央银行通过公开市场操作、调节存款准备金率和再贴现比率等手段调节和稳定金融市场价格，政府通过调整税率和税收结构的财政政策以及外汇政策等。

经济手段相对比较灵活，但调节过程可能比较缓慢，存在时滞，如出现经济和金融领域突发事件时经济手段不能及时治理，出现较大经济金融波动时作用缓慢。

（三）行政手段

行政手段是指依靠国家行政机关系统，通过命令、指令、规定、条例等对金融市场进行直接干预和管理。与经济手段相比，运用行政手段对金融市场监管具有强制性和直接性的特点。从金融市场的监管历史来看，各个国家一般在市场发育早期使用行政手段管理较多，而在成熟阶段用得较少。这是由于金融市场发展早期往往法律手段不健全而经济手段效率低下，造成监管不足的局面，所以需要行政手段作为补充。

行政手段在金融监管中的作用不容忽视，但它也有很大的局限。行政手段监管局部性情况较多，考虑全局性情况不够，过多采用行政手段可能会削弱甚至扭曲经济手段的作用。

（四）自律管理

自律管理即自我约束、自我管理，通过自愿的方式以行业协会的形式组成管理机构，制定共同遵守的行为规则和管理规章，以约束会员的经营行为。金融市场交易的高度专业化、从业人员之间的利益相关性与金融市场运作本身的庞杂性，决定了对自律管理的客观需要。

但政府监管与自律监管之间存在主从关系，自律管理是政府监管的有效补充，自律管理机构本身也受到政府监管。

第二节　货币市场监管

一、货币市场监管体系

货币市场是国家货币政策实施的市场，一般没有正式的组织，市场交易量极大，所有交易几乎都是通过电讯方式进行的。因此货币市场是一个相对分散的市场，世界各国通常都是以本国的中央银行作为货币市场的监管主体，对货币市场各个子市场分别进行监管。

货币市场的子市场包括同业拆借市场、票据市场、国库券市场、债券回购市场等。《中国人民银行法》第四条明确规定，中国人民银行履行职责包括：监督管理银行间同业拆借市场和银行间债券市场；实施外汇管理，监督管理银行间外汇市场；监督管理黄金市场。第三十一条明确规定，中国人民银行依法监测金融市场的运行情况，对金融市场实施宏观调控，促进其协调发展。为完善和加强金融监管，我国于 2003 年 4 月 28 日成立了中国银行业监督管理委员会，主要对银行业实行监管。2018 年 3 月 13 日，为深化金融监管制度改革，解决现行体制存在的监管者责任不清晰、交叉监管和监管空白等问题，银监会和保监会合并为中国银行保险监督管理委员会（以下简称银保监会），继续履行对银行业的监管。由于银行是货币市场上主要的参与者，银保监会实际

上是从机构监管的角度对货币市场进行监管。

由此可见，我国货币市场的监管主体主要是中国人民银行，银保监会从机构监管的角度配合央行对货币市场实行监管。

二、货币市场监管的内容

（一）同业拆借市场监管

相对而言，同业拆借市场是市场化程度较高、自我调节能力最强的市场，中央银行和金融管理部门对它的干预也相对较少。从世界范围来看，各国对同业拆借市场的监管基本上是放开的。但这并不代表各国对同业拆借市场不加以任何监管。相反，各国对同业拆借市场都采取了不同程度的监管，尤其是在市场发展的初期。各国监管部门对同业拆借市场的监管主要集中在以下几个方面。

1. 对市场准入的管理。这包括对拆出拆入者和中介机构的管理。

2. 对拆出、拆入数额的管理。比如，对单个金融机构拆出不能过于集中等；拆入款不得超过股本加盈余的一定比例；拆入额不能超过其存款的一定比例。

3. 对拆借期限的管理。如限制拆借期限不得超过 1 年，以防止短资长用，损害金融市场的安全性和流动性。

4. 对拆借抵押、担保的管理。

5. 对拆借市场利率的管理。发达国家的拆借利率随行就市，由资金供求决定。但一些发展中国家对利率实行不同程度的管制，如规定利率上下浮动幅度等。

6. 对拆借市场供求及利率进行间接调节。中央银行往往可以通过调节存款准备金率、再贴现率以及进行公开市场操作等间接调节同业拆借市场的资金供求和利率水平。

（二）票据市场监管

对票据市场的管理，各国一般都有专门的《票据法》或在《商法典》中有专门的规定。但由于各国金融法律环境及其演进的差异，对商业票据的监管法律框架存在明显的差异。市场主导型国家一般将商业票据视为证券，由证券监督管理机构管理。而在银行主导型的国家，商业票据被视为货币市场工具，由中央银行来管理。票据市场的监管一般是对票据产生和流通的各个环节进行不同的有针对性的管理，这些环节包括票据的签发、承兑、背书和贴现。

近年来，我国基于商业汇票的各类票据市场业务增长迅速，对拓宽企业的融资渠道，优化银行的资产负债管理起到了良好的促进作用。但在这过程中也存在一些票据业务不规范之处，部分银行有章不循、内控失效等问题，还爆发了一些数额巨大的票据事件。为此，银监会于 2016 年 4 月 30 日下发了《关于加强票据业务监管促进票据市场健康发展的通知》，从四个方面进一步加强对票据业务的监管。

1. 强化票据业务内控管理。要求按业务实质建立审慎性考核机制；加强实务票据保管；严格规范同业账户管理；强化风险防控。

2. 坚持贸易背景真实性要求，严禁资金空转。要求严格贸易背景真实性审查；加强客户授信调查和统一授信管理；加强承兑保证金管理；不得掩盖信用风险。

3. 规范票据交易行为。要求严格执行同业业务的统一管理要求；加强交易对手资质管理；规范纸质票据背书要求；严格资金划付要求；禁止各类违规交易，如跨行清单交易、一票多卖等。

4. 开展风险自查，强化监督检查。要求银行全面开展票据业务风险自查。人民银行及银保监会加大监督检查力度，增强监管实效。

第三节　证券市场监管

在资本市场中，证券市场是最为重要的组成部分，一般谈起资本市场主要指的就是证券市场。证券市场是长期融通资金的市场，具有投机性和高风险的特点。由于证券市场本身不能自发实现高效、平衡、有序运行，因此需要政府部门对其进行监管。

一、证券市场监管体系

证券市场监管主要是以政府为主的集中监管和证券市场参与者的自律监管。我国证券市场的监管主体是国务院证券监督管理机构，中国证券监督管理委员会（以下简称证监会）是它的直属机构，全面负责证券市场的监督管理。证券业协会作为自律组织进行自律监管。2019 年新修订的《中华人民共和国证券法》（以下简称新《证券法》）第一百六十八条明确规定，国务院证券监督管理机构依法对证券市场实行监督管理，维护证券市场公开、公平、公正，防范系统性风险，维护投资者合法权益，促进证券市场健康发展。

新《证券法》第一百六十九条规定：国务院证券监督管理机构在对证券市场实施监督管理中履行下列职责：（一）依法制定有关证券市场监督管理的规章、规则，并依法进行审批、核准、注册，办理备案；（二）依法对证券的发行、上市、交易、登记、存管、结算等行为，进行监督管理；（三）依法对证券发行人、证券公司、证券服务机构、证券交易所、证券登记结算机构的证券业务活动，进行监督管理；（四）依法制定从事证券业务人员的行为准则，并监督实施；（五）依法监督检查证券发行、上市和交易的信息披露；（六）依法对证券业协会的自律管理活动进行指导和监督；（七）依法监测并防范、处置证券市场风险；（八）依法开展投资者教育；（九）依法对证券违法行为进行查处；（十）法律、行政法规规定的其他职责。

二、证券市场监管的内容

证券市场监管的内容主要包括证券发行监管、证券交易监管、对证券商的监管以及自律机构的监管。

（一）证券发行监管

证券发行监管是指证券监管部门对证券发行的审查、核准和监控。证券发行监管形式主要有两种：注册制和核准制。

1. 注册制。注册制即所谓的公开管理原则，是指证券发行申请人依法将与证券发

行有关的一切信息和资料公开，制成法律文件，送交主管机构审查，主管机构只负责审查发行申请人提供的信息和资料是否履行了信息披露义务的一种制度。在注册制下证券发行审核机构只对注册文件进行形式审查，不进行实质判断。

2. 核准制。核准制即所谓的实质管理原则，证券的发行不仅要以真实状况的充分公开为条件，而且必须符合证券管理机构制定的若干适于发行的实质条件。符合条件的发行公司，经证券管理机关批准后方可取得发行资格，在证券市场上发行证券。这一制度能有效阻挡一些质量差的证券公开发行。我国目前的发行监管属于核准制。

我国一直以来采用的是核准制的发行制度。近年来，随着多层次资本市场的发展，我国也开始通过设立科创板向注册制进行探索。2019 年新《证券法》修订以后，我国在总结上海证券交易所设立科创板并试点注册制的经验基础上，全面推行证券发行注册制度。

（二）证券交易监管

1. 证券上市监管。证券上市管理制度是指证券交易所和政府有关部门对有关证券上市行为和过程的一系列制度安排。主要内容有：

（1）上市申请。证券发行者想要证券上市必须按要求向证券交易所递交上市申请书。

（2）上市审查标准。证券交易所从维持公正的价格，确保证券的流通性及保护投资者的角度出发，制定了证券上市审查基准。一是规模基准，表示规模的指标，或用股票、债券的发行额，或用公司的资本额。二是经营基础基准，上市公司必须具备一定的成立年限和一定数额的纯资产、纯利润等，它是反映经营效益和稳定的指标，以提高证券投资的安全性。三是证券持有分布基准，目的在于赋予证券足够的流通性，以避免大股东或债权人影响证券价格。

（3）上市公司管理。证券上市后，为保证上市证券的流通性、价格稳定性、证券投资收益及降低投资风险，需要对上市公司进行必要的监督管理。

（4）停止上市基准。为维护交易所的信誉和保证上市证券的安全性，证券交易所制定了停止上市基准，凡发生基准规定的情况的公司，其证券暂停上市，转为“整顿”，一定时间后如暂停原因未能消除，公司的上市资格将被取消。

2. 信息披露监管。贯彻证券发行、证券上市和上市公司管理这一监管过程的核心就是对信息的监管，即实施持续性的信息披露管理或称咨询公开管理，关键目的是解决证券市场信息的不对称。市场信息不对称将造成交易双方利益严重失衡，影响市场公平、公正运行。因此，证券监管部门对信息披露的要求是充分、准确、及时，主要形式有招股说明书和上市公告书。上市后的持续披露管理主要是定期报告和临时报告制度。披露内容涉及上市公司股票和股权变动方面的若干所谓重大事项，必须公开的交易是重点，包括重大收购事项、股份回购、公司治理结构变动等。

3. 禁止的交易行为。对于一些严重影响市场公平、稳定的交易行为，证券监督管理部门在《证券法》中有详细的规定和处罚，这些交易行为有：

（1）内幕交易行为。内幕交易行为又称内线交易或知情交易，是指知悉证券交易内幕信息的人员，利用内幕信息自己买卖证券，建议他人买卖证券，或者泄露内幕信息使他人利用该信息买卖证券，从中牟利或者避免损失的行为。内幕交易行为必然会损害证券市场的秩序。

（2）操纵市场行为。操纵市场又称操纵行情，是指操纵人利用掌握的资金、信息等优势，采用不正当手段，人为制造证券行情，操纵或影响证券市场价格，以诱导证券投资者盲目进行证券买卖，从而为自己谋取利益或者转嫁风险的行为。操纵市场行为必然会扭曲证券的供求关系，导致市场机制失灵，并会形成垄断，妨碍竞争，同时还会诱发过度投机，损害投资者的利益。

（3）制造虚假信息行为。制造虚假信息是指证券市场主体和其工作人员以及其他相关人员，作出虚假陈述、进行信息误导，或者编造并传播虚假信息，以影响证券交易的行为。为了使证券交易能够有序进行，《证券法》规定：禁止国家工作人员、新闻传播媒介从业人员和有关人员编造并传播虚假信息；各种传播媒介传播证券交易信息必须真实、客观，禁止误导；禁止证券交易所、证券公司、证券登记结算机构、证券交易服务机构、社会中介机构及其上述人员，证券业协会、证券监督管理机构及其工作人员，在证券交易活动中作出虚假陈述或者信息误导。

（4）欺诈客户。欺诈客户是指在证券交易中，证券公司及其工作人员利用受托人的地位，进行损害投资者利益或者诱使投资者进行证券买卖而从中获利的行为。欺诈客户必然造成投资者利益损害，最终将损害证券市场的健康发展。

（5）其他禁止行为。在证券交易中，除了不得有上述行为外，《证券法》还规定了其他禁止从事的行为，其中有：禁止法人以个人名义开立账户买卖证券；禁止任何人挪用公款买卖证券；国有企业和国有资产控股企业不得炒作上市交易的股票等。证券交易所、证券公司、证券登记结算机构、证券交易服务机构、社会中介机构及其从业人员对证券交易中发现的禁止性交易，应当及时向证券监督管理机构报告。

（三）对证券商的监管

对于证券商的资格监管，目前国际上的通用做法是由政府直接进行证券商的资格审查，核发许可证。有所区别的是，有些国家只要经过政府部门批准就可自动成为证券交易所会员或证券同业公会会员，如日本、韩国等。有的国家如美国，证券交易所和证券同业公会对推荐和选举程序、购买会员席位有相对独立的规定和审批权力。目前，我国证券商的审批都必须经过证券监管部门批准，颁发营业许可证。

各国对于取得证券商资格的主要条件和限制也有所不同。采用注册制的国家如美国、英国，只要达到注册资本额的最低标准，交纳保证金，以及从业人员具有相应知识、经验、能力等条件；只需按要求提供全面、准确、真实的资料并符合设立要求，即可通过申请，不需要通过政府监管部门的审批。在特许制下，除满足上述条件，证券商还必须经过证券监管机构特许并满足若干实质性条件。日本就实行这种制度。

除了证券商最低资本额的限制外，还规定要提取一定比例的营业保证金，以弥补证券交易及其他业务因事故而发生的损失，赔偿因证券商的失误对客户造成的损失，补偿自营买卖中的损失。

（四）自律机构的监管

证券市场的自律监管机构由以下三类市场组织构成：证券交易所，证券商协会，

以及证券登记、清算机构。

1. 国家对证券自律机构的监管。

（1）证券交易所。各国证券交易所的设立有注册制、特许制和认可制。证券交易所是为证券集中交易提供场所和设施，组织和监督证券交易，实行自律管理的法人。

（2）证券商协会。证券商协会的设立大致分为注册制和核准制两种。证券商协会的主要职能是协助政府监管部门实现证券业的行业自律和券商的规范管理，以维护市场公平和竞争秩序。

（3）证券登记、清算机构。证券登记、清算所的设立也分注册制和核准制两种。这类机构主要是提供证券交易后续服务，如证券的登记、过户、清算、交割等，其高效、安全、顺利运行与投资者的利益紧密相连，因此它们独立于证券交易所存在。

2. 证券自律机构监管。证券自律机构都是在政府证券监督管理机构的批准下设立的，因此自律机构须置于政府监管之下，政府监管部门应适当运用自律机构，使两者能够根据市场规模及监管复杂性，在各自胜任的领域内实施直接监管。

证券交易所与证券商协会是政府监管部门在监管体系中的辅助机构和有效补充，两者又有各自的分工。证券交易所是证券市场的组织者，在机构设置、规则规定、交易制度、监管职责等方面有着明确而严格的法律规定和紧密的政府监管约束。证券商协会并非二级市场的组织者，因此在市场上的职能相对较弱，但是可以协调发行与承销中的证券商关系并促使其适度竞争。

第四节　外汇市场监管

外汇市场是从事各种外币或以外币计价的票据及有价证券的交易场所。外汇市场监管是指一国政府运用一系列监管手段对外汇市场中的外汇买卖、资本输出输入、国际清算以及汇率等进行干预和控制。对外汇市场进行监管是保证外汇市场运行及维持汇率稳定的需要，同时也是一国实施其货币政策的需要。西方发达国家的货币基本上实现了自由兑换，除了中央银行偶尔入市干预外，其外汇市场是自由化的市场。我国货币尚未实现完全自由兑换，因此，对外汇市场的监管依然很谨慎。

一、外汇市场监管体系

为了方便对外汇市场的监管，在对外汇市场实行管制的国家，一般都设有相应的监管机构，有的国家授权中央银行对外汇市场进行监管，有的国家设立外汇管理局履行监管职责。我国是中国人民银行授权国家外汇管理局对外汇业务和外汇市场实行监管。外汇市场监管有助于保证一国经济安全，但是对外汇市场的监管要适度，过分严格的监管反而不利于外汇市场的健康发展。

二、外汇市场监管形式

根据监管的过程不同，外汇市场监管分为直接监管和间接监管两种形式。直接监管就是外汇监管机构对外汇市场的需求和供给直接从数量上进行控制，在管制严格的国家，要求所有外汇收入都要出售给国家指定的外汇银行，所有外汇支出都要经过批准；限制或禁止外汇出入国境；直接限制外汇需求的数量；实行不由市场供求决定的汇率制度等。间接监管是相对于直接监管而言，主要采取间接影响外汇供求的一些措施，包括设立外汇平准基金，干预市场汇率，进口许可和配额制等。

另外，根据监管的程度不同，外汇市场管理大致可以分为三种类型：第一种是对外汇市场实行比较全面的管理。实行这一类型的国家对其国际收支的所有项目都进行管理。第二种是对外汇市场实行部分管理。实行这一类型的国家一般对经常项目的外汇交易不实施或基本不实施管理，但对资本项目的外汇交易给予一定的限制。第三种是对外汇市场基本不实施管理，实行这一类型的国家对经常项目和资本项目的外汇交易不实行普遍和经常性的管理。

三、我国外汇市场监管的内容

我国外汇市场包括银行结售汇市场和银行间外汇市场，因此我国外汇市场监管也是围绕这两部分展开的。除此之外，还有对汇率的监管。

（一）对银行结售汇市场的监管

为了完善银行结售汇业务监管制度，保障外汇市场平稳运行，中国人民银行对《外汇指定银行办理结汇、售汇业务管理暂行办法》进行了修订，于2014年6月22日发布了《银行办理结售汇业务管理办法》（以下简称《管理办法》），自2014年8月1日起施行。

《管理办法》的出台是适应结售汇业务发展和外汇管理职能转变现实需求的重要举措，体现了简政放权、构建合理监管体系的改革思路。《管理办法》主要修订内容包括：一是将结售汇业务区分为即期结售汇业务和人民币与外汇衍生产品业务，分别制定管理规范；二是降低银行结售汇业务市场准入条件，简化市场准入管理；三是转变银行结售汇头寸管理方式，赋予银行更大的自主权，以充分发挥市场主体在外汇业务发展中的主观能动性；四是取消部分行政许可和资格要求，实现以事前审批为重向以事后监管为重的转变；五是根据外汇实践发展，修订部分罚则内容。

《管理办法》的出台不影响银行已经取得的结售汇业务资格。同时，人民银行和外汇局将根据《管理办法》进一步细化银行结售汇业务管理的相关事项。

（二）对银行间外汇市场的监管

我国的银行间外汇市场是指经国家外汇管理局批准可以经营外汇业务的境内金融机构（包括银行、非银行金融机构和外资金融机构）之间通过中国外汇交易中心进行的人民币与外币之间的交易市场。外汇市场由中国人民银行授权国家外汇管理局监管，交易中心是在中国人民银行领导下的独立核算、非营利性的企业法人，交易中心在国家外汇管理局的监管下，负责外汇市场的组织和日常业务管理。

交易中心为外汇市场上的外汇交易提供交易系统、清算系统以及外汇市场信息服务。外汇市场按照价格优先、时间优先的成交方式，采取分别报价、撮合成交、集中

清算的运行方法。交易中心实行会员制，只有会员才能参与外汇市场交易。会员大会是交易中心的最高权力机构，每年召开 1 次。交易中心设立理事会，为会员大会闭会期间的常设机构。

经国家外汇管理局准许经营外汇业务的金融机构及其分支机构向交易中心提出会员资格申请，经交易中心审核批准后，即可成为交易中心会员。中国人民银行也作为交易中心会员参与市场交易。会员选派的交易员，必须经过交易中心培训并颁发许可证方可上岗参加交易，交易员接受交易中心的管理。

交易中心会员之间的外汇交易必须通过交易中心进行，非会员的外汇交易必须通过有代理资格的会员进行。市场交易方式、交易时间、交易币种及品种和清算方式等事项须报经国家外汇管理局批准。交易中心和会员单位应保证用于清算的外汇和人民币资金在规定时间内办理交割入账。

（三）对汇率的监管

对汇率的监管是对汇率制度和汇率水平进行的监督和管理，主要包括：一是直接管制汇率，由一国政府或中央银行来制定、调整和公布汇率，即实行所谓的官定汇率；并且官定汇率成为市场实际使用的汇率，这使汇率水平符合官方政策的需要。二是间接调节市场汇率，监管机构对汇率不进行直接干预，而是让汇率自发调节外汇市场供求，当市场汇率波动剧烈时，中央银行利用外汇平准基金买进或抛售外汇或本币，使市场汇率稳定。另外，中央银行通过货币政策的运用，主要是利用利率杠杆来影响汇率。三是实行复汇率制度，一国通过外汇管制，而使本国货币汇率有两个以上的表现形式。具体形式如：实行差别汇率，对进口和出口规定不同的汇率；对贸易活动和金融活动采用不同的汇率，或对不同的商品规定不同的汇率。再如实行外汇转移证制度。规定出口商结汇时可取得外汇转移证，此转移证可以在市场出售，出售所得便是对出口商的补贴，而进口商由于要购买转移证，成本增加，实质上是一种特殊的复汇率形式。

我国对汇率的监管，在银行结售汇市场，要求外汇指定银行根据中国人民银行每日公布的人民币汇率中间价和规定的买卖差价幅度，确定对客户的外汇买卖价格，办理结汇和售汇业务。在银行间外汇市场上，外汇交易应在中国人民银行公布的当日人民币市场汇率及规定的每日最大价格浮动幅度内进行。

第五节　黄金市场监管

尽管随着经济发展，黄金的非货币化趋势越来越明显，但黄金的功能依旧无可取代。黄金市场在国家宏观经济中起到国家避险工具、货币调控工具、投融资工具的作用，是金融市场必不可少的组成部分。随着黄金市场的发展，世界各国也在不断建立和完善对黄金市场的监管。

一、黄金市场监管体系

为保证黄金市场的公平和公正，杜绝各种违规交易的发生，各国根据各自黄金市场的实际情况，建立了相应的黄金市场监管体系。以美国为例，美国黄金市场监管体系以政府为主导。美联储代表政府部门行使央行管理职能，主要负责储备货币黄金的管理与经营、国际合作和国际清算与支付。美国黄金交易附着在各个商品交易所内，以期货交易为主，与现货交易相结合，因此黄金交易由美国商品期货交易委员会根据美国国会立法，联合期货协会、期货交易所及黄金协会共同管理。英国黄金市场监管体系则以行业自律管理为主。无论是英格兰银行还是代表政府的英国金融服务管理局（FSA）都很少直接介入黄金市场，主要是通过制定法律法规和其他间接手段对黄金市场进行宏观调控。相较而言，伦敦金银市场协会（LBMA）的自律监管作用更为重要。

我国对黄金市场的监管总体上分为三个层面。第一个层面的监管主体包括中国人民银行、中国银保监会和中国证监会。中国人民银行主要对国家黄金储备、上海黄金交易所、黄金进出口业务以及国家发行的金币及其市场进行监管。此外，人民银行与银保监会相互配合，共同行使对商业银行黄金业务的监管。银保监会主要负责对开展黄金业务的商业银行进行主体资格审批和业务备案，从市场准入角度对商业银行开办黄金业务进行准入性监管。中国证监会负责对黄金期货市场进行监管，从事黄金期货交易，必须首先进行资质申请和业务审批。此外，财政部和国家税务总局还对黄金交易的财政、税务方面进行监管。第二个层面是交易所对其会员的内部监管，主要指上海黄金交易所和上海期货交易所对其会员的内部监管，其监管依据主要是交易所制定的《会员管理办法》等相关文件，监管具体内容主要包括主体监管、行为监管、交割监管及风险控制等方面。第三个层面是中国黄金协会等黄金市场自律组织行使的自律管理。

二、黄金市场监管

（一）对无形黄金市场的监管

无形黄金市场主要指伦敦、苏黎世黄金市场和中国香港伦敦金市场。这类市场并没有固定的交易场所，市场以会员为基础，会员大多是世界级的金商或大银行，黄金交易主要通过会员购销网络进行。由于该类市场特殊的交易机制，对在市场中交易的客户和其交易量都是绝对保密的。因为伦敦的五大金商和苏黎世的三大银行等都在世界上享有良好的声誉，交易者的信心也就建立于此。该类黄金市场的监管主要以自律为主。以伦敦黄金市场为例，伦敦金银市场协会（LBMA）就是建立在五大定价行和在场内交易的50家商号的基础上，协助英国金融服务管理局（FSA）等政府管理机构对伦敦黄金市场进行监管，提高市场经营效率，扩大伦敦黄金市场在世界上的影响。由于受国内政治保守政策和自律监管思想的影响，英国相关的法律条文不算完善，分布在众多与证券有关的法规之中。

（二）对有形黄金市场的监管

有形黄金市场主要指黄金交易在固定交易场所里进行。这种交易所既可以是专门的黄金交易场所，如新加坡黄金市场，也可以是附属在某个期货市场之下，比如纽约黄金市场就设在纽约商品交易所（COMEX），美国在有形黄金市场监管方面做得最为典型。美国在漫长的期货交易发展过程中，逐步形成了一套较为完善的管理体制和法

规制度。美国的期货市场法规依其职能可分为两部分：一是国家期货交易规则（条例）。国家期货交易规则对期货市场的交易活动起着宏观监控作用，随期货市场的不断发展而逐步完善。二是期货交易规则（条例）。期货交易规则（条例）指期货交易以具体运转规则为原则，为整个期货市场参与者制定了行为规范，一制定便以强制形式执行，使得立法管理在维护市场的公平性，规范化方面起不可估量的作用。

《上海黄金交易所章程》（以下简称《章程》）是我国上海黄金交易所进行市场监管的根本性制度。《章程》规定上海黄金交易所实行会员制组织形式，借鉴美国黄金市场相关监管经验，从市场主体角度进行重点监管。《章程》规定只有会员可以直接参与交易，非会员只能通过会员的代理业务参与交易。通过交易、清算、交割、风控和违规处理等详细业务规则，保证黄金交易正常有序进行。

黄金期货交易的监管法律体系主要由《期货交易管理条例》等法律法规组成。上海期货交易所也制定了具体规则，黄金期货交易与其他交易品种全部受到期货交易规则的约束，以确保降低风险，保证期货市场的安全平稳运行。上海黄金交易所与上海期货交易所均借鉴国际发达黄金市场的管理经验，对黄金场内现货与期货交易风险进行集中监管。同时，由于场内黄金交易会员代理业务是风险高发点和监管重点，为保护投资者利益不受侵犯，我国相关法规制度从风险管理、业务隔离、责任划分等方面予以详细规定。

第六节　保险市场监管

保险市场是指保险商品交换关系的总和或是保险商品供给与需求关系的总和。保险监管有广义和狭义之分。广义的保险监管是指一个国家范围内为达到一定目标，从政府、社会、保险行业各个层次对保险企业、保险经营活动和保险市场进行监督和管理。狭义的保险监管，是指政府通过法律和行政手段对保险主体、保险经营活动和保险市场进行监督和管理。

一、保险市场监管体系

保险市场的监管主体主要是政府依法设立的监督管理部门及保险业自律组织。在中国，中国人民银行、财政部等在不同时期都曾行使过监督管理保险业的职能。1998年11月18日，国务院批准设立中国保险监督管理委员会，专门负责保险监督管理职能。2018年3月13日根据国务院提请的议案，国家将中国银行业监督管理委员会和中国保险监督管理委员会职责整合，组建中国银行保险监督管理委员会。其主要职责是，依照法律法规统一监督管理银行业和保险业，维护银行业和保险业合法、稳健运行，防范和化解金融风险，保护金融消费者合法权益，维护金融稳定。

保险业协会是经原保监会审查通过设立的全国性自律组织，配合银保监会进行会员自律监管。

二、保险市场监管的方式

（一）公告管理

公告管理又称公示主义，是国家对保险业最为宽松的一种监督管理方式，适用于保险业自律能力较强的国家，其含义是国家对于保险行业的经营不进行直接监督，而将其资产负债、财务成果及相关事项公布于众的管理方式。公告管理方式的优点是使保险业在自由竞争的环境中得以自由发展，其局限性是对保险业优劣的评判标准不易准确掌握，对不正当经营无能为力。随着保险业竞争日趋激烈，政府对保险业的管控愈加严格，这种方式也逐渐被放弃。

（二）规范管理

规范管理又称准则主义，是国家通过颁布一系列涉及保险行业运作的法律法规，要求所有保险人和保险中介人必须遵守，并在形式上实行监督的管理方式。由于保险经营专业技术性强，有关法规难以适应各个方向，在现实应用时往往存在形式上合法而实质上不合法的情况，难以管理。因此，这种管理方式没有被广泛采用。采用这种监管方式的代表性国家是荷兰。

（三）实体管理

实体管理又称批准主义，是国家保险管理机关在制定保险法规的基础上，根据保险法规所赋予的权力，对保险业实行全面有效的监督管理措施。其监管内容涉及保险业的设立、经营、财务乃至倒闭清算。其监管的内容具体实际，有明确的衡量尺度，是保险业监管中最为严格的一种。目前大多数国家采用这种形式，代表性国家有日本、美国和中国。

三、保险市场监管的内容

（一）市场准入和退出的监管

1. 对市场准入的监管。对保险公司的市场准入监管表现为规定了保险公司的设立条件。设立保险组织必须具备比一般工商企业设立更为严格的条件，这是世界各国保险法的普遍规定。我国《保险法》明确规定了设立保险公司的五项条件。设立保险公司，应当具备下列条件：(1) 有符合《保险法》和《公司法》规定的章程；(2) 有符合《保险法》规定的注册资本最低限额；(3) 有具备任职专业知识和业务工作经验的高级管理人员；(4) 有健全的组织机构和管理制度；(5) 有符合要求的营业场所和与业务有关的其他设施。

2. 对退出的监管。保险公司的终止分为保险公司的解散、撤销和破产三种形式。保险公司的解散和撤销都要经保险监督管理部门批准，但由于人寿保险合同具有储蓄性质、涉及的社会面广，所以经营人寿保险业务的公司不得解散。当保险公司不能支付到期债务时，经我国银保监会同意，由人民法院宣告破产。但对经营人寿保险业务的保险公司被依法撤销或依法宣告破产的，其持有的人寿保险合同及其准备金必须转移给其他经营有人寿保险业务的保险公司；不能同其他保险公司达成转让协议的，则

由我国银保监会指定经营有人寿保险业务的保险公司接受。

（二）保险经营的监管

国家对保险经营的监管包括经营范围、偿付能力、保险费率、保险条款、保险资金运用等的监管。对保险企业所经营的业务种类和范围有所规范是为了保障广大被保险人的利益。我国《保险法》按保险标的的不同将保险公司的业务范围分为财产保险业务和人身保险业务两大类。偿付能力监管主要体现在最低开业资本金限额、提存最低法定保证金、限制保险企业资金运用规模及去向、财务会计报告制度监管等方面。对保险费率的审定和保险单条款的审定专业性和技术性很强，各国有不同程度的监管。我国《保险法》规定，涉及社会公众利益的保险险种、依法实行强制保险的险种和新开发的人寿保险险种的保险费率，应报国务院保险监督管理机构批准，保险公司拟订的其他险种的保险费率应报保险监管部门备案。

（三）保险财务的监管

1. 各种准备金提取的监管。为了保证保险企业的偿付能力，除缴存保证金外，保险公司要依法提取和结转各项准备金。准备金包括未到期责任准备金、未决赔款准备金、保险保障基金。公积金是保险公司依照法律和公司章程的规定从公司税后利润中提取的积累资金。保险监督管理机构强制保险公司提取公积金，是为了用于弥补公司亏损和增加公司资本金。

2. 保险公司的财务核算监管。保险公司业务的财务报告制度包括业务资料的保管制度、月营业统计报表制度、年度报告制度。国家为了有效监管保险企业的运营，必须随时了解和掌握保险企业的营业状况。

3. 保险公司资金运用监管。保险资金运用是现代保险业得以生存和发展的基础，同时，由于保险公司是经营风险的企业，其资金运用状况，直接影响着公司的赔付能力。我国《保险法》规定，保险公司的资金运用，限于在银行存款、买卖政府债券、金融债券和国务院规定的其他资金运用形式。保险公司的资金不得用于设立证券经营机构，不得用于设立保险业以外的企业。

（四）保险中介人的监管

1. 保险代理人的监管。保险代理人是根据保险人的委托，向保险人收取代理手续费，代为办理保险业务的单位或个人。保险代理人监管主要有保险代理人的资格监管、业务监管和财务监管。

2. 保险经纪人的监管。保险经纪人是投保人的代理人。根据我国《保险经纪公司管理规定》，在我国保险经纪人仅限于组织。保险经纪公司在办理保险经纪业务过程中因过错给投保人、被保险人或其他委托人造成损失的，由保险经纪公司依法承担法律责任。

3. 保险公估人的监管。保险公估人是经中国银行保险监督管理委员会批准设立的，接受保险当事人委托，专门从事保险标的的评估、勘验、鉴定、估损、理算等业务的单位。对其监管的内容有：保险公估人的设立、保险公估人的执业管理。

第七节 金融衍生品市场监管

金融衍生品是金融创新的产物，由于其交易规模发展迅速，形成了最具活力的金融市场。对金融衍生品市场的监管已日益引起各国监管机构的重视，是20世纪90年代以来各国尤其是发达国家金融监管当局的监管重点。

一、金融衍生品市场监管体系

金融衍生品市场监管包括事前的规管和事后的争议处理，包括官方监管和行业自律，包括国内监管安排和国际监管合作等。一般地，金融监管当局组成专门监管机构，如证监会及其他专门机构，负责金融衍生品交易的宏观监管，制定监管法规，组织对重大风险事件的预警和查处。由行业组成的自律机构，主要负责行业内部协调与自律管理。组织从事衍生工具交易的金融机构，包括场内交易的交易所、清算所，以及场外交易的银行、非银行金融机构，进行有效内部风险控制。

二、金融衍生品市场监管

金融衍生品市场分为场内交易市场和场外交易市场，各国对两个子市场的监管也有所差异。

（一）场内衍生品市场的监管

场内金融衍生品市场是有组织、集中进行交易的市场。各国从事金融衍生品交易的市场很多，由于其交易项目、交易方式不尽相同，因此法律规范也有所区别。美国是最先设立期货交易所的国家，大多数国家场内交易市场模式均仿照美国。美国对本国场内金融衍生品交易市场实行三级监管模式，即由政府监管、行业自律和交易所管理三级监管及严密的结算制度组成。欧美各国对场内交易市场基本都采用三级监管制度。

为保证市场稳定和资金安全，交易所对会员实行严格、公开、透明、谨慎的管理，通常要求会员达到最低资本充足率，有保护客户资金安全的措施，建立汇报制度，以及满足其他制度和监管要求。交易所对交易活动进行严密监督，特别是要监督大客户头寸。提高透明度的措施有报告资金头寸、成交量和价格数据，每日确定结算价格等。自从巴林银行倒闭后，有些清算所还发布信息并对会员在市场上的净风险进行评估。

（二）场外衍生品市场的监管

场外衍生品市场是一个无形的、组织松散的市场。场外交易由双边关系的非正式网络构成，没有一个物理上的交易中心，而是在分散的各主要金融机构的交易大厅。加之金融衍生品市场主要风险都来自场外市场，因此，对场外金融衍生品市场的监管是金融监管的重点和难点。

与场内市场监管相比，场外市场监管有这样几个特点：对交易对手风险的管理是分散的，由各机构自身承担；对单项头寸、杠杆率和保证金比率没有正式统一的规定；

没有什么正式的制度或机制保证市场的稳定和统一，对市场参与者应获得的利息支付也没有正式的保障措施。交易的风险往往由交易双方自负。

在场外衍生品市场上，交易工具和交易行为基本不受管制，只是间接受到国家法制、规章、银行业监管以及市场监督的影响。没有一个主要的金融中心会像对银行业和证券业那样设置一个场外衍生品市场监管部门。在管理制度上也存在漏洞，对于对冲基金和券商的有些分支机构无人过问，国内监管和国际监管都是各自为政。此外，主要的机构在全球市场上灵活运转，审查和监督却是面向国内的。不过尽管作用有限，目前的监管框架还是表现出对市场的影响。

为了完善市场机制以及支持场外衍生品市场的良性运转，一些行业组织参与发起了机制设计工作，突出的有国际掉期与衍生品协会（ISDA）、交易对手风险管理政策组织、三十国集团（G30）的衍生品政策小组。这些组织机构致力于发布风险管理实践中的最佳做法，使合约文本标准化，认定风险管理中的疏漏和市场基础设施中的缺陷，评估法律风险及其他经营风险，在行业间以及公共部门与私人部门间建立就关键问题进行对话的机制，倡导对监管当局进行自愿信息披露。

【本章小结】

1. 金融市场监管是指一国政府为了维护经济金融体系稳定、有效运行的客观需要以及满足经济主体的共同利益要求，通过一定的金融主管机关，依据法律规则和法规程序，运用适当的手段如行政手段、法律手段和经济手段，对金融体系中各金融主体和金融市场实行检查、稽核、组织和协调。

2. 货币市场是国家货币政策实施的市场，一般没有正式的组织，市场交易量极大，因此世界各国通常都是以本国的中央银行作为货币市场的监管主体，对货币市场各个子市场分别进行监管。

3. 证券市场的监管主体主要是以政府为主的集中监管和证券市场参与者的自律监管。证券市场监管的内容主要包括证券发行、证券交易监管、对证券商监管以及自律机构的监管。

4. 外汇市场监管是指一国政府运用一系列监管手段对外汇市场中的外汇买卖、资本输出输入、国际清算以及汇率等进行干预和控制。

5. 随着黄金市场的发展，世界各国也在不断建立和完善对黄金市场的监管。有像美国以政府为主导的监管体系，还有像英国以行业自律管理为主的监管体系。

6. 保险市场的监管主体主要是政府依法设立的监督管理部门及保险业自律组织。保险市场监管的内容主要包括市场准入和退出、保险经营、保险财务以及保险中介人的监管。

7. 金融衍生品市场的监管包括事前的规管和事后的争议处理，包括官方监管和行业自律，包括国内监管安排和国际监管合作等。场外金融衍生品市场的监管是金融监管的重点和难点。

【复习思考题】

一、名词解释

金融市场监管　经济手段　证券发行注册制　操纵市场　实体管理

二、选择题

1. 以下选项中不属于金融市场监管目标的是（　　）。

A. 实现金融市场有序竞争　　B. 保护消费者的利益

C. 阻止市场竞争　　D. 维护金融体系的稳定与安全

2. 依靠国家行政机关，通过命令、指令、规定、条例等对金融市场进行直接干预和管理的金融市场监管手段指的是（　　）。

A. 法律手段　　B. 行政手段　　C. 经济手段　　D. 自律管理

3. 下列选项中属于我国《证券法》禁止的交易行为的有（　　）。

A. 内幕交易　　B. 欺诈客户　　C. 操纵市场　　D. 制造虚假信息

4.（　　）是国家对保险业最为宽松的一种监督管理方式，适用于保险业自律能力较强的国家。

A. 规范管理　　B. 宽松管理　　C. 实体管理　　D. 公告管理

5. 我国货币市场监管主体是（　　）。

A. 人民银行　　B. 工商银行　　C. 证监会　　D. 国家外汇管理局

三、问答题

1. 为什么要进行金融市场监管？
2. 金融市场监管的手段有哪些？
3. 证券交易监管的主要内容有哪些？
4. 保险市场监管的方式有哪几种？
5. 如何理解金融衍生品市场监管的不足和缺失？

选择题答案

1. C　2. B　3. ABCD　4. D　5. A

参考文献

[1] 张浩．我国信用债市场风险的特征、影响及对策研究［J］．南方金融，2018（1）．

[2] 黄麟．我国债券市场现状与风险防范［J］．财经界，2019（1）．

[3] 安国俊．债券市场发展［J］．财经界，2019（1）．

[4] 项俊波．保险原理与实务［M］．北京：中国财政经济出版社，2013.

[5] 张炳辉，吕鹰飞．金融行业安全［M］．北京：中国金融出版社，2018.

[6] 孙祁祥，郑伟．中国保险业发展报告2016［M］．北京：北京大学出版社，2016.

[7] 中国人身保险从业人员资格考试教材编写委员会本书编写组．风险管理与人身保险［M］．广州：广州信平市场策划顾问有限公司出品，2016.

[8] 安秀洪，王晓东，丁洪生．保险中介市场风险状况及监管对策［J］．保险研究，2009（6）：52－56.

[9] 于明霞，郑祎华．保险原理与实务［M］．北京：化学工业出版社，2015.

[10] 张炳辉．金融安全概论［M］．北京：中国金融出版社，2018.

[11] 张亦春，郑振龙，林海．金融市场学［M］．北京：高等教育出版社，2016.

[12] 李艳芳，樊钰．金融市场［M］．大连：东北财经大学出版社，2017.

[13] 韩国文．金融市场学［M］．北京：清华大学出版社，2014.

[14] 张维．金融安全论［M］．北京：中国金融出版社，2016：3－63.

[15] 杨力．金融风险管理［M］．北京：清华大学出版社，2014.

[16] 张亦春．现代金融市场学［M］．北京：中国金融出版社，2019.

[17] 郭田勇．金融监管学［M］．北京：中国金融出版社，2014.

[18] 李成．金融监管学［M］．北京：高等教育出版社，2016.

[19] 陈燕．国际金融［M］．北京：北京大学出版社，2011.

[20] 吴丽华．外汇业务操作与风险管理［M］．厦门：厦门大学出版社，2002.

[21] 刘园．金融市场学［M］．北京：对外经济贸易大学出版社，2002.

[22] 李玫．国际金融［M］．北京：中国人民大学出版社，2016.

[23] 胡松．国际商业票据市场监管方式的最新变化及启示［J］．金融与经济，2007（11）．

[24] 张锐．40年：中国外汇市场的砥砺变革［N］．中国财经报，2018－12－11.

[25] 陈晓莉，高璐．中国上市金融机构外汇风险暴露——基于汇改后数据的经验分析［J］．南开经济研究，2012（4）．

[26] 范志勇．稳定外汇市场和资本流动面临的挑战与对策［N］．证券日报，2018－09－22.

[27] 亢瑾．华为公司外汇风险管理案例分析［D］．河北经贸大学，2018.

[28] 吴晓灵．汇率风险管理与金融创新［J］．中国外汇，2006（9）．

[29] 安国俊. 债券市场发展与金融稳定研究 [M]. 北京：经济科学出版社，2013.

[30] 蒋恒，杜立辉. 我国债券市场违约成因分析及未来信用状况展望 [J]. 债券，2016 (5).

[31] Prasad K, Suprabha K R. Measurement of Exchange Rate Exposure: Capital Market Approach versus Cash Flow Approach [J]. Procedia Economics & Finance, 2015 (25).